京都からみた鎌倉幕府の成立

田辺　旬
前田英之／編著

小径選書 ❾

はしがき

一一八〇年に勃発した治承《じしょう》・寿永《じゅえい》の内乱は数年間にわたる全国的な内乱である。軍事貴族として朝廷政治に関与した平氏一門は内乱に敗北して滅亡した。一方で、流人であった源頼朝《みなもとのよりとも》は内乱に勝利して鎌倉幕府を成立させた。幕府と朝廷は協調関係を築いたが、源実朝《さねとも》の暗殺後には承久《じょうきゅう》の乱がおこった。承久の乱では、幕府政治を主導していた北条政子《ほうじょうまさこ》・義時《よしとき》が、王家の家長である後鳥羽院《ごとばいん》と対決して勝利した。

鎌倉幕府は朝廷の所在地である京都から離れた東国を拠点としたが、京都の朝廷と貴族社会は、幕府の成立にどのように対応したのであろうか。本書では、治承・寿永の内乱から承久の乱にいたる時期を生きた人物を取り上げることで、京都から鎌倉幕府の成立を捉えることを試みる。公武政権の協調と対立、京都と鎌倉を結び付けた官人や僧侶の実像、京都の武士社会の変容などについて近年の研究成果を紹介することで、新しい鎌倉時代像を読者に提示することを目指したい。

第Ⅰ部では、治承・寿永の内乱から鎌倉幕府成立期の人物を取り上げており、この時期に王家の家長であった後白河院《ごしらかわ》を冒頭に配置している。第Ⅱ部では、源氏将軍の時代と承久の乱前後の時期を取り上げており、承久の乱で鎌倉方と対決した後鳥羽院を冒頭に配置している。王家や貴族社会、京都・鎌倉の武士社会、仏教界で活動した人物のなかから、一般書では言及されることの少ない人物も取り上げている。編者をつとめていただいた前田英之氏と執筆を引き受けていただいた皆さまにお礼を申し上げたい。

また、本書の刊行は、樋口州男氏のお声がけによるものである。近年の中世史研究を踏まえて新しい本を作ることをお勧めいただいた。樋口氏に感謝申し上げたい。

二〇二四年九月

田辺　旬

［付　記］

本書では章ごとに人物を取り上げて分担執筆しているため、叙述が重複していたり歴史的評価が異なっていたりする部分もあるが、編集委員会としては執筆者の意向を尊重する方針をとっており調整していない。人物や事件の表記統一もしていない。また、系図については見やすさを優先したために、兄弟姉妹の配置が出生順になっていないものもある。

目次

第Ⅰ部　内乱勃発から頼朝死去まで

1　後白河院—希代の暗主か、乱世の梟雄か—

●後白河とはいかなる人物か

後白河院《ごしらかわいん》ほど毀誉褒貶《きよほうへん》相半ばする人物も少ないのではないだろうか。

まずは、関係者による後白河評をみてみよう。父鳥羽《とば》院は、近衛《このえ》天皇（後白河の異母弟）が早世したあとの皇位継承者を選定する際、「イタクサタヾシク御アソビナドアリトテ、即位ノ御器量ニハアラズ（評判になるほど遊芸にうつつを抜かしており、即位の器ではない）」とダメ出しした（『愚管抄《ぐかんしょう》』巻四）。乳父《めのと》信西《しんぜい》からは、「和漢の間、比類少なきの暗主なり（日本にも中国にも類例をみない愚かな君主だ）」と批判された（『玉葉《ぎょくよう》』寿永《じゅえい》三年三月十六日条）。自分こそが王家の正統であると自負する息子の二条《にじょう》天皇からは、「天子に父母なし」と言い放たれ、政務から排除された（『平家《へいけ》物語《ものがたり》』巻一）。そして、源義経《みなもとのよしつね》らに迫られて、場当たり的に追討宣旨《せんじ》を発する後白河に対し、源頼朝《よりとも》は「日本国第一の大天狗は、更に他の者にあらず候か（日本国第一の大天狗は、他ならぬあなただろう）」と罵倒した（『玉葉』文治《ぶんじ》元年十一月二十六日条）。総じて同時代人は後白河に対し辛辣である。

では、歴史人物としての後白河に対する評価はどうか。後白河については、既に数多くの伝記が刊行されている。まずは、「勃興する武士勢力の前に、衰退する古代貴族勢力が、その政治権力を維持しようとして苦悩」するなかで、「貴族政権の運命を双肩にになって活躍、権謀術数に明け暮れる一生を送った」人物である、とする安田元久の古典的研究がある［安田一九八六］。それに対し、今様《いまよう》を極め、多くの絵巻物や仏像制作を行い、《美の領導者》として「政治と芸術という二つの狂気の世界を二つともに生きぬいたしたたかな男」として全く新しい後白河像を提示しようとしたのが、棚橋光男の研究である［棚橋一九九五］。また、後白河という存在を、後白河をめぐる人々や、政治・社会・文化の諸側面から多角的に浮き彫りにしようとした『後白河院―動乱期の天皇―』も重要な成果である［古代学協会編一九九三］。そして、近年の公家社会研究の進展を踏まえた最新の後白河論も次々に公表されている［遠藤二〇一一・高橋二〇一四・美川二〇一五］。それらを踏まえ、ここでは幕府を草創した源頼朝と関連付けながら、後白河の人生について追うことにしたい。

●今様を好みて怠ることなし

後白河（雅仁親王《まさひとしんのう》）は、大治《だいじ》二年（一一二七）九月十一日、院御所三条殿《さんじょうどの》で誕生した。父は鳥羽院、母は待賢門院藤原璋子《たいけんもんいんふじわらのしょうし》。両者の間には、顕仁《あきひと》（崇徳《すとく》天皇）、禧子《きし》、通仁《みちひと》、君仁《きみひと》、恂子《じゅんし》（のちに統子《とうし》と改名、上西門院《じょうさいもんいん》）が生まれており、後白河は鳥羽の第四皇子であった（なお、このあと璋子はさらに本仁《もとひと》〔覚性《かくしょう》入道親王〕を出産している）。後白河が生まれた時には、既に長兄の顕仁が即位して、白河《しらかわ》―堀河《ほりかわ》―鳥羽に続く王家の後継者として位置づけられており、王家に生まれたとはいえ、後白河はもともと皇位から遠い存在であった。そのような期待されない立場もあってか、「そのかみ十余歳の時より今にいたるまで、今様を好みて怠ることなし（十歳あまりの頃から今に至るまで、今様にはまって鍛錬を怠らなかった）」（『梁塵秘抄口伝集《りょうじんひしょうくでんしゅう》』巻十）と自身で述懐しているように、青年時代の後白河は遊芸三昧の日々を送っていた。

●後白河天皇の誕生

久寿《きゅうじゅ》二年（一一五五）七月二十四日、「今宮《いまみや》」と呼ばれていた雅仁の生活は一変する。異母弟近衛天皇（母は美福門院《びふくもんいん》藤原得子《とくし》）が若死したため、思いもかけず皇位に担ぎ出されたのである。当初、候補者に挙がったのは、鳥羽と美福門院のもとで養育されていた重仁《しげひと》（崇徳皇子）、守仁《もりひと》（雅仁王子）、そして暲子《しょうし》（母は美福門院）であった。重仁が即位すればその父崇徳の影響力が強まることから重仁は忌避され、はるか奈良時代の孝謙《こうけん》・称徳《しょうとく》天皇以来の女帝即位の実現にも難があり、守仁への継承が有力となった。しかし、現存している父親をさしおいて子が即位する前例がなかったため、ひとまず雅仁が即位することになったのである。本命はあくまでも守仁。雅仁は中継ぎの天皇であった。雅仁の登位の実現には、鳥羽院の近臣で、雅仁の乳父であった信西の働きも大きかった［橋本一九八七］。

【後白河関係系図1】（①～⑧は即位順）

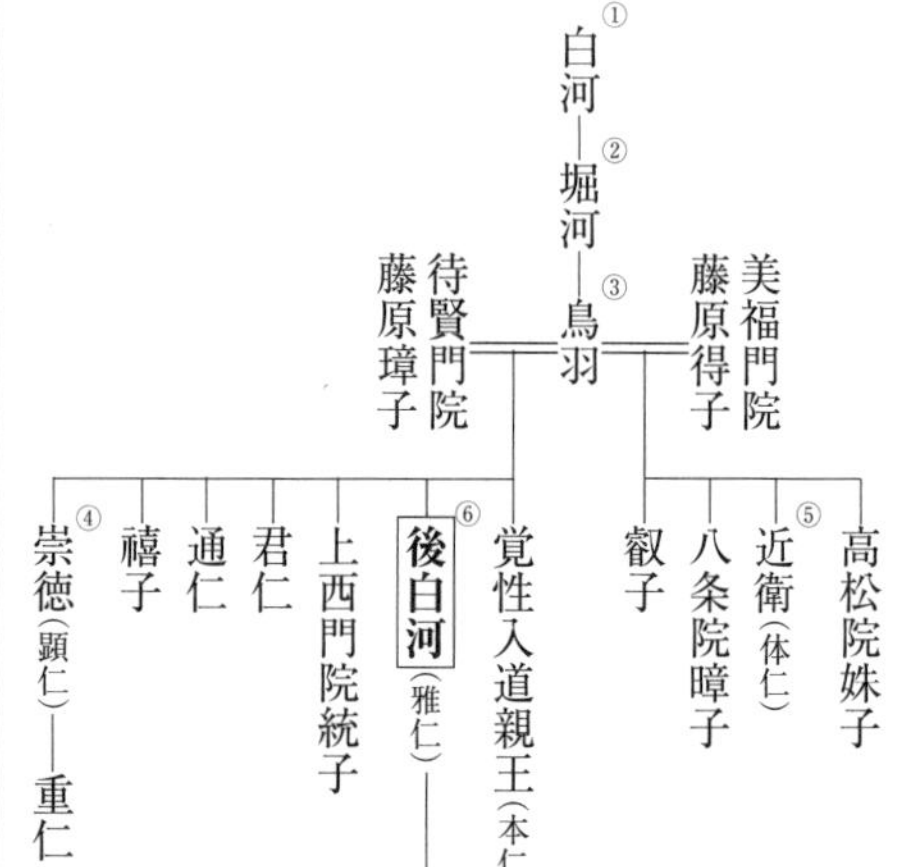

●保元の乱・平治の乱

当時もっとも順当な皇位継承者と見なされていたのは重仁であっただけに、息子の即位と自身の院政の芽をつまれた崇徳の嘆きは深かった。もともと崇徳と後白河は、母待賢門院の死後同居するなど、同母兄弟として親密な間柄にあったが、今様狂いの天皇の誕生は、そうした関係に亀裂を生じさせた。王家内部の兄弟対立は、摂関家の内部対立とも絡み合いながら、保元《ほうげん》元年（一一五六）七月の鳥羽院の没後、暴発する。保元の乱である。敗れた崇徳は讃岐国《さぬきのくに》（香川県）に配流された。敗者崇徳の怨霊は、こののち後白河を悩ませることになる。

「即位ノ御器量」になかった後白河に代わり、乳父信西が保元の乱後の政界を主導した［五味一九八七］。保元三年（一一五八）八月、既定の方針通り、後白河が譲位して守仁が天皇となった（二条天皇）。後白河の譲位は、「仏と仏の評定」即ち信西と美福門院によって定められた（『兵範記《ひょうはんき》』保元三年八月四日条）。譲位した後白河は院となったが、しかし、院となることが即院政の開始につながる訳ではない。王家の家長が自らの意志によって次代の天皇を決めることができて初めて、院政が可能になるのである。その意味では、この時の後白河は真の院政主たり得ていない［美川二〇一五］。

なお、源義朝《よしとも》と熱田大宮司《あつただいぐうじ》藤原季範《すえのり》の娘との間に生まれた頼朝は、この頃貴族社会にデビューしている。もともと頼朝の母の家系は、後白河の母待賢門院や姉の上西門院統子内親王との関係が深かった。保元三年二月に統子が立后した際には、頼朝は皇后宮権少進《ごんのしょうじょう》となり、統子が院号宣下されて上西門院になると、頼朝は女院の蔵人《くろうど》となった。こののち相まみえることになる後白河と頼朝には接点があった。

皇位継承にも関与するほどの信西の台頭は、後白河近臣の藤原信頼《のぶより》や信頼に従う源義朝、二条近臣の藤原惟方《これかた》・外戚経宗《つねむね》らの反感を買い、平治《へいじ》元年（一一五九）十二月、平治の乱が起こる。信西は討たれたが、打倒信西の一点で合従連衡したにすぎない反信西連合はたちまちに反目しあい、信頼は斬首、さらには、惟方・経宗も配流された。主要な近臣たちが軒並み没落するなかで、乱を鎮圧し、軍事貴族のトップに躍進したのが平清盛《たいらのきよもり》である。

一方、乱に敗れた源義朝は東国に逃走中に討たれた。父とはぐれた頼朝は、平頼盛《よりもり》に仕えていた平宗清《むねきよ》に捕えられた。そして、頼盛の母池禅尼《いけのぜんに》の嘆願により、伊豆《いず》国（静岡県）への配流が決まる。先に述べたように、頼朝の周辺には待賢門院および上西門院関係者が多く、それら母方の縁者から助命嘆願が行われた結果、救われたのではないかと考えられている［角田一九七七］。

●二条親政

平治の乱後の数年間は、『愚管抄』（巻五）に「院・内、申シ合ツヽ同ジ御心ニテイミジクアリケル（後白河と二条が申し合わせて同じ気持ちで政務にあたっていた）」とあるように、後白河・二条、そして摂関家大殿《おおとの》の忠通《ただみち》・関白基実《もとざね》の四者で政務が運営されていた。ところが、応保《おうほう》元年（一一六一）九月に、上西門院の女房であった平滋子《しげこ》（のちの建春門院《けんしゅんもんいん》）と後白河との間に皇子（憲仁《のりひと》親王）が誕生したことで、政治的均衡が破られることになった。憲仁を東宮にしようとしたとして清盛の異母弟教盛《のりもり》や滋子の兄時忠《ときただ》は解官《げかん》、後白河は政務から排除され、二条親政が成立する。しかし、永万《えいまん》元年

（一一六五）、二条は息子の六条《ろくじょう》に位を譲るも、二十三歳で死去した。ここにきて、憲仁の擁立という点で利害が一致した後白河と清盛が提携することになった。仁安《にんあん》三年（一一六八）、六条天皇は譲位し、憲仁が即位した（高倉《たかくら》天皇）。後白河はようやく自らの意志による皇位後継者指名を実現させ、後白河院政が確立する。

●建春門院平滋子

高倉が即位してから安元《あんげん》二年（一一七六）まで、後白河に人生でもっとも平穏な日々をもたらしたのは、建春門院平滋子という女性である。建春門院は堂上《とうしょう》平氏である平時信《ときのぶ》の娘で、異母姉の時子は清盛の正妻となっていた。建春門院は、後白河正妻・高倉国母《こくも》として後白河院政を補佐し、また、清盛の義妹という関係から、姉時子の生んだ徳子《とくこ》（建礼門院《けんれいもんいん》）と高倉の婚姻を支援するなど、後白河と平氏を結びつけ、政権の安定に大きく寄与した［栗山二〇一二］。「世の中も女院おはしましける程静かにめでたかりけるを、隠れさせ給ひては、なべて天の下歎かぬ人なかりけるを、誠に

【後白河関係系図2】（①〜⑥は即位順）

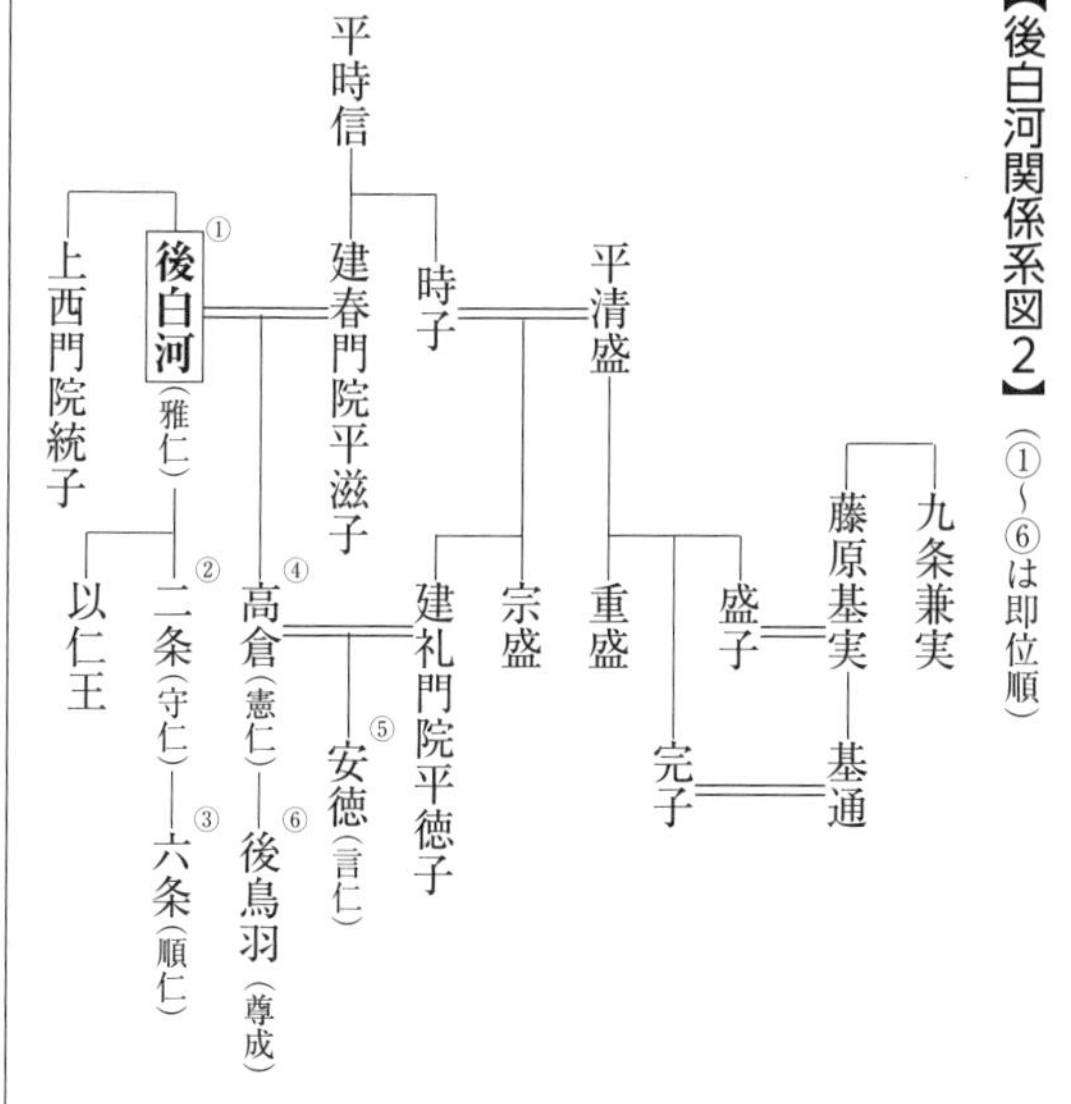

其後よりぞ世も乱れ、あさましかりける」とあるように（『平家公達草紙《へいけきんだちそうし》』）、三十五歳という若すぎる彼女の死を境に、後白河と清盛の関係は急速に悪化していく。

●平氏政権の成立

安元三年（一一七七）四月、後白河院近臣の西光《さいこう》の子である加賀守《かがのかみ》藤原師高《もろたか》の配流を要求して、延暦寺《えんりゃくじ》の強訴《ごうそ》が発生した。後白河の強硬姿勢に押されて、清盛は軍事動員を承諾する。しかし、延暦寺攻撃の直前に事態は急変し、西光・藤原成親《なりちか》以下、後白河の近臣たちが大量に粛清された。一方で、このとき、清盛は後白河に直接手を下すことはなかった。当時は院政という政治形態が常態化していたが、まだ徳子との間に子どもがいない高倉に院政は望めず、後白河自身に対する処分に踏み込めなかったためである［美川二〇一五］。

治承《じしょう》二年（一一七八）十一月、徳子が平家待望の皇子を出産した（言仁親王《ときひと》）。のちの安徳《あんとく》天皇である。翌治承三年（一一七九）六月には、清盛の娘である盛子《もりこ》（摂関家藤原基実の正妻。基通《もとみち》の養母）が、七月には清盛嫡男で後白河の近臣でもあった重盛《しげもり》が死去する。後白河は、盛子が継承していた摂関家領や重盛が長年知行してきた越前国《えちぜん》（福井県）を没収し、平家を挑発した。それに対し、清盛は福原から兵を率いて入京し、後白河を鳥羽殿に幽閉した（治承三年十一月クーデター）。後白河は院政を停止され、政務は高倉天皇（清盛娘婿）と関白近衛基通（清盛娘婿）によって行われることになった。後白河や近臣たちの知行国は没収、院近臣も大量に解官されて、代わりに平家一門が任じられた。

治承四年（一一八〇）二月、言仁が即位して安徳天皇となると、高倉院政が発足する。後白河―

高倉―安徳にいたる皇統譜は、後白河を起点に直系継承されているかに見えるが、安徳への皇位継承は後白河の意志によるものではない。そのため、高倉―安徳の二代の皇統は「平氏系新王朝」［髙橋二〇〇七］、あるいは「高倉皇統」［佐伯二〇一一］ととらえるべきであり、後白河の直系皇統ではなかった。後白河は、王家の家長としての立場を失い、政務の場からも排除されるに至った。

●頼朝の挙兵

治承四年五月、後白河の第三皇子である以仁王《もちひとおう》が挙兵した。以仁王は令旨《りょうじ》を発し、「皇院（後白河）を幽閉し、公臣を流罪」するなど国政を壟断《ろうだん》する清盛一門の打倒を訴えた（『吾妻鏡《あづまかがみ》』治承四年四月二十七日条）。乱自体は早々に鎮圧されたが、前年のクーデター以降、平家一門が後白河や近臣たちの知行国を奪い、それに代わったことによって、諸国では旧勢力と親平家勢力との間で対立が激化していた。こうした矛盾の高まりを背景に、治承四年八月には伊豆国で頼朝が、九月には信濃国《しなの》（長野県）で木曾義仲《きそよしなか》が挙兵する。

以仁王の乱直後の六月に、清盛は福原《ふくはら》（兵庫県神戸市）への遷都を決行し、後白河も連行された。しかし、十月に東国へ派遣した追討使《ついとうし》が富士川の合戦で大敗すると、内乱の鎮圧に対処するため、十一月にあわただしく京都に帰還した。還都直後から「法皇執政し給う」べきことが議題に上り（『山槐記《さんかいき》』治承四年十一月三十日条）、十二月に後白河は幽閉を解除される。これは、平氏政権の表の顔となっていた高倉の病状が悪化していたためで、実際に翌五年（一一八一）正月、高倉は死去する。さらに閏《うるう》二月清盛が死去したことで、後白河院政が復活することになった［田中一九九四］。清盛の葬儀の日には、後白河院御所の最勝光院《さいしょうこういん》から「今様乱舞の声」が響き渡ったという（『百錬抄《ひゃくれんしょう》』治承五年閏二月四日条）。

院政を復活させた後白河は諸勢力に対峙することになったが、治承五年（養和《ようわ》元年）四月には、頼朝が「われ君において反逆の心なし、君の御敵を伐ち奉るをもって望みとなす」と宣言したことが京都に伝わっており（『玉葉』四月二十一日条）、さらに八月になると、頼朝は「もし、なお平家を滅亡せらるべからずば、古昔のごとく、源氏平氏相並び、召し仕うべきなり」と、平家との和平を後白河に密奏している（『玉葉』八月一日条）。『平家物語』には、頼朝の挙兵は、文覚《もんがく》によってもたらされた後白河の院宣《いんぜん》がきっかけとなったというエピソードもあり（『平家物語』巻五）、後白河と頼朝は秘密裏につながっていた可能性が高い。しかし、頼朝の和平案は、徹底抗戦せよとの清盛の遺言を守る宗盛《むねもり》によって拒否された。このあと、養和の大飢饉の影響もあって戦線は一時膠着する。

●法住寺合戦

寿永《じゅえい》二年（一一八三）七月、北陸道追討軍を壊滅させた義仲と行家《ゆきいえ》の軍勢が都に入った。義仲軍の入京を前に平家は都落ちする。平家は一転「賊臣」となり、逆に頼朝らは「義兵」となった（『玉葉』七月二十六日条、三十日条）。都落ち直前、後白河は延暦寺に逃れた。後白河と男色関係にあった摂政近衛基通が、宗盛と重衡《しげひら》の密議を後白河に密告したことで難を逃れたのである（『玉葉』八月二日条）。

いち早く入京を遂げたものの、義仲は京中の混乱を治めきれず、また安徳に代わる新帝擁立でも後白河と対立し、両者の関係は悪化する。後白河は水面下で頼朝との交渉を進め、義仲が平家追討のため下向しているさなかに「寿永二年十月宣旨」を発給した。東海《とうかい》・東山《とうさん》両道の荘園公領について、中央の貴族や寺社の支配を回復させるとともに、その地域の軍事・警察権を頼朝に認めた。背後で頼朝と通じる後白河と義仲との関係は決裂し、十一月、義仲は院御所法住寺殿《ほうじゅうじどの》を攻撃する。またも後白河は幽閉され、院近臣は大量解官された。

寿永三年（一一八四）一月、義仲は頼朝が派遣した義経率いる鎌倉軍に敗れた。西では平家が勢力を盛り返しており、朝廷内部は平家との和平か追討かで意見が割れる。もともと頼朝は平家との和平を提案しており、頼朝にとって和平案は歓迎すべきものであったが、後白河と院近臣の強硬姿勢により追討路線が推し進められた［川合二〇二二］。平家は生田《いくた》の森《もり》・一《いち》の谷《たに》合戦（兵庫県神戸市）で敗れ、屋島《やしま》合戦（香川県高松市）を経て、元暦《げんりゃく》二年（文治元年、一一八五）三月、壇《だん》ノ浦《うら》合戦（山口県下関市）で滅亡する。

●頼朝との角逐

後白河は、都で治安維持にあたる義経を院近臣化した。そして、頼朝と対立するようになった義経と行家に「頼朝追討宣旨」を発給する。しかし、義経・行家に兵は集まらず、両者は没落した。後白河はあわてて近臣の高階泰経《たかしなのやすつね》を遣わし「行家・義経の謀反の事、偏に天魔の所為たるか」と弁明する（『吾妻鏡』文治元年十一月十五日条）。激怒した頼朝の返事にあったのが、冒頭にあげた「日本第一の大天狗」の言である。

文治元年十一月二十九日、後白河は、頼朝が要求した国地頭《くにじとう》の設置と、荘園・公領を問わず段別《たんべつ》五升の兵糧米《ひょうろうまい》を徴収することを許可した（文治勅許）。さらに、頼朝追討宣旨発給の責任を追及されて、院近臣が多数解官されるとともに、後白河が寵愛する摂政基通に替えて、九条兼実《くじょうかねざね》が内覧《ないらん》、次いで摂政に任じられた。また、朝政について意見奏上を行う議奏公卿《ぎそうくぎょう》の設置要求がなされるなど、後白河の政治権力の制約が図られた。ただし、頼朝による朝廷政治への干渉は成功せず、後白河は再び主導権を回復していく［美川二〇一五］。

文治四年（一一八八）、義経の奥州《おうしゅう》潜伏が明らかになると、頼朝は朝廷に対して、奥州藤原泰衡《やすひら》に義経の捕縛《ほばく》を命じるよう求めた。翌五年（一一八九）閏四月、義経は泰衡に攻められて死去する。頼朝は泰衡追討宣旨を再三にわたり要求するが、後白河は義経の滅亡により「静謐《せいひつ》」が実現したと認識しており、発給を拒否し続けた。しかし、頼朝にとって、鎌倉を背後から脅かす泰衡を排除することは必至であり、頼朝は追討宣旨が下りないまま奥州に向け出陣する。九月、泰衡は討たれ、前九年合戦《ぜんくねんかっせん》の再現として演出された、頼朝の「政治」としての奥州合戦《おうしゅうかっせん》は終結した［川合二〇二一］。ここに内乱は終息したのである。

●文化の政治性

棚橋光男の後白河論の提起以降、後白河を文化・宗教的な側面から再評価する研究が進められている。例えば、後白河を語る上での代名詞ともいえる今様は、それへの耽溺ぶりゆえに後白河の暗君としての評価に直結していたが、後白河にとって今様は神仏とつながる回路であったとする研究［沖本二〇〇六］、あるいは、後白河は都市の「まなざし」や「うわさ」の政治性を熟知する「表現者（パフォーマンス）の王」であったとする研究［遠藤二〇一一］などがある。
最後に、後白河の人物評に関わる著名なエピソードを紹介したい。
建久《けんきゅう》元年（一一九〇）十一月、頼朝は、伊豆国配流以来三十年ぶりに上洛した。一か月余りの在京中、後白河と頼朝の会談は八回にも及んだ。『古今著聞集《ここんちょもんじゅう》』（巻十一、画図）には、両者が対面した際の模様が伝えられている。

東大寺供養の時、鎌倉の右大将上洛ありけるに、法皇より宝蔵の御絵どもを取り出されて、関東にはありがたくこそ侍らめ、見らるべきよし仰せ遣はされたりけるを、幕下申されけるは「君の御秘蔵候ふ御物に、いかでか頼朝が眼をあて候ふべき」とて、恐れをなして一見もせで返上せられにければ、法皇は定めて興にいらんずらんと思しめしたりけるに、存外にぞ思しめされける、

（東大寺の大仏落慶供養のため、鎌倉の右大将（頼朝）が上洛された際、法皇（後白河）は蓮華《れんげ》王院《おういん》宝蔵の絵巻物を取り出して、「関東にはこのようなものはないだろう、見るがよい」と仰せられた。しかし、頼朝は「院がご秘蔵されている御物を、どうして私などが拝見することができましょうか」と、恐縮して一目も見ずに返上申し上げた。法皇は頼朝がきっと喜ぶに違いないと思っていたのに、心外なことだとお思いになった）

髙橋昌明は、後白河の提示する絵巻物をあえて見ようとしなかった頼朝について「ブラックホールの恐るべき重力にひきずりこまれまいとした、彼の慎重にして透徹した判断を物語っている」とした［棚橋一九九五］。文化の王として、頼朝をひれ伏させせんとする後白河と、その権威に屈するのをギリ

ギリのところで逃れる頼朝。両者ともに文化の持つ魔力を知っているがゆえの緊迫感に満ちた場ととらえたいと思う。

建久三年（一一九二）三月十三日、後白河はその激動の生涯を終えた。享年六十六歳。

（栗山圭子）

【参考文献】

遠藤基郎『後白河上皇—中世を招いた奇妙な「暗主」—』（山川出版社、二〇一一年）
沖本幸子『今様の時代』（東京大学出版会、二〇〇六年）
川合康『源頼朝』（ミネルヴァ書房、二〇二一年）
栗山圭子「院政期における国母の政治的位置」（『中世王家の成立と院政』第三部第一章、吉川弘文館、二〇一二年、初出二〇〇二年）
古代学協会編『後白河院—動乱期の天皇—』（吉川弘文館、一九九三年）
五味文彦「信西政権の構造」（『平家物語　史と説話』、平凡社、一九八七年）
佐伯智広「中世前期の王家と家長」（『中世前期の政治構造と王家』第1部第1章、東京大学出版会、二〇一五年、初出二〇一一年）
髙橋典幸「後白河院—暗主の波乱万丈の生涯—」（元木泰雄編『保元・平治の乱と平氏の栄華』、清文堂、二〇一四年）
髙橋昌明『平清盛　福原の夢』（講談社、二〇〇七年）
田中文英「治承・寿永の内乱」（『平氏政権の研究』第八章、思文閣出版、一九九四年）
棚橋光男『後白河法皇』（講談社、一九九五年）

角田文衛「池禅尼」（『王朝の明暗』、東京堂出版、一九七七年）
橋本義彦「美福門院藤原得子」（『平安の宮廷と貴族』Ⅱ部第四、吉川弘文館、一九九六年、初出一九八七年）
美川圭『後白河天皇―日本第一の大天狗―』（ミネルヴァ書房、二〇一五年）
安田元久『後白河上皇』（吉川弘文館、一九八六年）

2　丹後局—後白河院晩年の寵妃とその子どもたち—

●「法皇無双之寵女」と記された女性

丹後局《たんごのつぼね》（高階栄子《たかしなのえいし》）は、後白河法皇《ごしらかわほうおう》の晩年の寵妃として権勢を誇ったことで知られている。最初は後白河の近臣である平業房《たいらのなりふさ》と結婚して男子二人と女子三人の子をもうけたが、後白河のもとに女房として出仕して寵愛をうけ、宣陽門院《せんようもんいん》（覲子内親王《きんしないしんのう》）を産んだ女性である。鎌倉幕府との関係では、源《みなもとのよりとも》頼朝が娘の大姫《おおひめ》を後鳥羽《ごとば》天皇に入内させようとした際に働きかけた相手が丹後局であった。

丹後局を後白河法皇の「無双《むそう》の寵女《ちょうじょ》」（並ぶものがいないほど寵愛を受けている女性）と表現したのは九条兼実《くじょうかねざね》である。兼実の日記『玉葉《ぎょくよう》』元暦《げんりゃく》元年（一一八四）七月二十五日条には、丹後局の婿である藤原兼光《ふじわらのかねみつ》が、後白河法皇の第一の近臣である高階泰経《やすつね》の婿の藤原隆房《ふじわらのたかふさ》を超えて従三位《じゅさんみ》になったとある。泰経と丹後局それぞれの権勢について述べた上で、泰経はなお丹後局には及ばないだろう、と兼実は書き残している。丹後局の影響力は、後白河の近臣として名高い泰経をも上回っていたのである。

●後鳥羽天皇の即位

丹後局はたびたび政治的に重要な局面に関わっていたと考えられるが、そのひとつが、寿永《じゅえい》二年（一一八三）七月に平氏《へいし》一門が安徳《あんとく》天皇を伴って西国に向かったため京都に天皇が不在となった際の次期天皇の決定である。この時天皇となったのは、高倉《たかくら》天皇の四宮（後鳥羽天皇）であった。後鳥羽天皇が即位したのは人見知りをしなかったためだ、という話は『平家物語《へいけものがたり》』や『愚管抄《ぐかんしょう》』に見える。『平家物語』では後白河法皇と四宮の対面の場にいた丹後局が、その様子を見て四宮の即位を後白河に進言したことになっている。

一方、『玉葉』寿永二年（一一八三）八月十八日条によると、「女房丹波《たんば》」が夢想（夢のお告げ）で弟宮（四宮、後鳥羽天皇）のもとに行幸があり松の枝を持っていたのを見た、との奏上が後白河法皇にあった。このため卜占《ぼくせん》（占い）では三宮（惟明《これあき》親王）が吉と出ていたが、再度占ったところ四宮がもっとも吉と出たので四宮が即位した。この「女房丹波」を「丹後」の誤りと捉え、後鳥羽天皇の即位は丹後局の夢想によるものであるとされることも多い。

実際に『玉葉』寿永元年（一一八二）十二月十九日条は、丹後局を「丹波」としている。兼実は後白河法皇の院宣により女房の浄土寺堂《じょうどじどう》に「浄金剛院《じょうこんごういん》」という額を書くことを求められ、これを了承しているが、この女房の名前が「丹波」となっているのである。後述するように、浄土寺堂は丹後局の最初の夫である平業房が建立したもので、業房の死後はその供養がおこなわれた場所である。『玉葉』寿永元年十二月十九日条の「丹波」は、「丹後」の誤りであると考えるのが自然であろう。

しかし一方で、後白河法皇の皇子である承仁法親王《しょうにんほっしんのう》の母に丹波局と呼ばれる女性がいた（『山槐記《さんかいき》』安元《あんげん》元年八月十六日条、『山槐記』は中山流の祖となった藤原忠親《ただちか》の日記）。後白河法皇の周囲には、丹後局と丹波局のどちらも存在していたのである。よって、後鳥羽天皇の即位に関するこのエピソードがどちらのものなのか断定するのは難しい。ここでいえることは、その夢想によって後鳥羽天皇の即位が実現したと捉えられても不思議ではないくらいの権勢を丹後局は持っていた、ということであろう。丹後局は摂関家領《せっかんけりょう》の継承問題や地頭《じとう》の権限をめぐる鎌倉幕府との交渉などの政治面に関わったことが知られているが、ここからは丹後局の婚姻関係とそれによって生じた血縁関係を中心にみていくことで、彼女の権勢の影響力とその背景を明らかにしていきたい。

●出自と最初の夫・平業房

丹後局の父は延暦寺《えんりゃくじ》の僧澄雲《ちょううん》である。父の姉妹に、高倉天皇の生母建春門院《けんしゅんもんいん》（平滋子《じし》）の乳母《めのと》だった若狭局《わかさのつぼね》がいる。この若狭局を丹後局の母とする説もあるが［西井一九九三］、若狭局には所生の子どもが一人もいないことが指摘されており［下郡二〇〇一］、丹後局は若狭局の姪であると考えて差し支えないだろう。若狭局の一族は建春門院の女房を多く輩出しており、丹後局の姉である周防《すおう》もその一人であった。丹後局自身も建春門院に仕え

【丹後局関係系図1】

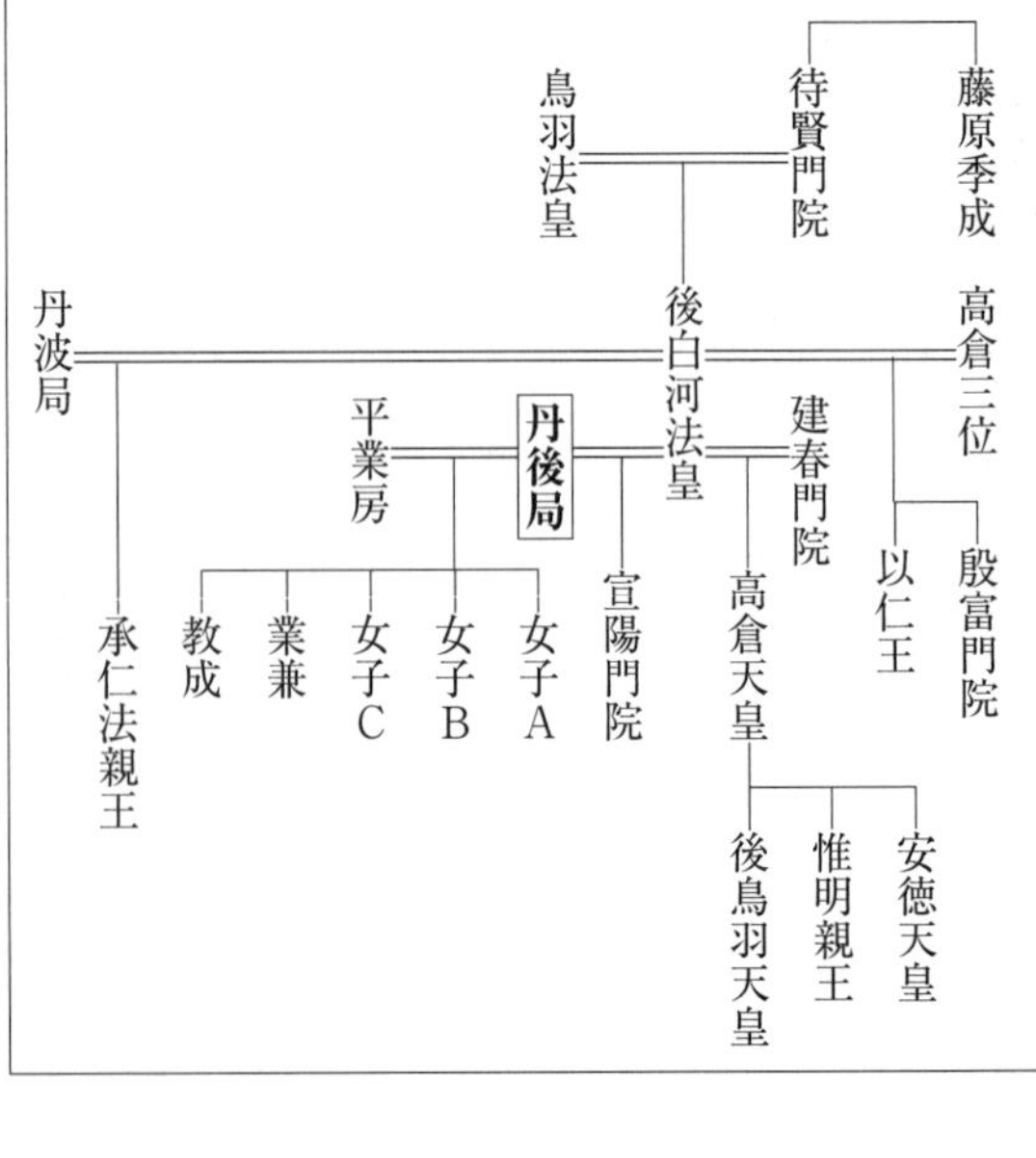

ていた可能性が指摘されている［西井一九七七］。

丹後局の最初の夫である平業房は、後白河法皇の近臣で「御寵人《ごちょうじん》」（お気に入りの人）といわれた人物である。桓武《かんむ》平氏の出身で、平清盛《きよもり》とは曾祖父同士が兄弟だったが、業房の父も祖父も五位止まりの中級官人であった。後白河法皇が今様《いまよう》（平安時代中期から鎌倉時代初期にかけて流行した歌謡）を好んだことはよく知られているが、業房は後白河の今様の弟子であった。後白河がまとめた『梁塵秘抄口伝集《りょうじんひしょうくでんしゅう》』は、今様の起源や歌の謂れ、歌唱様式における秘説等を記したもので、後白河自身の今様の弟子について述べた部分もある。業房については、習っては歌うことを繰り返して今様を習得し、声のひびきが良いと褒めている。また、建春門院は安元二年（一一七六）七月に亡くなるまで後白河の寵愛を受けていたが、この建春門院にも業房は仕えていた。建春門院が女御となった際の侍始《さむらいはじめ》（警護を担当する侍の詰め所である侍所《さむらいどころ》を開設する儀式）において、建春門院に仕える侍《さむらい》長《ちょう》の一人に任じられたことが、平信範《のぶのり》の日記『兵範記《ひょうはんき》』仁安《にんあん》二年（一一六七）正月二十七日条にみえる。

このように業房が後白河にもその妻である建春門院にも仕える中、安元元年（一一七五）八月には業房が建立した浄土寺堂に後白河院と建春門院の御幸があった。建春門院はその日のうちに還御《かんぎょ》したが、後白河は翌日まで逗留している（『山槐記』安元元年八月十一・十二日条）。後述するように、史料上で後白河法皇と丹後局の関係が見出されるのは治承《じしょう》四年（一一八〇）三月以降だが、このような機会に二人には接点があったものと考えられる。

浄土寺堂への御幸があった翌年の七月に建春門院が亡くなると、後白河法皇と平氏との関係は急速に悪化し、安元三年（一一七七）六月に起きた鹿ヶ谷《ししがたに》事件では何人もの後白河の近臣が逮捕された。その中に業房も含まれていたが、後白河の再三の要請により放免されている。『玉葉』は業房の放免を夢のようなできごとだと強調しているが、業房が特に後白河に気に入られていたことを示していよう。

その後、後白河法皇と平氏の関係はさらに悪化し、ついに治承三年（一一七九）十一月、清盛は院政を停止して後白河自身を鳥羽殿《とばどの》（京都市伏見区）に幽閉した。この時後白河法皇の近臣の多くが解官されたが、その中に業房も含まれていた。業房は伊豆国《いずのくに》（静岡県南部）に流されることになったものの逃亡し、十二月に入って捕らえられ拷問を受けている（『山槐記』同年十一月十八日、同十二月四日条）。その後の業房の動向は不明で、『清獬眼抄《せいかいがんしょう》』（検非違使《けびいし》の作法や装束等について、関係する書物や検非違使の日記等を引用し前例を示したもの）によると攻め殺されたとの風聞もあった。確実なところでは、『玉葉』治承五年七月二十三日条が丹後局を「故業房妻」としているので、この間に丹後局は夫である業房を亡くしたことがわかる。なお、後白河は業房の死から五年以上経った文治《ぶんじ》二年（一一八六）に浄土寺辺の仏堂に御幸し、丹後局とともに業房を供養している（『玉葉』同年七月二十七日条）。丹後局の夫である業房は、後白河にとって特に目をかけた存在だったといえよう。

さて冒頭で触れたように、丹後局には業房との間に五人の子どもがいた。息子は業兼《なりかね》と教成《のりなり》の二人で、娘は藤原兼光室、藤原範能《のりよし》室、藤原宗隆《むねたか》室の三人である。丹後局が後白河法皇に寵愛されるようになると、その関係者も優遇された。冒頭で紹介した婿の兼光や、孫の藤原有能《ありよし》（範能の子）の例などが知られるが、もっとも優遇されたのは二男の教成であろう。教成は後白河の勅命により鳥羽《とば》法皇の近臣藤原家成《いえなり》の子実教《さねのり》の猶子《ゆうし》となった人物で、後白河の御所だった山科殿《やましなどの》（京都市山科区）を母丹後局から譲られて山科家の祖となった。後白河にも鍾愛され、十二歳で昇殿《しょうでん》を許されるなど順調に昇進している。後白河は臨終の際、遺領配分の指示と同時に心にかかる三名を後鳥羽天皇に託したが、そのうちの一人が教成であった。

●二度目の夫・後白河法皇

治承三年十一月に平清盛によって鳥羽殿に幽閉された後白河法皇の身辺は、平氏によって厳しく警護されていたが、翌年三月頃から女房二人が祇候《しこう》することが認められた（『山槐記』治承四年三月十七日条）。祇候した女房のうちの一人は藤原俊成《としなり》女の京極局《きょうごくのつぼね》で、もう一人が丹後局である。京極局については単に主人の側近くに仕える人という意味の「近習人《きんじゅうのひと》」とあるが、丹後局については側近くに仕えるだけでなく寵愛を受けた人物として「御寵者《ごちょうじゃ》」と記されている。京極局とははっきり区別されており、この時点ですでに丹後局は後白河法皇に大変気に入られていたことがわかる。

『山槐記』が丹後局を「御寵者」としてから一年四カ月後の養和《ようわ》元年（一一八一）七月、後白河法

【丹後局関係系図2】

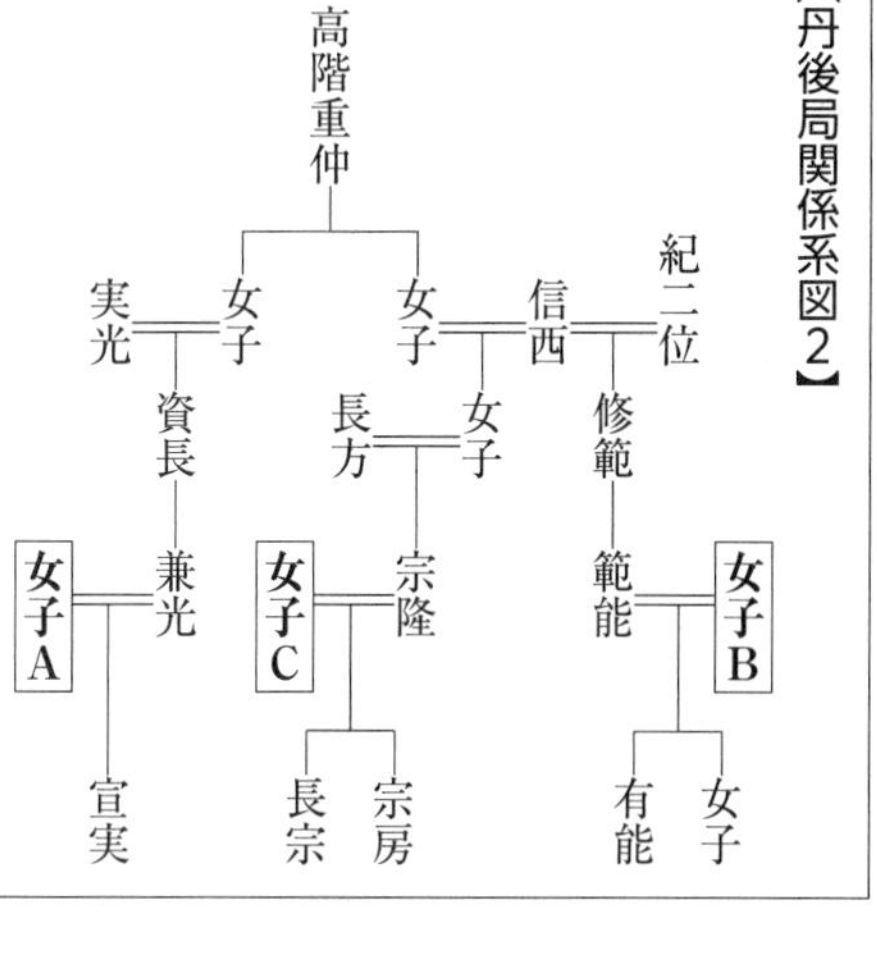

皇は丹後局がおこなった堂供養に殿上人《てんじょうびと》等を遣わした。このことを世間の人々は奇異に感じたようである（『玉葉』同年七月二十三日条）。『玉葉』に丹後局に関する批判的な記事が見られるのはこの頃からで、その後、丹後局は朝廷内で大きな力を持つようになった。『玉葉』文治《ぶんじ》元年（一一八五）十二月二十八日条には、最近の朝廷の政務はただただ後白河の愛妾である丹後局の言葉に影響されている、と記されている。

後白河の丹後局に対する具体的な優遇策は、文治三年（一一八七）二月に丹後局が従三位になったことであろう。摂政《せっしょう》である兼実は丹後局を従三位にすることに反対だったが、後白河の催促によりこれを認めている。この時の兼実が、藤原成子《せいし》が従三位になった例を引き合いに出しているのは興味深い（『玉葉』同年二月十九日、同二十日条）。成子は、後白河法皇の皇子である以仁王《もちひとおう》の生母で高倉三位《たかくらのさんみ》と呼ばれた女房である。父は閑院流《かんいんりゅう》の藤原季成《すえなり》（後白河の生母待賢門院《たいけんもんいん》の兄）で、後白河の従姉妹にあたる。建春門院より以前に後白河に寵愛され、久安《きゅうあん》三年（一一四七）生まれの殷富門院《いんぷもんいん》（亮子《りょうし》内親王）を初めとして後白河との間に二男四女が誕生している。高倉三位は、女房という点が丹後局と共通する。兼実は丹後局を卑賤の者とする一方、高倉三位についても、その品格や人となりは知らないがもっとも下劣の者、と軽蔑する言葉を残している。丹後局だけでなく、後白河に寵愛され皇子女をもうけるような女房に対して良い感情を持っていなかったとみられる。ただし高倉三位が従三位になったのは、娘が斎宮《さいぐう》に決まった時なのでそれなりの理由があった（高倉三位所生の皇女は四人のうち三人が斎宮となっているが誰の時かは不明）。しかし丹後局の場合は特に従三位にするような理由がなく、異常なできごとだと兼実は非難している。なお、丹後局の名前が栄子と決まったのはこの従三位になった時であった。

●娘の覲子内親王（宣陽門院）

後白河法皇と丹後局の間に覲子内親王が誕生したのは、養和《ようわ》元年（一一八一）十月のことである。この時の後白河は五十五歳、孫ともいえる年齢で誕生した皇女であった。文治五年（一一八九）十二月に内親王宣下されると同時に准后《じゅごう》となり、覲子と命名された。内親王と准后の同時宣下の先例がなかったこと、その実現は後白河の意向によるものであったことが知られている（『玉葉』同年十二月五日条）。

覲子の内親王と准后の同時宣下から一年になろうとする建久《けんきゅう》元年（一一九〇）十一月、摂政である兼実は覲子の院号宣下《いんごうせんげ》を奏請するよう丹後局から依頼された。しかし、自分が院号宣下を奏請することは覲子が后位《こうい》に就くことを妨げているように見えるのではないか、と警戒している。先例では、后位に就いた者がその後で院号宣下によって女院となる。逆に言えば、女院になってしまうと后位に就くことはない。この時の兼実は、覲子内親王が入内して后になることを丹後局が望んでいるのではないか、院号宣下を奏請することで自分はそれを妨げることになるのではないか、と考えていたとみられる。しかし丹後局の本意が覲子の院号宣下であることがわかったため、天の助けであり中宮《ちゅうぐう》の運であると安堵している（以上『玉葉』建久《けんきゅう》元年十一月四日条）。この年の四月に娘の任子《にんし》が後鳥羽天皇の中宮となり、将来は任子所生の皇子が即位することを望む兼実にとって、もし覲子が入内して后になれば娘の強力なライバルとなる。当然ながらそのような事態は避けたかったであろう。

このように覲子内親王の院号宣下の話に安堵した兼実だったが、実際に覲子が院号宣下されて宣陽門院となった際には、異例であることを強調し批判している。覲子が院号宣下された建久二年（一一九一）六月二十六日の『玉葉』は、后位にも登らず准母《じゅんぼ》でもないのに院号を宣下されたのは今回が初めてであると指摘する。その上で、その時の物事の情況、状態、条件などをさす「時宜《じぎ》」という言葉を用いて今回のことは仕方がないことだろうかと延べ、院号宣下の背景に後白河法皇や丹後局の意向があったことを匂わせている［橋本一九九二］。院号宣下と同時に、覲子の生母である丹後局は従二位《じゅにい》となった。

後白河が亡くなったのは、宣陽門院の院号宣下の翌建久三年三月のことである。死の直前の二月十八日に後鳥羽天皇は祖父後白河のいる六条殿《ろくじょうどの》（京都市下京区）に見舞のために行幸しているが、天皇が還幸《かんこう》すると丹後局が使いとなって遺領の処分のことなどを宮中に伝えている。宣陽門院には六条殿と長講堂領《ちょうこうどうりょう》という莫大な規模をもつ所領が譲られた。丹後局は後白河が亡くなった当日に出家したが、娘の持つ莫大な所領を背景に、その勢力は後白河の死後もしばらくは衰えることがなかった。

●宣陽門院をめぐる人々

ここで覲子の内親王宣下に戻ろう。親王宣下がおこなわれると、納言の中から当該の親王家の実務の中心を担う人物として勅別当《ちょくべっとう》が補任された（『江家次第《ごうけしだい》』）。内親王も同様で、この後見人ともいうべき勅別当に補されたのが源通親《みなもとのみちちか》である。通親は村上源氏顕房流《むらかみげんじあきふさりゅう》の雅通《まさみち》の子で、高倉天皇に近侍し平氏とも近い立場にあったが、寿永二年（一一八三）七月の平氏西走後は後白河法皇に接近して近臣への道を歩んでいた。通親は後鳥羽天皇の乳母である藤原範子《はんし》を妻に迎え、文治二年（一一八六）十一月には禁中《きんちゅう》の雑事《ぞうじ》を命じられるなどして朝廷における足場を固めた。通親は丹後局と手を結び建久七年の政変で九条兼実を失脚させた人物として知られるが、丹後局との関係は後白河の存命中に遡るものであった。その後、院号宣下によって覲子が女院になると家政機関である女院庁《にょいんのちょう》が開設され院司が補任されたが、通親は執事別当《しつじべっとう》となって引き続き宣陽門院の後見役を務めた。

ところで、院号宣下されて女院になると年爵《ねんしゃく》が許される。年爵は毎年の正月定例叙位《じょい》のほか御即位叙位等で任意の一人の叙位を申請できる制度である。その本質は給主の家政機関の職員や近親者に対して奉公の労に報いるために叙位を給わるもので、自分の周辺の者を昇進させることで給主自身の政治的・経済的地位を高める性格を持っていた。そして、給主には叙爵《じょしゃく》（初めて従五位下に叙されること）しかできない給主もいれば加階《かかい》（位が上がること）を許された給主もいた。宣陽門院は年爵の運用面では突出した女院で、そこに近侍すれば普通以上の早さで加階される可能性が広がっていた［尾上一九九七］。宣陽門院の年爵をみていくと、建久六年（一一九五）までは源通親の関係者が給わっているが、建久七年以降、丹後局が亡くなる建保《けんぽ》四年（一二一六）までは宣陽門院の異父兄姉の関係者が中心である。後白河の丹後局に対する寵愛により息子の教成と業兼、孫の有能、婿の兼光等が厚遇されていたが［西井一九九三］、これは後白河が存命中のことで、その後は宣陽門院の年爵による昇進が増えていく。しかしそれも丹後局が亡くなる建保四年（一二一六）までで、丹後局の死をきっかけに宣陽門院に奉仕する顔ぶれに変化があったものと考えられる。

●大姫入内問題と源頼朝との交流

文治四年（一一八八）四月、後白河の御所六条殿が焼亡した。間もなく進められた再建工事を多くの公卿《くぎょう》とともに源頼朝《よりとも》も分担し、褻御所《けのごしょ》（常御殿《つねのごてん》）と丹後局のための部屋（局）を造っている。後白河との交渉役としてではなく、丹後局自身と頼朝との関わりが史料上にみえるのである。その後、建久元年（一一九〇）六月に丹後局が五部大乗経《ごぶだいじょうきょう》を日吉社《ひえしゃ》に供養するにあたり頼朝は砂金その他を贈っているが、これに対して丹後局より届いた礼状には、頼朝の助成によって宿願を果たすことができたと書かれていた（『吾妻鏡《あづまかがみ》』同年五月二十三日および六月二十二日条）。鎌倉幕府の成立後に頼朝は二度上洛しているが、建久元年十一月の最初の上洛以前から、丹後局と頼朝はお互いに配慮する関係だったのである。また、上洛した頼朝は後白河だけでなく丹後局にも贈り物をしている。これに対して丹後局は頼朝が鎌倉に戻る際に餞別の品々を贈っていて、そのなかには後白河の内々の意向による扇百本が含まれていた（『吾妻鏡』同年十一月十三日および十六日条、十二月七日条）。頼朝は兼実に対して後白河が亡くなった後の活躍を匂わせながらも、その兼実と対立していた丹後局とも関係を築こうとしており、丹後局もまた頼朝の働きかけに応じたのだった。

さて、頼朝の上洛からしばらくたった建久二年（一一九一）四月になると、頼朝の娘の大姫《おおひめ》が入内するとの噂が流れた。『玉葉』同年四月五日条には、ある人がいうには頼朝の娘が来る十月に入内するとのことだ、とある。具体的な時期まであげられているものの、実際には大姫は入内しておらず、この話の真偽のほどはわからない。翌建久三年三月に後白河が亡くなった影響もあったのか、その後も大姫の入内は実現しないまま建久六年の頼朝の再上洛を迎えることになるが、頼朝は建久元年に上洛したあたりから娘の入内を考えていたのではないかと思われる。

頼朝が娘を入内させようとした狙いはどこにあったのだろうか。平清盛と同じように外孫皇子の即位を望んだ、娘の産んだ皇子を将軍に推戴し頼朝と息子の頼家《よりいえ》が補佐する構想をいだいていた、などの説がある。最近では、大姫の産む皇子を将軍に推戴する気はなく、頼家が率いる幕府と、その姉大姫が后妃である朝廷とを、婚姻関係によって安定した良好な関係に導くことが頼朝の抱いた構想だったのではないかと考えられている。だからこそ、大姫の死後も頼朝は妹三幡《さんまん》の入内に意欲的だったのだという［坂井二〇一二］。いずれにしても頼朝が娘の入内を望んでいたことは事実で、その実現のために働きかけたのが丹後局だった。そして頼朝が娘の入内を望んだことは、すでに娘の任子が中宮となっていた兼実との関係を悪化させたのである。

兼実と対立関係にあった丹後局は、この状況をうまく利用した。頼朝が再び上洛したのは、再建された東大寺の落慶供養にあわせた建久六年（一一九五）三月のことで、妻の北条政子《ほうじょうまさこ》と娘の大姫をともなっていた。もちろん入内を考えてのことであろう。丹後局は頼朝に招かれて二人と対面している。この前後の頼朝は、参内したり丹後局の娘である宣陽門院のもとを訪れたりしているが、これは丹後局の要望を受けての行動で、兼実によって停止された長講堂領の七カ所を再興させた。そして頼朝が兼実を擁護しないとみた丹後局は、宣陽門院の後見人である通親と協力して翌建久七年十一月に兼実を失脚させた（建久七年の政変）。

しかし、丹後局と通親の関係も兼実の失脚までだったとみられる。兼実失脚の一年ほど前、通親の養女として後宮に入っていた在子《ざいし》（妻範子の連れ子）に皇子が誕生した。建久九年（一一九八）正月にこの皇子が土御門《つちみかど》天皇として即位すると、外祖父である通親の立場はさらに強まり、丹後局と手を結ぶ必要がなくなったのである。このことは、先にみた宣陽門院の年爵にもあらわれている。通親の関係者は建久六年まで連続して宣陽門院の年爵を給わっていたが、外孫皇子誕生後の建久七年以降の年爵は丹後局や宣陽門院に仕えた院司の関係者を中心としたものに変化していったのである。

建久七年の政変以降、丹後局の動向はほとんどわかっていないが、建久七年と正治《しょうじ》二年（一二〇〇）に起きた託宣《たくせん》事件に関係してその名が見える。託宣事件は、それぞれ橘兼仲《たちばなのかねなか》の妻と源仲国《なかくに》の妻が後白河の託宣を受けたとするもので、その内容は「廟堂を建て荘園を寄進して尊重せよ」というものであった。仲国妻の事件の際には、丹後局は廟堂を建てることを後鳥羽上皇に進言している。しかし、どちらも天下を乱す妖言との結論が出されて両夫妻は追放された。九条家に仕えた藤原長兼《ながかね》の日記『三長記《さんちょうき》』の建永元年（一二〇六）五月十日条によれば、兼実の弟慈円《じえん》（天台座主《てんだいざす》、建久七年の政変で辞任したが復帰）は託宣事件を丹後局の企みであったと推測している。歌人として知られる藤原定家《さだいえ》の日記『明月記《めいげつき》』の正治二年十二月十五日条は、仲国妻を丹後局の縁者だとしているので、託宣事件が起きた背景と丹後局には何らかの関わりがあったと思われる。事の真相はわからないが、二度の託宣事件は後白河法皇の権力を背景とした丹後局の発言力や影響力が低下したことを示している。

『吾妻鏡』建久六年三月二十九日条に見える「旧院執権女房《きゅういんしっけんのにょうぼう》」（後白河院の権勢をふるう女房）の姿は、過去のものとなったのである。

（長田郁子）

【参考文献】

上横手雅敬「丹後局と丹波局」（『鎌倉時代―その光と影―』吉川弘文館、一九九四年、初出一九七二年）
長田郁子「鎌倉前期における宣陽門院の動向とその院司・殿上人について」（『文学研究論集』二二、二〇〇四年）
尾上陽介「鎌倉時代の年爵」（『明月記研究』二、一九九七年）
坂井孝一『源氏将軍断絶』（PHP研究所、二〇二一年）
下郡剛「伝奏の女房―高倉院政期の性と政」（院政期文化研究会編『院政期文化論集第一巻　権力と文化』森話社、二〇〇一年）
須田春子「女人入眼の日本国（二）―丹後ノ局を中心に―」（『古代文化史論攷』八、一九八八年）
曽我部愛「丹後局と卿二位―後白河・後鳥羽院政の光と影―」（京都女子大学二〇二三年度「宗教・文化研究所公開講座」、二〇二三年）
西井芳子「丹後局」（円地文子監修『人物日本の女性史第五巻　政権を動かした女たち』集英社、一九七七年）
西井芳子「若狭局と丹後局」（『後白河院―動乱期の天皇』吉川弘文館、一九九三年）
橋本義彦『源通親』（吉川弘文館、一九九二年）
樋口健太郎『九条兼実―貴族がみた『平家物語』と内乱の時代』（戎光祥出版、二〇一八年）

3　九条兼実――内乱が生んだ執政――

●兼実と『玉葉』

九条兼実《くじょうかねざね》は鎌倉幕府成立史の研究において重要な位置を占めている。内乱期は右大臣、内乱後は内覧《ないらん》・摂政《せっしょう》・関白《かんぱく》と枢要な位置にあり、文治《ぶんち》・建久《けんきゅう》年間の政治改革を主導した。また、その日記『玉葉《ぎょくよう》』は儀式だけでなく各時期の政変や内乱の状況についても詳細に記しており、平安末期・鎌倉初期の一級史料とされている。

本稿では、兼実の人生と事績について、特に政治家としての側面を重視してまとめる。兼実は摂関家の生まれではあるが嫡流ではなく、執政の地位をもたらしたのは内乱であった。それ故に彼の政治的な姿勢・行動は時代に強く規定されていたのであり、鎌倉幕府の成立過程とも分かち難く結びついていた。

なお、兼実の時代において「九条」の家名が成立・確立していたとはいえないが、摂関家の諸流を弁別するため便宜的にこれを用いる。近衛《このえ》・松殿《まつどの》なども同様である。

以下、兼実の事績については［多賀一九七四］［加納二〇一六］［樋口二〇一七］を主に参照した。

●関白の三男

兼実は久安《きゅうあん》五年（一一四九）のある日、関白藤原忠通《ふじわらのただみち》（当時五十三歳）の子息として生まれた。

母は藤原仲光《なかみつ》（南家貞嗣流《なんけさだつぐ》）の娘で、加賀局《かがのつぼね》と呼ばれた家女房である。同母弟に道円《どうえん》・兼房《かねふさ》・慈円《じえん》がいる。忠通の正妻宗子《そうし》（藤原宗通《むねみち》娘）所生の子は長女の聖子《せいし》（崇徳《すとく》天皇の后、皇嘉門院《こうかもんいん》）しかおらず、ほかの子息は出家させられていたが、忠通・宗子夫妻が年を重ねるにともない、妾《しょう》所生の男子が貴族として育てられるようになった。康治《こうじ》二年（一一四三）に源《みなもとの》国信《くにのぶ》娘が基実《もとざね》（近衛家の祖）を、翌天養《てんよう》元年（一一四四）に基実母の妹が基房《もとふさ》（松殿家の祖）を出産した。兼実は俗人としては三人目の男子にあたる。

　基実誕生のころから忠実《ただざね》（忠通父）の後継者、及び摂関の地位をめぐる忠通・頼長《よりなが》の異母兄弟の対立が深まっていき、それが保元《ほうげん》の乱（一一五六）勃発の原因ともなった。この乱が後白河《ごしらかわ》・忠通側の勝利に終わると、基実・基房は急激な昇進を遂げ、兼実も保元二年（一一五七）に昇殿《しょうでん》を許され、翌年に元服した。母の加賀局は久寿《きゅうじゅ》三年（一一五六）二月、当時八歳の兼実などを残して三十三歳で亡くなったが、それ以前に兼実は異母姉の皇嘉門院の猶子《ゆうし》となっており、以後はこの二十七歳年上の姉の庇護を受けるようになり、兼実も女院に奉仕した［野村一九八七・一九八八］。

　兼実は元服《げんぷく》にあたり正五位下《しょうごいのげ》に叙されたが、これは摂関家嫡流並みの扱いである。その後の官歴も摂関に就任する子息の昇進コースといってよく、忠通の子息には摂関就任

【摂関家関係系図】（摂関就任者を中心に）

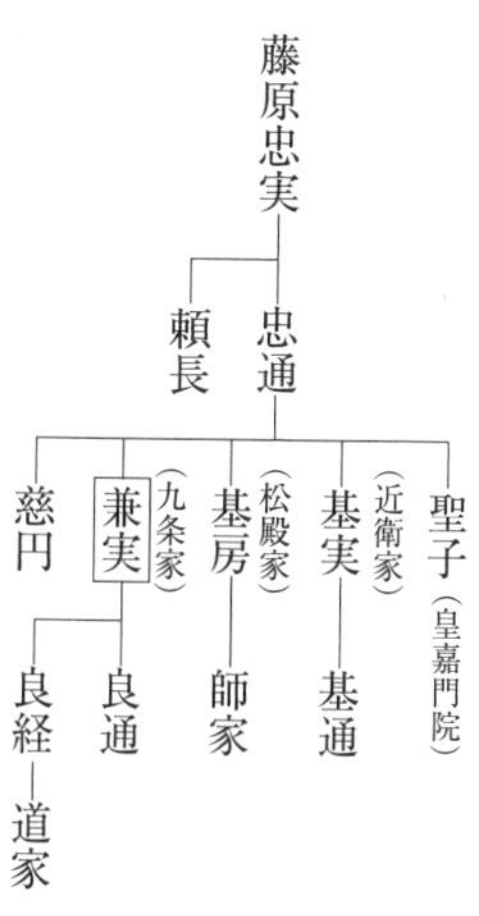

コースの昇進を重ねた子息が三人（基実・基房・兼実）いたことになる。これらの子息のうち忠通が誰を後継者と認定したかについては諸説あるが、この点について忠通自身の意向や遺言のようなものは確認できない。当事者たちも父の遺志に言及してないので、おそらく忠通は誰を自身の後継者とするか明示せずに死んだのだろう。保元三年（一一五八）に基実が忠通から関白を譲られており、さしあたり父の地位を受け継いだわけだが、弟の基房・兼実も摂関就任可能な立場ではあり、そのことが後々の政局に影響することとなる。

なぜ忠通は摂関就任可能な子息を複数設定していたのか、様々な考え方があり得るが、やはり頼長流との対抗のため、という事情があったのだろう。ただし、兼実の元服は保元の乱ののち（頼長死後）であり、母の出自は基実・基房よりも低かった。兼実が重視された背景として、忠通の加賀局への愛情のほかに、女院の猶子としての立場を強調する説もある［樋口二〇一七］。ともあれ、二人の兄が健在である限り、兼実が摂関に就任する可能性はほぼなかったであろう。その意味で兼実は摂関家の庶流であった。

●大臣の仕事

長寛《ちょうかん》二年（一一六四）閏《うるう》十月、兼実は十六歳にして内大臣に任じられた。彼の日記『玉葉』（『玉海《ぎょくかい》』とも）の現存する最初の記事もこの時のものである。兼実は大臣という家格相応の地位に就くことを契機として、日記を書くことを始めたのだろう［高橋二〇一四］。仁安《にんあん》元年（一一六六）十一月には右大臣に昇り、以後長くその地位に在った。

兼実は大臣として様々な政務・行事において上卿《しょうけい》（担当責任者）を務めることとなったが、庶流であるために父忠通の日記を受け継いでいなかった。そのため、基実の死を受けて永万《えいまん》二年（一一六六）七月に摂政となった兄の基房から、忠通の日記を借りて書写したり、公事について教えを受けたりして研鑽を積んだ［細谷一九九四］。それだけでなく、みずから詳細な日記を書き先例やマニュアルを蓄積した。『玉葉』はこのように「摂政・関白の日記というよりも、上卿を勤める大臣の日記」と捉えられる［高橋二〇一三］。摂関期には四半世紀近く右大臣の座にあり浩瀚《こうかん》な日記『小右記《しょうゆうき》』を残した藤原実資《さねすけ》がいたが、兼実の立場にも（家格に差異はあるが）近いものがあっただろう。兼実にとって大事なのは祖先特に「故殿」忠通の先例であり、「家例」に則った作法を日記に残し、『玉葉』の叙述自体がまた「家例」として子孫に継承されることとなる。

●政変と内乱

大臣としてキャリアを終えるはずであった兼実の転機は政変と内乱であった。治承《じしょう》三年（一一七九）十一月、近衛家の遺領問題などを原因として、平清盛《たいらのきよもり》が福原《ふくはら》から軍勢を率いて上京し、後白河《ごしらかわ》院を幽閉、関白基房を解任して基通《もとみち》（基実の子）をこれに代えるなどした。兼実はこのような武力を用いた政変に否定的ではあったが、結果として兼実の政治的な存在感が大きくなった点は否めない。まだ若い新関白基通は叔父の兼実を頼らざるを得ず、兼実は実質的に政権運営の一角を担うこととなった［樋口二〇一六］。弟の慈円によると、のちに摂政に就任した兼実は「治承三年ノ冬ヨリ、イカナルベシトモ思ヒワカデ、仏神ニイノリテ摂籙《せつろく》ノ前途ニハ必ズ達スベキ告アリテ、十年ノ後ケフマチツケツル」（治承三年の冬から、どうすべきかわからず神仏に祈ると、「必ず摂関に就任することになる」とのお告げがあり、それから十年待ってこの幸いに会うこととなった）と述べたという（『愚管抄《ぐかんしょう》』巻六）。翌年から始まる内乱も、兼実の存在感が高まる一因となったであろう。

そして、兼実自身が摂関就任を強く意識するようになったのは元暦《げんりゃく》元年（一一八四）であった［高橋二〇一四］。この年の初めに源義仲《よしなか》が敗死し、義仲と結びついた基房の子師家《もろいえ》が摂政を罷免され基通が再任したが、源頼朝《よりとも》は兼実が執政となることを望む意向を伝えた。兼実やその近辺では吉夢が相次ぎ、期待が高まっていた。父忠通の追善仏事を手厚く行ったり墓参をしたりしており、摂関家の継承者としての意識が強まっていたことが読み取れる。

このように政変と内乱により浮上し注目されるようになった兼実だが、上流の廷臣として政治的発言も積極的にしていた。養和《ようわ》元年（一一八一）七月、後白河院から最近の炎旱《えんかん》・飢饉《ききん》、諸国の反乱、そして天変《てんぺん》・怪異などの問題にどのように対処すべきか問われた兼実は、口頭と文面にて自身の意見を述べた［佐藤二〇一三］。そこで兼実はいくつかの漢籍（儒教経典や史書）をふまえつつ、何より民の苦しみを軽減することを重視し、祈禱《きとう》や徳政の必要を論じている。同年十月の院からの諮問への回答においても、天下太平の際には「政を淳素《じゅんそ》に反す」べき旨の御願を立てるように進言している（以上『玉葉』）。また、寿永《じゅえい》二年（一一八三）五月、三年前に平家に焼き討ちされ、このとき大仏再建が始まっていた東大寺《とうだいじ》に願文《がんもん》を奉納し（尊経閣所蔵文書）、「理非糺定」や「政道反素」などの願いを挙げている。

右の引用にも現れた「政を淳素に反す」というのが、兼実の政治思想において重要な位置を占めていた［森二〇〇八・二〇一二］。「淳素に反す」とは「本来のあるべき姿に戻す」ということであり、「あるべき姿」とはたとえば延喜《えんぎ》の醍醐《だいご》天皇の治世が念頭に置かれている。昔の良い政治に倣《なら》うという点では先例主義ともいえるが、単に先例を惰性的に繰り返すのではなく、今では廃れてしまった本来の在り方に実際に回帰しようとする点では理想主義・原理主義的な立場でもある。

このような兼実の思想は当時の貴族社会において必ずしも一般的とはいえないが、その背景にあったのが兼実の読書であると考えられる［佐藤二〇一三］。兼実は治承年間（一一七七〜一一八一）、当時の高名な儒者から『貞観政要《じょうがんせいよう》』や『帝王略論《ていおうりゃくろん》』などについて教えを受け、唐代の政道をめぐる議論を学んでいた。このように漢籍を読み咀嚼するなかで、兼実独自の政道論が形成されたのだろう。

●執政の政治

鎌倉においても京都においても執政となることが予想あるいは期待されていた兼実であるが、決定打となったのが文治元年（一一八五）十月、源義経《よしつね》たちに迫られて後白河院が頼朝追討宣旨を発給してしまったことである。程なくして義経勢は西国に没落し、立場が悪くなった京都方に対して、頼朝は地頭《じとう》設置など様々な要求をすることとなる。そのなかで、兼実に内覧宣旨《せんじ》（内覧の権限を付与する命令）を下すこと、兼実以下の十人の公卿《くぎょう》を「議奏《ぎそう》公卿」とし、彼らの意見を問うて政務を運営すること、なども要求された。内覧とは天皇への奏聞《そうもん》に先立って上申を受け決裁を下すことであり、関白の職掌の中核であるが、現任の摂関とは別の人物に内覧宣旨が下されることがあった。兼実を（摂政ではなく）内覧とすることは近衛基通を摂政に留めるということであり、先例上あるいは現実的な問題から兼実は辞退したものの、年末に兼実内覧宣下が実現した。頼朝がこれらの要求の意図・趣旨について兼実に懇切丁寧に説明した書状（『玉葉』十二月二十七日条に引用あり）に、有名な「天下之草創《そうそう》」の文言が登場する。なお、頼朝の朝政改革の柱となっていた議奏公卿の指名であるが、現実にはあまり機能しなかった［稲川一九五三］。摂政と内覧の併置は政務に混乱と支障をきたしたが、翌文治二年（一一八六）三月にようやく基通が解任され、兼実が摂政に任じられた。

新摂政兼実は早速みずから政策実行に動き出す。文治三年（一一八七）二月に記録所《きろくじょ》が設置され、訴訟審理や荘園文書の調査などを行うこととなった。これは兼実が摂政就任から間もなく発案して頼朝に申し出て、それを受けて頼朝が朝廷に要請をして設置されたものである（その経緯・時系列については［山本一九七九］と［龍福二〇〇七］の二説ある）。土地問題の解決や訴訟制度の改革は以前からの兼実の望みであり、それを頼朝の力も借りて実現させたのである。

また、兼実は元暦二年（一一八五）七月に意見封事《ふうじ》（廷臣たちが政治に関する意見を密封して君主に奏上すること）の必要を説いていたが、翌年に頼朝への申し出（先述）でこの件について了承を取り付け、文治三年三月に実行した［奥田一九九〇］。それは公卿や官人、さらには遁世者も含む二十二名に政道について問い、意見を徴召するという大掛かりなものであった。それぞれの意見の詳細は判然としないが、後年の新制《しんせい》（朝廷の法令）にも反映されたと考えられる。兼実は自分が正しいと思う政策を実行するだけでなく、他の廷臣にも政治に対して誠実かつ熱心な姿勢を要求したのである。そのほかに本来の定員から膨れ上がった公卿の人数を減らすことなども試みていた［金沢一九八五］。

兼実の思想と政策は意欲的なものであったが、当時の貴族社会において賛同され受け入れられていたとは言い難い。特に公卿減員のような政策には反発も大きかったであろう。兼実の朝廷改革には結果として骨抜きにされてしまった部分が多かった。頼朝との連携も、院に密通を疑われるなどむしろ兼実の立場を悪くしてしまう側面があった。

建久六年（一一九五）三月に上洛した頼朝は、五年前に初めて上洛して兼実と語り合ったときとは異なり、兼実に対して冷淡な態度をとった。同年八月、後鳥羽《ごとば》天皇の中宮となっていた兼実娘任子《にんし》が出産したが、生まれたのは女子であった。その前に源通親《みちちか》の養女が後鳥羽の皇子（のちの土御門《つちみかど》天皇）を生んでいたこと、また頼朝も娘（大姫《おおひめ》）の入内《じゅだい》を画策していたことなどもあり、兼実の政治的立場は急激に悪化していく。

そして建久七年（一一九六）十一月、兼実は罷免され、近衛基通が再び関白となった。兼実は流罪《るざい》されるとの噂（実現はせず）も流れるほどで、徹底的に政界から排除された。貴族社会での孤立、通親の策謀、そして頼朝との信頼関係の悪化など、様々な要因が重なり絡み合い、兼実は失脚することとなったのであろう。

●晩年と死去

晩年の兼実にはつらい別れがいくつも待っていた。建仁《けんにん》元年（一二〇一）十二月、永暦《えいりゃく》二年

（一一六一）正月の婚姻以来四十年以上も連れ添った妻兼子《けんし》（藤原季行《すえゆき》娘）が亡くなった。生前、病が重くなった兼子は法然《ほうねん》から授戒《じゅかい》された。そして妻の四十九日にあたる建仁二年（一二〇二）正月二十八日、兼実もまた法然を戒師《かいし》として出家を遂げた。その翌年正月五日条が『玉葉』の最後の記事である。

これ以前、文治四年（一一八八）二月に嫡子《ちゃくし》の良通《よしみち》が二十二歳にして亡くなっている。才能豊かで順調に昇進していた跡継ぎの死は、兼実に衝撃を与え深く悲しませた。兼実が法然に帰依するようになるのはその翌年以降である。良通の代わりに後継者となったのは二男良経《よしつね》である。建久七年の政変後、兼実・良経などは謹慎していたが、建仁二年十月に源通親が死去すると、年末に基通から良経へ摂政が交代させられた。後鳥羽院の引き立てもあって九条家は復権を遂げたのである。しかし元久《げんきゅう》三年（一二〇六）三月、良経もまた三十八歳で急死する。突然の死であったため、のちには暗殺説も囁かれた。兼実自身も病に冒され、最晩年を迎えていた。

残されたのは良経嫡子の道家《みちいえ》（当時十四歳）であった。良経の死の翌月、兼実は孫道家に公事を学習するように命じた。そして九条家に仕える藤原長兼《ながかね》から、道家に「和漢御学問」を学ばせるようにとの進言を受け、まずは『西宮記《さいきゅうき》』『北山抄《ほくざんしょう》』のような儀式書や『公卿補任《くぎょうぶにん》』などを読むように命じ、実際に長兼が道家の指南役となっている（『三長記《さんちょうき》』四月十八日・五月四日・同十三日条）。まだ若い嫡孫《ちゃくそん》の行く末を案じてのことだろう。この道家も波乱に満ちた生涯を送るのだが、兼実の子孫は九条・一条・二条の三家に分かれつつも、結果として近代にいたるまで摂家として存続した。

兼実は建永《けんえい》二年（一二〇七）四月五日、五十九歳の生涯を終えた。『愚管抄』によれば、その頃の朝廷を騒がせていた後白河の霊の託宣《たくせん》事件や法然の配流《はいる》のことなどを「アサマシガリ」ながら臨終を迎えたという（巻六）。

●兼実の功績

現代において頼朝の「天下之草創」宣言はよく知られているが、これはあくまで兼実宛の書状（のちに『吾妻鏡《あずまかがみ》』にも収録）の一節であり、同時代において広まっていた表現では必ずしもなかった。しかし、宮内庁書陵部《くないちょうしょりょうぶ》所蔵九条家文書中の、十三世紀末成立と考えられる「九条近衛両流次第」と名付けられた史料において、兼実に付された注記は「関東右幕下天下草創の時、文治元年推挙《すいきょ》して執政とす。末代文治・建久の佳例と称するは、この公政務の功力なり」（源頼朝の天下草創のとき、文治元年に兼実を推挙して執政とした。末代において文治・建久の佳例と称されるのは、この大臣兼実の政務の功績によるものである）と述べている［三田二〇〇五］。もともと摂関家庶流から出発した九条家にとって、頼朝の「天下草創」における「執政」兼実の「政務功力」は、摂家としての重要な存立基盤として認識されていたのである。貴族社会の家格が成立・確立した平安末期〜鎌倉期において、政治的功績によって自身の家を打ち立てた兼実はやはり特別な存在であったといえるだろう。

（海上貴彦）

【参考文献】

稲川誠一「議奏公卿顛末攷」（同著・稲川誠一先生遺稿集刊行会編『日本の歴史と教育─歴史篇─』汗青会、一九八六年、初出一九五三年）
奥田環「九条兼実と意見封事」（『川村学園女子大学研究紀要』一、一九九〇年）
金澤正大「関白九条兼実の公卿減員政策─建久七年政変への道─」（『政治経済史学』二三六、一九八五年）
加納重文『九条兼実─社稷の志、天意神慮に答える者か─』（ミネルヴァ書房、二〇一六年）
佐藤道生「養和元年の意見封事─藤原兼実「可依変異被行攘災事」を読む─」（同『日本人の読書─古代・中世の学問を探る─』勉誠出版、二〇二三年、初出二〇一四年）
三田武繁「摂関家九条家における嫡流意識と家格の論理」（同『鎌倉幕府体制成立史の研究』吉川弘文館、二〇〇七年、初出二〇〇五年）
高橋秀樹『玉葉精読─元暦元年記─』（和泉書院、二〇一三年）
高橋秀樹「藤原兼実─右大臣から内覧へ─」（野口実編『中世の人物　京・鎌倉の時代編第二巻　治承～文治の内乱と鎌倉幕府の成立』清文堂出版、二〇一四年）
多賀宗隼「兼実とその周囲」（同編著『玉葉索引─藤原兼実の研究─』吉川弘文館、一九七四年）
野村育世「評伝・皇嘉門院─その経営と人物─」（同『家族史としての女院論』校倉書房、二〇〇六年、初出一九八七・一九八八）
樋口健太郎「平氏政権期の摂関と九条兼実」（『紫苑』一四、二〇一六年）
樋口健太郎『九条兼実─貴族がみた『平家物語』と内乱の時代─』（戎光祥出版、二〇一七年）
細谷勘資「摂関家の儀式作法と松殿基房」（同『中世宮廷儀式書成立史の研究』勉誠出版、二〇〇七年、初出一九九四年）

森新之助「九条兼実の反淳素思想」（同『摂関院政期思想史研究』思文閣出版、二〇一三年、初出二〇〇八・二〇一二年）
山本博也「文治二年五月の兼実宛頼朝折紙について」（『史学雑誌』八八―二、一九七九年）
龍福義友「「文治二年五月の兼実宛頼朝折紙」管見」（『鎌倉遺文研究』二〇、二〇〇七年）

4　吉田経房―公武交渉の京都側窓口―

●勧修寺流藤原氏の出身

吉田経房《よしだつねふさ》は、康治《こうじ》二年（一一四三）に父光房《みつふさ》と母藤原俊忠《ふじわらのとしただ》の娘との間に生まれた。久寿《きゅうじゅ》元年（一一五四）十一月に父が亡くなった際、経房は十三歳であった。若くして父の後ろ盾を失った経房が、後に言及するように源頼朝《みなもとのよりとも》が期待を寄せた有識公卿《ゆうしきくぎょう》に成長しえた背景には、彼が勧修寺流《かじゅうじりゅう》藤原氏の一門（親族集団）であったことが挙げられる。

勧修寺流藤原氏は、藤原氏北家の高藤《たかふじ》に始まる。白河《しらかわ》院や鳥羽院《とばいん》は、勧修寺流藤原氏や日野《ひの》流藤原氏・高棟《たかむね》流平氏に蔵人《くろうど》・弁官《べんかん》・検非違使《けびいし》などの要職を独占させることで実務官人らを編成し、彼らは「名家」の家格を形成した［玉井二〇〇〇］。勧修寺流藤原氏が実務官人系院近臣の中で重きをなすようになったのは、藤原為房《ためふさ》（経房の曾祖父）が白河天皇の下で蔵人・弁官を勤め、さらに白河院政下ではブレーンとして重要な役割を果たしたことに始まる［元木一九九六］。為房の子・顕隆《あきたか》も白河院から重用され、議政官ではないままに院御所議定《いんごしょぎじょう》への出仕を許された初めてのケースとなり、「夜の関白」（『今鏡《いまかがみ》』）と評された［佐伯二〇一六］。また、顕隆の子・顕頼《あきより》は、鳥羽院の信任を得て長承《ちょうしょう》

【吉田経房関係系図】

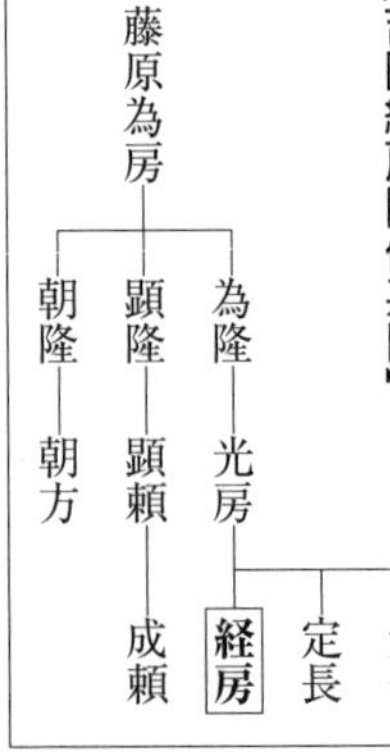

三年（一一三四）に権中納言《ごんのちゅうなごん》へ昇進し、権中納言を退いた後も院御所議定に出席するという特別な処遇を受けた［橋本一九七六］。

勧修寺流藤原氏は、勧修寺（京都市山科区）を紐帯とする強い親族意識を持ちながら、院政期以降は広範に「家」を分出させた。その勧修寺流の一門に連なった経房は、本来指南を受けるべき父を早くに亡くしても、公事《くじ》（朝廷の儀礼・儀式の総称）作法などの教えを受け継ぎ、実務官人として成長することができた。それを可能とした要因の一つに、勧修寺流の人々が次世代に伝え、また経房自身も書き記した日記があった。

なお、経房は正治《しょうじ》二年（一二〇〇）閏《うるう》二月十一日に亡くなったが（『公卿補任《くぎょうぶにん》』は没年を五十九歳とするが、本章では『猪隈関白記《いのくまかんぱくき》』の記述から五十八歳として生年を判断した）、前年の十二月十四日に鴨川の東「吉田《よしだ》」（京都市左京区）の地に浄蓮華院《じょうれんげいん》を建立し、先祖を祀り子孫の繁栄を祈願していた（『正治元年経房卿堂供養記』）。これに起因して、経房は死後「吉田大納言」・「吉田亜相」などと呼称された。また、経房の日記は『吉記《きちき》』・『吉御記《きちぎょき》』などと称されている。そこで本章では、「吉田経房」と表記して、話を進めることにしたい。

●経房の日記『吉記』

院政期に父―子（嫡子）間で政治的地位や家産を相続する「家」が成立すると、「家」を支える基本的なマニュアルとして、政務の記録、「家」の職能や先例・故実などを子孫に伝える日記が作成されるようになった。勧修寺流藤原氏の場合も、為房以下歴代の日記が蓄積されていたことが知られる。

為房子孫が「家」を分立させながらも一体性を維持し、実務官人としての役割を果たし続けることができた背景には、一門内での日記の流通があったと考えられている［松薗一九九七］。経房も歴代の日記の恩恵を蒙ったことが、彼自身が記した日記から確認できる。

経房が残した日記は『吉記』と呼称されるケースが多い。経房は、仁安《にんあん》元年（一一六六）八月二十七日に六条《ろくじょう》天皇の蔵人に補任されたが、九月五日の拝賀《はいが》から日記を付け始めている。なお、残存する日記の最後は、建久《けんきゅう》九年（一一九八）四月二十一日の記録であり、経房が後鳥羽《ごとば》院の二条殿への移徙《わたまし》に供奉したことが記されている（宮内庁書陵部蔵伏見宮本『仙洞御移徙部類記《せんとうおんわたましぶるいき》』）。従って、少なく見積もっても三十二年間の記録が残されていたことになる。

ただし、経房の直筆本は現存しておらず、日次記《ひなみき》（日々の出来事を日次を追って書きついだいわゆる日記）の写本のほか、公事抄出《くじしょうしゅつ》・部類記《ぶるいき》（日記から特定の事項に関する記事を抄出したもの、あるいは類別に編集したもの）に引用された記事の一部が伝来するにとどまる。治承《じしょう》四年（一一八〇）～文治《ぶんじ》元年（一一八五）の記事は比較的まとまって伝わっており、平家政権期～鎌倉幕府成立期の政治課程を分析するための一級史料として当該期の研究には不可欠な位置を占めている。本章の記述も多くを『吉記』に依拠している。

なお、『吉記』の現状や伝来、書誌情報については、高橋秀樹編『新訂吉記　索引・解題編』の「解題」が有益である［高橋二〇〇八］。日次記・公事抄出・部類記に分類して諸本の状況が整理され、鎌倉期・室町期以降の『吉記』の扱いについても詳細な検討が加えられている。

●有識公卿に成長

経房が実務官人としての頭角を現したのは、後白河院《ごしらかわいん》政期であった。既に保元《ほうげん》二年（一一五七）三月二十六日に後白河天皇の内裏への昇殿を許されていたが、翌年八月に院政が始まると院庁の判官代《はんがんだい》に任じられた（『兵範記《ひょうはんき》』）。仁安二年（一一六七）には、正月三十日に右衛門権佐、八月一日には左衛門権佐に任じられて検非違使を兼ね、翌年二月十五日には践祚した高倉《たかくら》天皇の蔵人となり、さらに嘉応《かおう》二年（一一七〇）正月十八日には左少弁に任じられ、蔵人・弁官・検非違使を兼ねる「三事《さんじ》兼帯《けんたい》」の栄誉を受けている。蔵人・弁官に加えて院司を兼ねて権力核の中枢で実務を担った経房は、勧修寺流の昇進ルートに則して順調に官位を進め、養和《ようわ》元年（一一八一）十二月には参議に昇進して公卿となった。

経房が順調に昇進できた要因として、公事作法に精通した有能な実務官人であった点が挙げられよう[鈴木二〇〇二・〇三]。先に触れたように、仁安元年（一一六六）に六条天皇の蔵人に補任されて以降、経房の実務官人としての生活が始まったが、蔵人補任後の最初の行事である吉書《きっしょ》の作法について、経房が丁寧に故実を確認している様子が『吉記』に記されている（九月一・三・五日条）。経房は、父光房の日記や経房妻の父平範家《たいらののりいえ》（高棟流平氏。勧修寺流と同じく家格は名家）の日記を参照したほか、平親範《ちかのり》（経房の妻の兄）や中山忠親《なかやまただちか》（経房姉の夫）に故実を尋ね、さらには勧修寺流の藤原成頼《なりより》（顕頼の子）の先例を参考にし、藤原朝方《ともかた》（為房の孫）に「家習」の教えを請うなどして勤仕していた。このように、経房は勧修寺流に伝わる日記や名家の先達、蔵人・弁官経験者から作法を学んで儀式に臨むことで、公事に精通するようになっていったと見られる。

また、経房が参議に昇進して以降は、儀式の上卿《しょうけい》（担当する公事を取り仕切る執行役）を勤仕して儀式を差配する側に回るケースも確認できるようになる。上卿を勤めた際、経房が藤原経宗《つねむね》から作法を学ぶことに熱心であったことが指摘されている［細谷二〇〇七］。経宗は、左大臣を長く勤めた（一一六六〜八九年まで二十四年間在任）政界の首班であり、摂関家以外の貴族の家に尊重された儀式作法である「花園説」の第一人者として知られ、特に清華家《せいがけ》（摂関家に次ぐ家格の貴族家）クラスの貴族たちに作法を教示していた。経房も、公卿昇進後は経宗の「弟子」（『薩戒記《さっかいき》』正長《しょうちょう》二年二月四日条）として教えを受けていた。寿永《じゅえい》元年（一一八二）三月六日に経房が除目《じもく》の執筆《しゅひつ》役を勤仕した際は、自身で「除目愚次第」を作成して準備しただけでなく、経宗の指南を受けることで、大過なく勤仕したようである（『吉記』三月五・七・十・十三日条）。

経房は、朝廷儀礼・行事において、蔵人・弁官として式を下支えした経験を有しただけでなく、上卿役として式を執行する立場にも回っており、幅広く公事作法を身に付けた有識の貴族として成長していた。

治承三年（一一七九）十月に経房は蔵人頭《くろうどのとう》・左中弁《さちゅうべん》に昇進していたが、その翌月に平清盛《きよもり》によって後白河院政が停止され、高倉天皇の親政が始まり、平家政権が成立した（いわゆる「治承三年政変」）。経房は、政変後も継続して蔵人頭・左中弁として起用され、十二月には高倉天皇の後院別当《ごいんべっとう》に任じられた。翌治承四年二月に安徳《あんとく》天皇が践祚して高倉院政が始まると、高倉院庁の別当に据えられている。

経房は、平家政権下において高倉親政・院政を支える有識の貴族として重用された［田中一九九四］。治承五年四月、治承・寿永内乱の最中で公事の円滑な執行に問題が生じていた時期、父清盛の死後に政権担当者となった平宗盛《むねもり》は、経房の公事に対する姿勢について「近日の公事、下官（経房）奉行の外、殆ど執行されず。随喜感嘆の由」を示し、賞賛したという（『吉記』四月十日条）。経房は有識公卿としての評価を確立しており、この後は源頼朝からも期待を寄せられることになる。

●源頼朝から頼りにされた「廉直の臣」

源頼朝が経房との連携を考えるようになった前提として、伊豆国《いずのくに》（静岡県）を介した経房と北条《ほうじょう》時政《ときまさ》との接触があったことが指摘されている［森一九九〇］。経房は、仁平《にんぴょう》元年（一一五一）七月二十四日に伊豆守に任じられ、久寿二年（一一五五）二月二十五日に重任された後、保元三年（一一五八）十一月二十六日に安房守《あわのかみ》に遷るまで、七年以上伊豆守を勤めた。久寿元年（一一五四）に没するまでは父光房が伊豆国の知行国主であったと見られるが、父の死後は経房が国務を執ったと推定されている。その間、伊豆国の在庁官人であった時政と関わって、以下の史料が伝わっている。

鎌倉時代後半に吉田隆長《よしだたかなが》が兄定房《さだふさ》との問答を書き記した『吉口伝《きつくでん》』（『続群書類従《ぞくぐんしょるいじゅう》』第十一輯下）には、頼朝が経房に期待した由来について、

伊豆国ヲ故大納言殿（吉田経房）知行せしめ給ふ。此《こ》の時、北条《ほうじょう》四郎時政《ときまさ》、在庁として奇怪事あり。国司に召し籠《こ》めらる。仍《よ》りて其の時、故大納言殿の行迹《ぎょうせき》以下、時政悉《ことごと》く甘心《かんしん》申ケリ。仍りて右幕下（源頼朝）ニ語り申すの間、賢人ユユシキ人ト相存ジテ憑《たの》み申ケリ（元弘《げんこう》二〈一三三二〉

四三被相語）

とある。経房の伊豆守任期から判断するに一一五〇年代のことと推定されるが、在庁官人北条時政に「奇怪」な事があり「召籠」られた際、時政は国主吉田経房の振る舞いに「甘心」し、そのことを頼朝に語った結果、頼朝が経房を頼りにするようになったというのである。

『吾妻鏡《あづまかがみ》』文治元年九月十八日条（経房が元暦《げんりゃく》元年〈一一八四〉九月十八日に権中納言に補任されたことは『玉葉《ぎょくよう》』など他の史料で確認ができ、『吾妻鏡』では元暦元年の記事が文治元年に誤って編纂されたものと思われる）には、

新藤中納言経房卿は廉直《れんちょく》の貞臣なり。仍りて二品（源頼朝）常に子細を通わしめ給ふ。今に於いては吉凶互ひに示し合はせらる。而して黄門の望み有るの由、内々申さるるの間、二品之を吹挙せしめ給ふと云々

（経房は廉直の忠臣である。そのため頼朝は常に連絡を取り合い、今は良いことも悪いことも互いに相談されている。経房が中納言への任官について望みがあると頼朝に内々に申したので、頼朝は吹挙なされたという）

とある。「廉直の臣」だと信頼して連絡を取り合っていた経房の権中納言昇進について、頼朝は朝廷に働きかけていたという。また、経房が大納言への昇進を望んだ際も、頼朝は「廉直の臣」については折に触れて援助を加えたいと心づかいをし、機会を見計らって朝廷に奏上するよう大江広元に命じたという（『吾妻鏡』文治三年六月二十一日条）。

頼朝は、有識公卿として知られた経房を頼り、官職の吹挙などを梃子に朝廷内部に親幕府派を形成しようと構想していたと見られる。では、頼朝が経房に期待したのはどのような役割だったのだろうか。

●関東申次―頼朝が朝廷と交渉する際の京都側窓口―

文治元年（一一八五）十月十八日、兄頼朝との対立を深めた源義経《よしつね》の申請により、後白河は頼朝追討宣旨の発給を認めた。しかし、義経に味方する兵は思うようには集まらず、義経は京都から逃亡した。この一件を契機に、頼朝は「天下草創」と称して朝廷の政治体制の刷新を計画するようになる（『吾妻鏡』十二月六日条・『玉葉』十二月二十七日条）。その一つが、有識公卿に一定の地位を与え政務案件を合議した上で朝廷に奏上させる「議奏公卿《ぎそうくぎょう》」の設置であった。議奏公卿には、経房のほか、右大臣九条兼実《くじょうかねざね》、内大臣徳大寺実定《とくだいじさねさだ》、権大納言三条実房《さんじょうさねふさ》・中御門宗家《なかみかどむねいえ》・中山忠親《なかやまただちか》、権中納言藤原実家《さねいえ》・久我《こが》通親《みちちか》、参議藤原兼光《かねみつ》・藤原雅長《まさなが》が選抜された。頼朝は特に九条兼実に期待し、同時に内覧《ないらん》（天皇に奏上する文書を事前に閲覧する職）に据え、兼実は翌年に摂政の宣下も受けた。だが、兼実を軸とする議奏公卿によって後白河の恣意的な政務運営を制限しようと試みた頼朝の構想は成功せず、後白河が実権を握る政務運営が継続した［樋口二〇一七］。

頼朝は、議奏公卿の設置と合わせて別の要求も行っていた。文治元年十一月末、後白河の伝奏《てんそう》（院に対する奏事を取り次ぐ人物）を勤めていた高階泰経《たかしなのやすつね》が頼朝追討宣旨を院に取り次いだ罪を問われ解官・流罪に処された。これ以後は、朝廷・幕府間の交渉時に院伝奏藤原定長《さだなが》と頼朝との間の交渉や調整に経房が当たったことが発給文書（頼朝に対して出された院宣・頼朝の院奏状）の整理から具体化されている［美川一九九六］。朝廷・幕府間交渉の連絡役に当たり京都側の窓口となった人物は「関東申次」と称されたが、頼朝は自身に対する追討宣旨を発給させた後白河の独裁を制限するために、経房を通じた連絡ルートを設置したのである（朝廷・幕府間交渉における職務内容が明確化されていない段階で活動した経房を正式な関東申次と見るか否かは議論があるが、経房が関東申次の役割を果たしていた点はおおよそ認められている［森一九九一］）。議奏公卿による政務執行が機能しない状況下にあって、頼朝は後白河との交渉の窓口となった経房に期待を寄せることになったのである。

関東申次としての経房の活動が目立つ場面の一つに、文治五年（一一八九）奥州合戦に際しての頼朝・後白河間の交渉が挙げられる。この時期の頼朝は、内乱期の戦時体制下で形成された御家人制を再編成して平時に定着させるための舞台として、義経を匿《かくま》ったことを理由に奥州藤原氏の追討を計画していた［川合二〇〇四］。三月二十二日、頼朝は経房を通じて藤原泰衡《やすひら》追討宣旨の発給を申請した（『吾妻鏡』。以下、特に断らない限り全て『吾妻鏡』が典拠）。経房は頼朝の意向を受けて京都で調整に動いたと見られ、四月二十二日には追討宣旨を発給できない後白河側の事情を説明した院宣が発給されている。閏四月三十日、義経は奥州で死去したが、六月二十五日・七月十二日に頼朝は泰衡追討宣旨の発給を重ねて申請した。結局、頼朝は追討宣旨を得られないままに奥州合戦を強行し、七月十九日に大手軍を率いて鎌倉を出発した。この頼朝の強硬姿勢を受けて、七月十九日付けで泰衡追討を命じた宣旨・院宣が発給され、二十六日に経房から頼朝の許へ送られ、九月九日に奥州滞在中の頼朝に届けられた。追討を承諾する宣旨が頼朝の出陣日の日付で発給されたことをうけて、頼朝は九月十八日に経房宛ての書状を送り、終戦を報告するとともに、宣旨発給を感謝し、後白河へのとりなしを要請している。経房は頼朝の政治意志を朝廷に連絡して交渉や調整を重ねており、京都側の窓口として機能していた。

頼朝が亡くなった翌年、正治二年（一二〇〇）閏二月十一日に経房もこの世を去った。経房が頼朝と朝廷との交渉を担当した文治年間～建久年間は、反乱軍から出発した鎌倉幕府権力が中世国家に位置づけられ、幕府と朝廷との役割が整理されつつあった時期に該当する。経房を介した交渉が、鎌倉期の公武関係の起点となったのである。

（前田英之）

【参考文献】

川合康『鎌倉幕府成立史の研究』（校倉書房、二〇〇四年）
佐伯智広「鳥羽院政期の公卿議定」（『古代文化』六八―一、二〇一六年）
鈴木理恵「公事作法をめぐる藤原経房のネットワーク（上・下）」（『長崎大学教育学部社会科学論叢』六一・六二、二〇〇二・二〇〇三年）
高橋秀樹編『新訂吉記　索引・解題編』（和泉書院、二〇〇八年）
田中文英『平氏政権の研究』（思文閣出版、一九九四年）
玉井力『平安時代の貴族と天皇』（岩波書店、二〇〇〇年）

橋本義彦『平安貴族社会の研究』（吉川弘文館、一九七六年）
樋口健太郎『九条兼実』（戎光祥出版、二〇一七年）
細谷勘資『中世宮廷儀式書成立史の研究』（勉誠出版、二〇〇七年）
松薗斉『日記の家』（吉川弘文館、一九九七年）
美川圭『院政の研究』（臨川書店、一九九六年）
元木泰雄『院政期政治史研究』（思文閣出版、一九九六年）
森茂暁『鎌倉時代の朝幕関係』（思文閣出版、一九九一年）
森幸夫「伊豆守吉田経房と在庁官人北条時政」（『季刊ぐんしょ』再刊八号（通巻四五号）一九九〇年）

5　一条能保―京都守護の任務を担った貴族―

一条能保《いちじょうよしやす》は、成立期鎌倉幕府と公家政権との関係において、京都守護《きょうとしゅご》という立場から重要な役割を果たした人物である。公家の出身でありながら、源頼朝《みなもとのよりとも》の京都における代弁者として、当該期における公武関係の整序に貢献した存在と言えよう。本章では、近年の優れた研究の成果に導かれながら、一条能保の公武関係をめぐる活動について、治承《じしょう》・寿永《じゅえい》の内乱期と内乱後とに大きく分けて述べていきたい。

●一条能保の出自と前半生

一条能保は久安《きゅうあん》三年（一一四七）に生まれた。父は藤原通重《ふじわらのみちしげ》、母は徳大寺公能《とくだいじきんよし》の娘である。一条家は、藤原道長《みちなが》の二男頼宗《よりむね》を祖とし、祖父通基《みちもと》の頃には受領《ずりょう》を歴任する中級貴族の家であったが、父通重は能保が三歳の時に早世した。公卿（参議・三位以上の上級官人）の氏名・官歴を年ごとに記した『公卿補任《くぎょうぶにん》』によると、能保は仁平《にんぴょう》三年（一一五三）に七歳で従五位下に叙され、保元《ほうげん》二年（一一五七）に祖父通基・父通重と同様に丹波守《たんばのかみ》に任じられた。しかし、一年と経たずにこれを辞し、その後、仁安《にんあん》二年（一一六七）に大皇太后宮権亮《たいこうたいごうぐうごんのすけ》、仁安三年・承安《しょうあん》三年（一一七三）にそれぞれ従五位上・正五位下となったが、以後しばらく官位の昇進は見られなかった。

能保を取り巻く環境については、これまで主に上西門院《じょうさいもんいん》（統子内親王《とうしないしんのう》）との関係が指摘されてきた〔江平一九九六・塩原二〇〇三〕。上西門院は鳥羽上皇《とばじょうこう》と待賢門院《たいけんもんいん》（璋子《しょうし》）との間の娘で、後白河《ごしらかわ》天皇の同母姉である。能保の祖母は上西門院の乳母《めのと》であり、能保の従五位下・従五位上・正五位下への叙位は上西門院（統子内親王）の御給《みきゅう》（院宮に給された官位の推薦枠。官位希望者がその推挙を受けて官位を与えられた）によるものであった。また、能保の妻は源義朝《よしとも》の娘で頼朝の同母妹であり、二人の婚姻も、頼朝が上西門院に仕えていたことなどから、上西門院関係者を通じての縁であったとされる。

これに対して、近年注目されているのが母方の徳大寺家との関係である〔江平一九九六・塩原二〇〇三・佐伯二〇〇六〕。徳大寺家は、待賢門院の同母兄である

【一条能保関係系図】

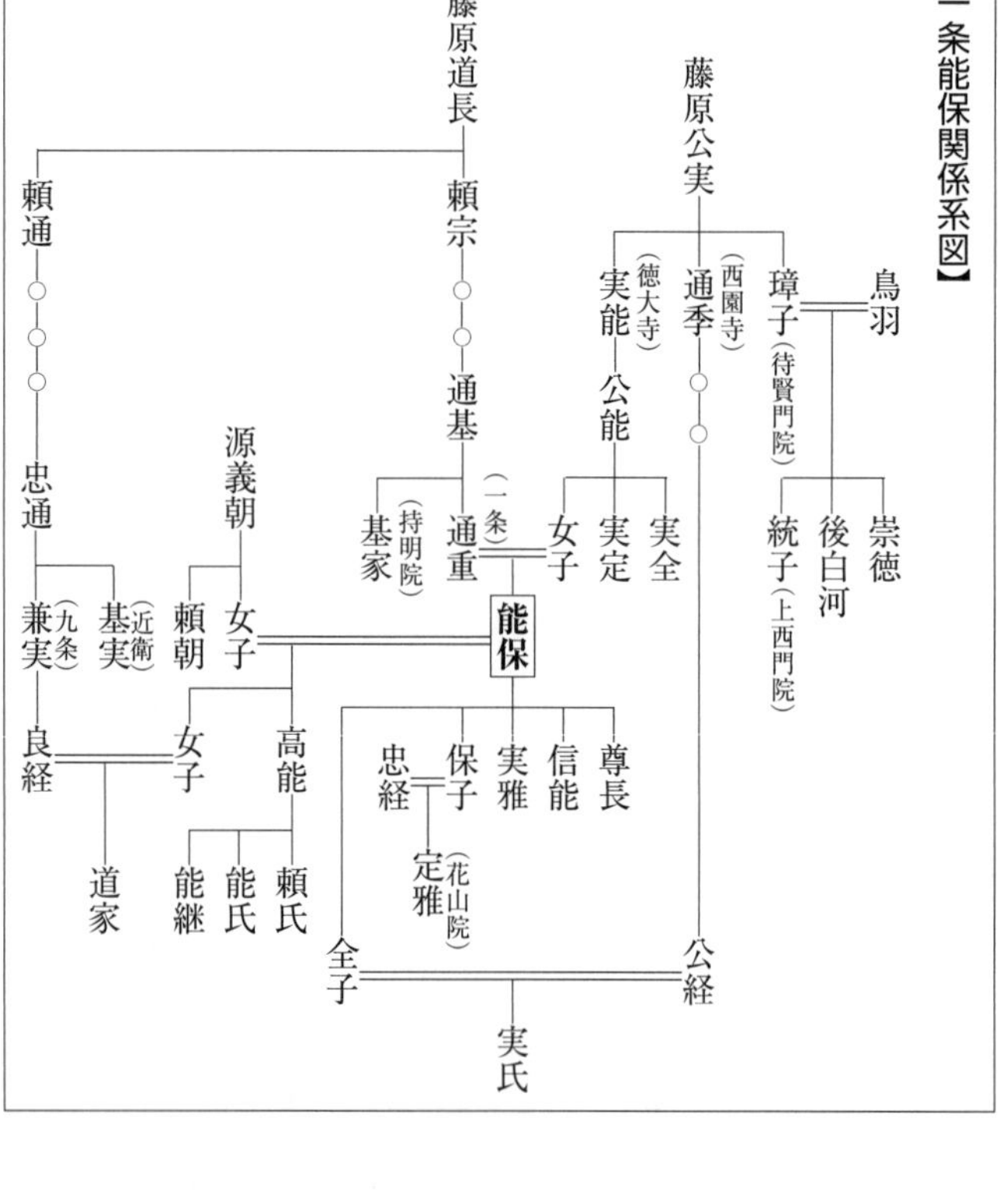

実能《さねよし》を祖とし、清華《せいが》（摂家《せっけ》に次ぐ家格で、近衛大将《このえたいしょう》を経て大臣に昇進するのを例とする）の家格を有する上級貴族の家である。徳大寺実定《さねさだ》（実能の孫、公能の子）は後白河上皇の外戚として後白河院派の中心的位置を占めるとともに、上西門院の女院別当《にょいんべっとう》を務めた。能保はこの実定に奉仕していたと思われ、能保の上西門院御給による位階上昇も徳大寺家一門に準じる存在としてのものと考えられる。また、能保が受領となった丹波国（京都府中部・兵庫県東北部）も徳大寺家の知行国《ちぎょうこく》（国の知行権を特定の公卿・寺社などに与え、その国の収益を得させる制度）であった。こうしたことから、能保と頼朝妹との婚姻も、徳大寺家の家産的枠組みのなかで行われたものと推測されている。

●京都守護

寿永《じゅえい》二年（一一八三）、平氏の都落ち、木曾義仲《きそよしなか》の入洛と後白河上皇との対立・衝突など、京都の戦局が目まぐるしく展開するなか、源頼朝は寿永二年十月宣旨《せんじ》を獲得し、東国の反乱軍として独自に築き上げてきた東国支配を公家政権から公認された。その翌月のこと、能保は平頼盛《たいらのよりもり》が鎌倉に赴くのに合わせて、妻と共に鎌倉に下向した。平頼盛は平清盛《きよもり》の異母弟で、平治《へいじ》の乱（一一五九）後に母の池禅尼《いけのぜんに》が源頼朝を助命したことから、平氏都落ちの際にも京都に残り、頼朝の保護を受けた人物である。元暦《げんりゃく》元年（一一八四）六月に頼盛が帰京する際、能保はこれに同道したようだが、平氏滅亡後の同二年五月、能保は平宗盛《むねもり》らを護送するため出京した源義経《よしつね》とともに再び鎌倉に下った。義経は鎌倉入りを許されなかったが、能保は無事鎌倉に入ることができ、以後八か月余滞在した。

この頃から能保の官位は急速に上昇を始める。『公卿補任』によると、寿永三年（一一八四）三月に左馬頭《さまのかみ》、六月に讃岐守《さぬきのかみ》に任じられ、文治《ぶんち》二年（一一八六）十二月には左馬頭を嫡男の高能《たかよし》に譲り、自らは右兵衛督《うひょうえのかみ》となった。その後、同四年十月に従三位となって公卿に列し、同五年七月に参議《さんぎ》、建久《けんきゅう》元年（一一九〇）七月に左兵衛督に任じられた。これらの官位昇進が源頼朝の後援によることは推測に難くない。なお、文治四年には讃岐国（香川県）、建久四年には備前《びぜん》国（岡山県東部）の知行国主となっている［塩原二〇〇三］。

文治元年（一一八五）十月に源義経・行家《ゆきいえ》が頼朝追討宣旨を得たものの没落し、頼朝は翌月に北条時政《ほうじょうときまさ》を上洛させて義経らの追討を後白河上皇に認可させるとともに、十二月には九条兼実《くじょうかねざね》の内覧《ないらん》（太政官から天皇に奏上もしくは天皇から太政官に下すべき文書を事前に内見すること、またはそれを行う者。関白に準ずる職掌）への推挙（翌年摂政《せっしょう》）や議奏公卿《ぎそうくぎょう》（後白河の専制の抑止を目的に置かれた、政務を合議し奏上する十名の公卿）の設置など公家政権内部の人事に介入した。その翌年二月、能保は妻女を伴い鎌倉を出立して上洛し、代わって時政が鎌倉に下向した。この時、能保が時政に代わって担うこととなったのが、京都守護の任務である。ただし、能保が初めて明確に「京都守護」と称されたのは後のことで、建久二年（一一九一）正月十五日に源頼朝が前右大将《さきのうだいしょう》家として初めて行った政所吉書始《まんどころきっしょはじめ》（吉書とは吉日に天皇・将軍などが見る儀礼的な文書。鎌倉幕府では、年始などに吉書を将軍が見て花押《かおう》（サイン）を署する吉書始という儀式が行われた）に関する『吾妻鏡《あづまかがみ》』の記事の中に、政所別当・問注所執事《もんちゅうじょしつじ》・侍所《さむらいどころ》別当などの職員名に続いて「京都守護／右兵衛督能保卿」とある。それまでの京都における能保の地位が、この時に改めて「京都守護」と定められたと思われる［中田二〇〇四］。

そもそも、京都守護は承久《じょうきゅう》の乱（一二二一）段階までに複数人が確認されるが、官衙《かんが》・機関として整備されたものではなく、その権限・職務内容も任じられた者の間で相違が見られる。また、京都守護の中核的な武力は京都守護個人の家人・郎従であった。例えば、前任者の北条時政が文治二年（一一八六）三月末の鎌倉下向に際して京都に残留させた「勇士」（『吾妻鏡』）三十五名は、一族の北条時定《ときさだ》や時政の家人であった［上横手一九五三・中田二〇〇四］。能保も、後述のように、京都守護在任期間中に在京御家人に対して動員などの命令をしばしば下しているものの、能保個人の有する主な武力は後藤基清《ごとうもときよ》と梶原景時《かじわらかげとき》一族であった［佐伯二〇〇六］。後藤氏は畿内近国に本拠地を持つ京《きょう》武者《むしゃ》で、後藤基清は同じく京武者の家である佐藤仲清《さとうなかきよ》を実父とし、後藤実基《さねもと》の養子となった。実基の妻は能保の妻となる源義朝の娘を養育したとされ、基清は能保の家人であった。佐藤仲清の同母兄弟の義清《のりきよ》（西行《さいぎょう》）が徳大寺実能の家人であったことから、能保と後藤基清の家人関係には徳大寺家が介在していたと考えられる。なお、後藤基清は、鎌倉幕府の御家人として讃岐国などの守護《しゅご》となる一方、公家政権でも左衛門尉《さえもんのじょう》・検非違使《けびいし》などに任じられ、後鳥羽《ごとば》院政期には院北面《いんのほくめん》・院西面《いんのさいめん》となって院との関係を深めている［上横手一九五三・木村二〇〇二・塩原二〇一二］。一方、梶原景時・朝景《ともかげ》兄弟は徳大寺家と深い関係にあり、能保とは徳大寺家を通じて関係を持ったと考えられる。このように、能保個人が有する武力については徳大寺家の後援が存在していた。

なお、能保上洛前の文治二年（一一八六）正月には源頼朝が摂津国《せっつ》（大阪府西北部・兵庫県東南部）

の貴志《きし》の輩を御家人に加え、一条能保への「宿直」（『吾妻鏡』）の勤仕を命じており、また、能保上洛後の五月には、紀伊国《きい》（和歌山県）の湯浅宗重《ゆあさむねしげ》に対し、京の非常時に際して一条能保のもとに一族交替で参仕するよう命じている［高橋二〇〇〇］。これらは、頼朝に従属した畿内近国の武士らが京で活動する一つの形態となるとともに、頼朝が能保の在京活動に際する武力の補充を図ったものでもあったと推測できる。

それでは、能保が京都守護として担った役割とはどのようなものだったのか、具体的に見ていこう［上横手一九五三・中田二〇〇四・佐伯二〇〇六］。内乱期における能保の活動内容は、

①京都から鎌倉への情報伝達
②京都─鎌倉間の文書などの取り次ぎ
③京都・畿内近国における軍事活動・治安維持および武士の統御・狼藉停止
④他権門との交渉

以上に大別できる。前任の北条時政は、兵粮米《ひょうろうまい》の停止や所領訴訟の裁許といった、より広範な権能を行使していたが、能保にはこのような権能は見られない。しかし、源義経・行家の追討が幕府の最重要課題であった時期に在京した点で時政と能保は共通しており、能保が扱った事項も時政のあとを受けて、義経追捕《ついぶ》関係の案件を中心としていた。

右の諸活動のうち①については、実は京都守護として上洛する以前から、能保はその役割を果たしていた。源義経・行家が挙兵すると、鎌倉滞在中の能保は在京の家人らを通して、頼朝追討宣旨発給

をめぐる公家政権の詳細な動静を源頼朝に伝えており、これらの情報は京都の徳大寺実定を通じて提供された可能性が高い。上洛後の文治二年（一一八六）六月にも、義経が鞍馬《くらま》に潜伏しているとの情報を、能保は徳大寺実定の兄弟であった延暦寺西塔《えんりゃくじさいとう》院主の実全《じつぜん》から獲得していた。このように、能保の情報収集活動は徳大寺家の情報網に依拠しており、頼朝も、義経の潜伏先や公家政権内部の機密などの情報の収集をめぐる徳大寺家の後援を期待して能保を京都守護に起用したと考えられる［佐伯二〇〇六］。

③については、文治二年（一一八六）六月、源義経が京都の岩倉《いわくら》周辺に潜伏しているとの情報がもたらされた時、能保は後藤基清と梶原朝景を派遣している。また、同年閏七月には、義経に協力した延暦寺僧が逃走したことをめぐり、土肥《どひ》実平《さねひら》らの武士が坂本《さかもと》を警固し比叡山《ひえいざん》上を捜索することを主張したのに対して、能保は摂政九条兼実の意向も受けてその制止を図っている。④についても、③との関連で行われることが多かった。同年五月・九月と相次いで、源行家の兄弟の興福寺《こうふくじ》僧および義経の支援者であった興福寺僧について、北条時定や比企《ひき》朝宗《ともむね》が能保に報告することなく独断で拘束や捜索に動いたため、氏長者《うじのちょうじゃ》の九条兼実が能保に抗議し、能保は対応に追われている。

このように、内乱期の能保は、京都・畿内近国における源頼朝の代官的存在として、源義経らの追捕に関する事項を中心とする公武間の連絡や他権門との交渉、御家人の統御などを任務として活動していた。しかし、文治二年後半以降、義経追捕のための軍事動員体制は解除され、梶原朝景・比企朝宗・土肥実平など京や畿内近国で活動していた御家人は相次いで下向していった。それを背景として、翌年には京中で群盗蜂起が頻発したため、後白河上皇は能保を介して頼朝に警衛の御家人を派遣するよう求めており［長村二〇一八］、義経問題が収束に向かうなかで能保は京都の治安維持にも関与するようになっていった。

●検非違使別当

約十年にわたる治承・寿永の内乱が終結し、建久元年（一一九〇）十一月、源頼朝は多数の御家人を率いて上洛した。後白河上皇との複数回にわたる会談の結果、頼朝は権大納言《ごんのだいなごん》・右近衛大将に任じられたが、京都を離れる際に両職を辞退した。しかし、こうした政治交渉を通じて、頼朝は「王朝の侍大将」の立場を確固たるものとし、幕府が国家の軍事・警察を担当するシステムが確立するに至った［上横手一九七二］。

こうしたなかで、能保の地位にも大きな変化が生じる。前述のように、建久二年（一一九一）正月十五日の幕府政所吉書始において、能保のそれまでの地位が「京都守護」として位置づけ直されたが、直後の二月一日、能保は京都の警察・治安維持を担う公家政権の官庁である検非違使庁《けびいしちょう》（使庁）の別当（長官）職に任じられた。それ以前の能保の活動は、使庁とは別系統で行われていた。しかし、京都守護である能保が検非違使別当を兼ねることは、二つの別系統の体制が能保のもとで一本化される可能性が生じたことを意味する。同年四月に大江広元《おおえのひろもと》が明法博士《みょうぼうはかせ》・左衛門大尉《さえもんのたいじょう》・検非違使に任じられたこと、また、能保が既に寿永三年（一一八四）に左馬頭に、文治五年（一一八九）閏四月に院《いんの》厩《うまや》別当に任じられていたことなどとあわせて、源頼朝が、能保を院政における武力の統括者とした上で、京都での軍事動員体制を一本化し、かつ能保の別当在任を長期化させて在京御家人からの検非違使任官を増加させることで、幕府が使庁を実質的に運営する体制を構築することを構想していたとする見解もある［佐伯二〇〇六］。

しかし、能保を軸とする京都の軍事動員体制は、この建久二年（一一九一）の四月に勃発した延暦寺嗷訴《ごうそ》事件によって脆さを露呈することとなった［黒田一九六九・上横手一九七九・佐伯二〇〇六］。この事件は、近江国《おうみのくに》佐々木荘《ささきのしょう》（滋賀県近江八幡市）に課された延暦寺の法会《ほうえ》の費用をめぐり、日吉社《ひえしゃ》の宮仕法師《みやじほっし》（雑役に従事する下級の社僧）数十人が未納分を譴責するために同荘下司・近江守護佐々木《ささき》定綱《さだつな》の家に乱入し、定綱の子の定重《さだしげ》や郎従らと衝突したため、延暦寺衆徒《しゅと》が定綱らの処罰を求め、四月二十六日に神輿を奉じて嗷訴したものである。

衆徒蜂起の報を受けた摂政九条兼実は、後鳥羽天皇のいる内裏《だいり》に迫った衆徒らを防御するため、「官人ならびに武士等」（『玉葉《ぎょくよう》』）を動員するよう検非違使別当能保に命じた。しかし、「官人（使庁の下級官人）」は内裏に数人程度しか集まらず、武士についても北条時定・佐々木《ささき》高綱《たかつな》・小野成綱《おののなりつな》に軍勢の動員をかけたものの、実際に召集されたのは五・六十騎に及ばず、これに甲斐《かい》源氏安田義定《やすだよしさだ》の郎従（義定本人はこの時は東国に下向していた）十騎ほどが加わった程度であった。その結果、能保は内裏内に雑人が乱入する大混乱を招き、衆徒らに神輿を放置し逃散させてしまうという失態を演じてしまった。その後、兼実・後白河上皇らは衆徒の説得に努め、定綱らの配流と下手人の郎従の禁獄を決定して何とか事態を収拾させた。この間、鎌倉へは能保と大江広元により一報が伝えられ、頼朝は梶原景時・後藤基清を使節として京都に派遣した。頼朝は、鎌倉に交渉に訪れた延暦寺の使者を丁重に饗応するとともに、延暦寺と裏取引して定重を配流途中で斬首に処するなど、御家人を犠牲にしてまで延暦寺に対する政治的配慮を行わざるを得なかった。

嗷訴への防御体制が機能しなかった原因として、まず、直接の軍事指揮者である検非違使別当能保の対応能力の問題があった［佐伯二〇〇六］。嗷訴が起こる前の四月八日、延暦寺衆徒らが能保を人質に取ろうとしているとの風聞があり、能保は自分が標的になっていると信じ込んで恐怖に陥り、どうしたらよいかと九条兼実に相談している。二十八日には、衆徒らの再度の入洛が危惧されるなか、能保は嗷訴の防御により「後の咎」（『玉葉』）が自らの身に懸かることを恐れ、天皇の院御所への行幸《ぎょうこう》を主張して参内を拒否し、後白河や兼実の再三の説得で渋々参内を受け入れており、兼実をあきれさせている。

とは言え、嗷訴制圧の失敗の責任を全て能保に負わせるのも酷な話だろう。院政期以来、寺社嗷訴・紛争の鎮圧・解決を主導してきたのは院であったが［木村二〇〇二］、この時、後白河上皇には嗷訴制圧へ向けての積極的な姿勢が稀薄であった。また、嗷訴勃発時の内裏の警固も手薄であった。実はこの時、検非違使の多くは院御所六条殿《ろくじょうどの》の守護に当たっており、兼実からの派遣要請を後白河は一応承諾したものの、六条殿から内裏に参集した検非違使は誰一人いなかった。また、能保の個人的武力である梶原景時・後藤基清がたまたま鎌倉に下っていたこともあり、幕府の在京武力は脆弱であった。幕府の洛中警固の体制が安定するのは、建久年間における大番役の御家人化と一国単位での勤仕体制の充実などにより、大番衆など在京御家人の数が安定した一二〇〇年代初頭であったという［木村二〇一四・長村二〇一八］。さらに、動員命令を受けた武士の全てが嗷訴の防御に積極的に加わったわけではなかった。北条時定は、内乱期には源義経・行家やその関係者の捜索・追討に活躍した人物であったが、嗷訴勃発時には現場に参集せず所在が分からなくなっており、動員命令を事実上拒否した可能性がある。また、佐々木高綱は事件の当事者である佐々木定綱の弟であり、衆徒との不測の事態を恐れた兼実は、高綱を内裏の西側に退かせるよう能保に命じており、その軍勢は防御に際して充分機能しなかったと思われる。加えて、安田義定の郎従らは嗷訴に際し、能保からの再三の指示を受けて過度な防御を慎まざるを得ず、衆徒らによって負傷させられてしまっている。

　こうして、延暦寺嗷訴の防御に失敗した後、同年十二月末に能保は検非違使別当を辞した。これを機に、能保の京都守護としての軍事行動もほとんど見られなくなり、能保の役割は京都─鎌倉間の取り次ぎ程度に限られていくこととなる［佐伯二〇〇六］。その一方で、能保は頼朝との関係を維持しつつ、公家政権内における地位を高めることに努めた。既に文治三年（一一八七）七月、能保の娘の保子が後鳥羽天皇の乳母として参内を許され、また前述のように、同五年閏四月に能保が院厩別当に任じられるなど、能保は後白河上皇の側近としての性格を帯びつつあった［長村二〇一八］。また、建久二年（一一九一）六月には、能保の娘の一人と九条兼実の嫡男良経《よしつね》との結婚が、難航の末に頼朝の斡旋のもとに成立している。さらに、別の娘の全子は、後の親幕派公卿である西園寺公経《さいおんじきんつね》と結婚している。

こうしたなかで、源頼朝が娘の大姫《おおひめ》の入内を画策して旧後白河院勢力の源通親《みちちか》らに接近していくと、能保と嫡男高能はこの入内工作に深く関与し、通親らとの接触を重ねたようである。建久七年（一一九六）の政変により九条兼実が失脚し源通親が公家政権の実権を握った際、能保らは、もともと九条家との関係が円滑さを欠いていたこともあり、同家の政界からの排斥に協力もしくは中立の立場を維持していたという［杉橋一九七一］。

建久五年（一一九四）閏八月二日、能保は病により出家し（法名保蓮）、同八年十月十三日に五十一歳でこの世を去った。翌年九月には嫡男高能が早世し、さらに建久十年正月には頼朝が急死した。その直後、源通親の一条家冷遇を憤った能保遺臣の後藤基清らが通親の襲撃を企てたとして拘束・処罰され、一条家関係者も逼塞状態となった（三左衛門事件）［塩原二〇一二］。しかしその後、後鳥羽院政が本格化するなかで一条家関係者は復帰し、後鳥羽上皇の院近臣としての立場を強めていくこととなるのである。

（木村英一）

【参考文献】

上横手雅敬「六波羅探題の成立」（同『鎌倉時代政治史研究』吉川弘文館、一九九一年、初出一九五三年）
上横手雅敬「建久元年の歴史的意義」（同右著書、初出一九七二年）
上横手雅敬「近江守護佐々木氏」（同右著書、初出一九七九年）

江平望「一条能保の前半生―その身分と官途について―」（同『改訂　島津忠久とその周辺―中世史料散策―』高城書房、二〇〇四年、初出一九九六年）
木村英一「六波羅探題の成立と公家政権」（同『鎌倉時代公武関係と六波羅探題』清文堂出版、二〇一六年、初出二〇〇二年）
木村英一「中世前期の内乱と京都大番役」（高橋典幸編『生活と文化の歴史学五　戦争と平和』竹林舎、二〇一四年）
黒田俊雄「延暦寺衆徒と佐々木氏―鎌倉時代政治史断章―」（同『日本中世の国家と宗教』岩波書店、一九七五年、初出一九六九年）
佐伯智広「一条能保と鎌倉初期公武関係」（『古代文化』五八巻一号、二〇〇六年）
塩原浩「頼宗公孫一条家の消長―中世前期における一公卿家の繁栄と衰退―」（中野栄夫編『日本中世の政治と社会』吉川弘文館、二〇〇三年）
塩原浩「三左衛門事件と一条家」（『立命館文学』六二四号、二〇一二年）
杉橋隆夫「鎌倉初期の公武関係―建久年間を中心に―」（『史林』五四巻六号、一九七一年）
高橋修「中世武士団の内部構造―「崎山家文書」の再検討から―」（同『中世武士団と地域社会』清文堂出版、二〇〇〇年）
中田早智子「京都守護の基礎的考察」（『聖心女子大学大学院論集』二六巻一号（通巻二六号）、二〇〇四年）
長村祥知「中世前期の在京武力と公武権力」（『日本史研究』六六六号、二〇一八年）

6　平頼盛―鎌倉を頼った清盛の弟―

●源頼朝から保護された平家一門

平頼盛《たいらのよりもり》は、長承《ちょうしょう》元年（一一三二）に平忠盛《ただもり》の五男として誕生した。後述するように、兄平清盛《きよもり》とは距離をとりながらも、平家政権の成立後は重要な地位を与えられ、清盛が没した後は権大納言《ごんだいなごん》に昇進し、一門を統率した平宗盛《むねもり》（清盛三男）に次ぐ高位にあった。

寿永《じゅえい》二年（一一八三）七月二十四日、木曾義仲《きそよしなか》軍が京都に迫るのをうけて、宗盛は一度西国に下向して態勢を立て直す作戦を決行する。いわゆる「平家都落ち」である。宗盛は、防戦のため京都周辺に展開させた平家軍諸将を呼び戻すが、山科《やましな》（京都市山科区）方面に出陣していた頼盛には連絡を送らなかった。後白河院《ごしらかわいん》からの指示で帰京した頼盛は、一門から離脱し、都落ちに同道しないという選択をとる。

京都に留まった頼盛は、十月になると京都を離れ、あろうことか、子息や従者をともない鎌倉へ下向する。源頼朝《みなもとのよりとも》と対面した頼盛は、相模国《さがみのくに》（神奈川県）の国府に宿を提供され、頼朝から歓待されたという。翌年六月、頼盛が帰京するために鎌倉を出発するにあたっては、頼朝から朝廷に奏請があり権大納言に還任された。頼盛は、都落ちする平家主流と離反した後、頼朝から保護を受けていたのである。

では、頼盛は何故にこのような行動をとったのか。『平家物語』諸本のうち一般に流布している語り本系では、頼盛が都落ちする宗盛らを見限り、頼朝を頼って京都に留まったと説明する。だが、『平家物語』に描かれた頼盛像は、平家一門の悲哀を強調する必要から形成された人物像であったことが指摘されている［鈴木二〇〇六］。

そこで本章では、『平家物語』の記述からは離れ、都落ち以前に頼盛が置かれていた立場を彼の生誕にまで遡って確認した上で、頼盛の選択を捉え直したい。また、頼盛が頼朝からの保護を受けた時期は、治承・寿永内乱の戦況が鎌倉軍優勢に推移し始めた時期に合致するが、そうした状況下での頼盛の立場を分析することで、成立しつつある鎌倉幕府権力が頼盛の眼にどう映っていたかについても考えてみたい。

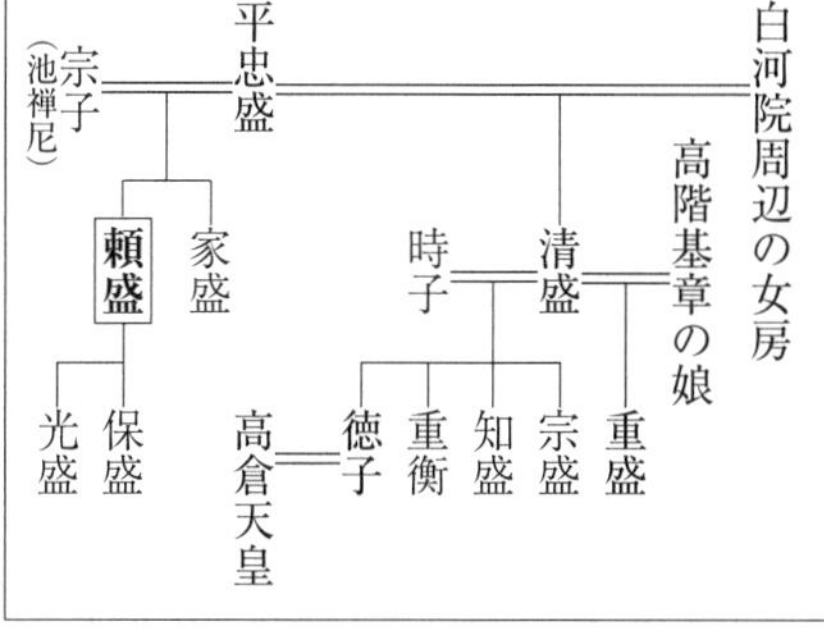

【平頼盛関係系図】

●母から継承したもの

頼盛の母は、藤原宗兼《ふじわらのむねかね》の娘宗子である。仁平《にんぴょう》三年（一一五三）に夫忠盛が死去した際に出家し、「池禅尼《いけのぜんに》」と呼ばれた。一般に知られるのは出家後の通称の方であろう。忠盛と宗子の婚姻は保安《ほうあん》二～三年（一一二一～一一二二）頃と想定されており［角田一九七七］、保安元年に清盛母が死去していたことから、後妻に迎えられた宗子は忠盛の正室として遇されたと考えられている。

忠盛と宗子との間には頼盛より先に兄家盛《いえもり》が生まれていたが、家盛は久安《きゅうあん》五年（一一四九）に急死した。これにともない、頼盛は忠盛正妻の嫡男として処遇されることになり、異母兄清盛との間に距離が生じることに繋がった。なお、宗子や頼盛は六波羅の邸宅群のうち「池殿《いけどの》」に居住した。「池禅尼」「池大納言」（頼盛の通称）は邸宅名に由来する。「池殿」の大きさは、清盛や重盛《しげもり》（清盛嫡男）に相伝された「泉殿《いずみどの》」に匹敵したと見られ、平家一門において清盛らに比肩し得た頼盛の立場を示すものといえよう。

宗子は、「夫ノ忠盛ヲモモタヘタル者」（『愚管抄《ぐかんしょう》』）と、夫忠盛をしっかり支えた正妻と評されていた。宗子の役割は、後の頼盛の立場を考える上でも欠かせない。

忠盛の妻宗子が果たした役割の一つが、忠盛と白河《しらかわ》院近臣藤原家保《いえやす》・鳥羽《とば》院近臣藤原家成《いえなり》父子とを結ぶ媒介環となった点である［髙橋一九八四］。宗子の父宗兼と同母の姉妹は家保の妻であり、宗子にとって家保は伯父、家成は従兄弟の関係にあった。鳥羽院政期の政治動向は、「天下の事、一向家成に帰す」（『長秋記《ちょうしゅうき》』大治《だいじ》四年八月四日条）と評された院近臣筆頭の家成と、家成の従妹（家保の同母兄長実の娘）で鳥羽院の寵愛を得た美福門院得子《びふくもんいんなりこ》がキーパーソンとなっていた。家成・美福門院との接点となった宗子が、鳥羽院政期における忠盛の躍進の背景にあった。加えて、宗子を接点に構築された関係が、鳥羽院・美福門院との間に生まれた皇女八条院暲子《はちじょういんあきこ》と子頼盛との関係の端緒にもなった。

宗子が果たしたもう一つの役割として、鳥羽院の正后待賢門院璋子《たいけんもんいんたまこ》周辺の近親集団に属していた点が挙げられる。宗子は、保延《ほうえん》六年（一一四〇）に生まれた崇徳《すとく》天皇（鳥羽院・待賢門院の子）の第一皇子重仁親王《しげひとしんのう》の乳母《めのと》となり、夫忠盛と一緒に重仁の養育に当たった［佐伯二〇一三］。保元の乱

（一一五六）の際、清盛ら平家一門は最有力の京武者であったにもかかわらず、鳥羽院の御所であった鳥羽殿《とばどの》（京都市南区・伏見区）や後白河天皇の里内裏であった高松殿《たかまつどの》の護衛に当初は動員されなかった。重仁との関係から、平家が崇徳方・後白河方のいずれに加勢するか不明確だったからである［元木二〇〇四］。こうした状況下で、勝ち目の薄い崇徳院を見限り、兄清盛に従うよう頼盛に伝えたのは池禅尼であったとされ（『愚管抄』）、清盛は一門を率いて後白河天皇方として参戦し、これが勝利の決め手となった。

ところで、続く平治《へいじ》の乱（一一五九）で源義朝《よしとも》は敗死し、その子頼朝は頼盛の家人平宗清《むねきよ》に捕まった。これに際して、池禅尼が頼朝の助命を清盛に嘆願したことはよく知られている（『愚管抄』・『吾妻鏡《あづまかがみ》』元暦《げんりやく》元年六月一日条）。池禅尼による嘆願の背景には、頼朝の母方親族である熱田大宮司家からの働きかけがあったと見られている［角田一九九七］。保元の乱以前、待賢門院やその子崇徳院・上西門院《じょうさいもんいん》・後白河院は一体として活動し、彼らに仕えた近臣も複数の院・女院にまたがり出仕して近臣集団が形成されていた。熱田《あつた》大宮司家や池禅尼はこの集団の一員であり、後に頼盛も後白河院の近臣として活動することになる。このような事情ゆえに、池禅尼は近臣集団を代表して清盛に頼朝助命の願いを伝え、池禅尼の背後にいた上西門院らの意向を無下に断れなかった清盛は、頼朝の助命を認めたのである。

宗子は、①忠盛の正室であり、②忠盛と鳥羽院近臣藤原家成・美福門院との接点となり、③待賢門院とその子に奉仕する近臣集団に所属した。これらは頼盛へと継承され、①異母兄清盛との距離、②

八条院近臣、③後白河院近臣、という形で顕現することになる。

●異母兄清盛との距離

頼盛は、久安二年（一一四六）皇后宮権少進《こうごうぐうごんのしょうじょう》に任じられ、同三年には従五位下に叙され、貴族社会にデビューした。同五年に同母兄家盛が死去すると、兄から常陸介《ひたちのすけ》の官職を継承した。当時、忠盛の子息で国守の地位にあったのは清盛のみであり、以後、頼盛は清盛に次ぐスピードで昇進する。保元の乱後には安芸守《あきのかみ》、平治の乱では「大将軍」と称される奮闘を見せて尾張守《おわり》に補任された。尾張国（愛知県）は、仁安《にんあん》三年（一一六八）まで彼の知行国となった。仁安元年には従三位に叙されて公卿となり、同三年十月十八日には念願の参議《さんぎ》の地位を得た。同日、頼盛は仏舎利一粒を安芸国厳島神社《いつくしまじんじゃ》（広島県廿日市市）に奉納している（『平安遺文《へいあんいぶん》』補遺三五二号）。

ところが、十一月二十八日、頼盛は参議・大宰大弐《だざいだいに》（当時、大宰府の実質的な長官として九州の行政を担当）・右衛門督《うえもんのかみ》など全ての官職を解官され、子の保盛《やすもり》も尾張守を解官され知行国も失った。その直接の原因は、後白河院が推進していた高倉《たかくら》天皇の即位関連行事での相次ぐ失態にあった。大嘗会《だいじょうえ》での五節舞姫《ごせちまいひめ》に何度も催促を受けながら出仕せず（保盛は舞姫献上者の一人であった）、高倉母后の平滋子《しげこ》の代始め入内を無視して厳島神社に向かい、さらには大宰府から九州諸国へ賦課された大嘗会関連用途を朝廷に一切納入していなかったという。これに怒った後白河の強い意向で、頼盛は解官されたのである（『兵範記《ひょうはんき》』）。

頼盛がこのような失態を重ねた理由は、高倉天皇の即位を肯定的に捉えていなかったことにあったとされる。頼盛は、鳥羽院以来の正統な皇位継承者であった二条《にじょう》天皇（後白河皇子・美福門院養子。永万《えいまん》元年〈一一六五〉に逝去）や八条院暲子との関係から、高倉即位に反発していたという［元木二〇一二］。実際、永万《えいまん》二年七月に大宰大弐に補任されると、当時にあっては異例にも大宰府へ赴任したが、京都を出発した十月二日は憲仁《のりひと》親王（のち高倉天皇）の立太子（十月十日）の直前であった（『百練抄《ひゃくれんしょう》』九月二十九日条）。頼盛の動きからは、高倉即位への反発を読み取らざるを得ないだろう。皇太子憲仁の春宮坊には、スタッフとして清盛・重盛・教盛《のりもり》（忠盛四男）・知盛《とももり》（清盛四男）らが付けられ、後白河と清盛との提携が明確に示された。兄清盛の立場が盤石になることへの反発が、右のような形で表面化したと考えられている。

頼盛の大宰大弐補任にともなう九州下向も、清盛との軋轢を深化させたと見られる。従来、頼盛の下向は平家一門全体の利益に合致するものと評価されてきた。だが、一門が一枚岩であったとのイメージには見直しが迫られており、また頼盛が高倉即位への反発から大宰府に赴任したことを踏まえれば、頼盛の下向はあくまで頼盛個人の利益に叶うものと理解すべきであろう［田中大二〇〇三］。頼盛は、下向から二か月後に豊前《ぶぜん》国宇佐宮《うさぐう》（大分県宇佐市）の大宮司宇佐公通《うさきんみち》を大宰権少弐に推挙した。これは一見、応保《おうほう》元年（一一六一）に清盛自身が宇佐宮を参詣して以来築いてきた公通との関係を強固にしたように捉えられるが、頼盛個人が宇佐宮とのチャンネルを確保しようとした意向を読み取るべきではないだろうか。

また、頼盛の大宰府赴任を契機に、久しく途絶していた入宋僧が一時的に活発化し（仁安二年―

重源《ちょうげん》。仁安三年─栄西《えいさい》・唯雅《ゆいが》。嘉応二年─覚阿《かくあ》・金慶《きんけい》)、その後は平家滅亡まで再び途絶えたことが指摘されている［榎本二〇一〇］。注意したいのは、同じ時期、清盛は摂津国福原《せっつふくはら》(兵庫県神戸市)を拠点とする日宋交流を構想していたことであり、頼盛の動きは清盛の方針に抵触した可能性が十分にある。

加えて、頼盛は大宰大弐の立場を活かして、九州において領域型荘園の立荘を進めていた。頼盛が頼朝から返還された平家没官領(後述)には、九州所在の頼盛領として、筑前国《ちくぜん》①香椎宮《かしいぐう》(福岡市東区)・②安富領・③宗像社《むなかたしゃ》(福岡県宗像市)・④三箇荘、⑤筑後国《ちくご》三原荘《みはらしょう》(福岡県小郡市)、⑥肥後国《ひご》球磨臼間野荘(熊本県人吉市)、⑦日向国《ひゅうが》国富荘《くどみ》(宮崎県宮崎市など)が確認できる。これらのうち、①②⑤⑥が後白河院関係所領、③④⑦が八条院領であった。立荘された頼盛領の性格からは、頼盛の基本的な姿勢は後白河・八条院近臣であり、清盛とは異なる路線で九州に拠点を築こうとした方向性が看取できる。

以上、仁安三年の解官は、清盛との間に生じていた距離が問題の根幹にあったと見られる。ただし、頼盛は翌嘉応《かおう》元年(一一六九)十二月に参議に復帰し、以後は基本的には平家一門の一員として都落ちまで行動した。特に、重盛との緊密な協力関係が指摘されており［田中大二〇〇三］、仁安四年春に清盛が福原に移住して退隠し、重盛が京都で一門を統率するようになったことが［前田二〇一七］、頼盛の姿勢の変化に影響した可能性を指摘しておきたい。以後の頼盛は、重盛に従いながら、後白河院との良好な関係を背景に、院政を支えていくことになる。清盛が後白河院政を停止するまでは。

●平家政権成立後の処遇

治承《じしょう》三年（一一七九）十一月十四日、清盛は大軍を率いて福原から上洛した。後白河が、七月に亡くなった重盛の知行国越前を没収し、また六月に亡くなった盛子《もりこ》（清盛娘・故藤原基実妻）が相続してきた摂関家領の支配に介入するなど、清盛を挑発したことが原因であった。後白河は今後の政務不介入を申し出ざるをえず、鳥羽殿に幽閉された。十七日には、後白河院近臣ら三十九名の貴族が解官された。後白河院政は停止され、高倉天皇と関白近衛基通《このえもとみち》（盛子養子。妻は清盛娘完子）を中心に、清盛や宗盛がそれを支える国政運営が開始された。こうして平家政権は成立した。

十七日の解官者の中に、頼盛も名を連ねていた。二十二日には頼盛の所領が没収されたという（『玉葉《ぎょくよう》』）。ただし、解官されたのは兼官の右衛門督のみで、翌年正月には謹慎措置が解除され、出仕を許されている。解官や謹慎は、後白河近臣であった頼盛に対する戒めだったのであろう。復帰後、頼盛は政権において重要な役割を担った。

治承四年五月の以仁王《もちひとおう》挙兵にともなう混乱を契機に、翌六月に断行された福原「遷都」では、当初、福原の頼盛邸は安徳《あんとく》天皇（二月に父高倉から譲位され践祚）の御所となり、その後は高倉院の御所とされた。十一月二十六日に京都に還都した後は、頼盛の池殿が高倉の御所となり、高倉は翌年正月十四日に池殿で崩御した（『百練抄』）。また二月十七日には、安徳が頼盛の八条邸に行幸している（『玉葉』）。以仁王挙兵後、畿内やその周辺でも反乱が発生するなかで、頼盛は高倉・安徳の警固を担当していたのである。頼盛は、父忠盛から譲られた家人を多く組織しており（その代表格が平宗清）［高橋二〇一三]、頼盛の有した軍事力が政権運営に必要とされたのであろう。

治承五年閏《うるう》二月四日に清盛が没した後、跡を継いだ宗盛も、頼盛を政権中枢に位置づけようと構想していた。寿永二年（一一八三）二月二十一日には、頼盛の娘が宗盛の嫡男・清宗《きよむね》の妻に迎えられ（『吉記《きっき》』）、宗盛と頼盛との関係強化が図られている。四月五日、頼盛は権大納言に昇進したが、これは平家一門内で宗盛に次ぐ官職への昇進であった。

ただし注意したいのは、治承四年末〜寿永二年七月の都落ちまで、すなわち平家が京都を拠点に追討戦を展開した期間、平家一門の多くが官軍として派兵される中、頼盛が一度も追討戦に参戦していなかった点である。平家軍は一門を構成する家ごとに家人が編成され、それらの連合艦隊という形をとっており、おおよそ、（a）宗盛を中心とする一門主流（宗盛は戦場に出ないため、同母弟の知盛・重衡《しげひら》が指揮）、（b）故重盛の子資盛《すけもり》・維盛《これもり》率いる小松党、（c）頼盛の池家、の枠組みで動いていた[上横手一九八七・髙橋二〇一三]。（a・b）が官軍として何度も派兵される一方、（c）を率いた頼盛が戦場に出ていない点は、頼盛が政権の中枢に据えられながらも、微妙な立場にあったことを示唆するように思われる。そうした頼盛の立場が表出したのが平家都落ちであった。

●都落ちしない判断への同情的な理解

治承四年（一一八〇）に始まった内乱は、養和の飢饉による戦線の膠着を経て、寿永二年（一一八三）五月の平家軍による北陸道遠征を契機に戦況が活発化した。平家軍が遠征に失敗したのに対し、木曽《きそ》義仲《よしなか》らの軍が京都に迫ったのである。

これに対して宗盛は、七月二十二日に（a）一門主流軍を率いた弟の知盛・重衡を近江国勢多《おうみせた》（滋賀県大津市）に向かわせ、義仲の迎撃に備えさせた。（b）小松党は、七月二十一日に後白河の指示で宇治《うじ》方面に出陣していた。この時点で、小松党は後白河の指揮下に入っていた［上横手一九八七］。（c）頼盛軍は、七月二十四日に宗盛の説得をうけて山科に出陣した（『愚管抄』）。ところが、同二十四日に宗盛は都落ちを決意して知盛・重衡らを京都に戻し、翌二十五日に都落ちを決行した（『吉記』・『玉葉』）。宗盛は、後白河を通じて小松党には帰京命令を伝えさせたが、資盛らが京都に戻った二十五日夕方には、宗盛らは既に都落ちしていた（『吉記』）。

頼盛に至っては、都落ちの連絡がなく、鳥羽まで下向していた宗盛の許に使者を遣わしたが明確な返答すら得られなかったという。頼盛は迷った末に京都に戻り、小松党とともに蓮華王院《れんげおういん》に入った。その後、資盛らは後白河の指示を仰いだが連絡が付かず、翌日に宗盛らと合流するため京都を出発した。頼盛には、後白河から八条院の許に身を寄せるよう指示があったため、仁和寺《にんなじ》の八条院御所に入り、平家都落ちからは離脱した（『愚管抄』）。頼盛の動きは、平家一門が一枚岩ではなかったことを象徴するものといえよう。

京都に留まった頼盛の扱いについて、七月二十八日の院御所議定で議論された。議定に出席した吉田経房《よしだつねふさ》は、頼盛は清盛の生前から「不快事」があり都落ちに同意しておらず、一門の計らいとして一時行動を共にしたに過ぎないから処罰すべきではないと述べ、出席者の賛同を得ていた（『吉記』）。一枚岩ではなかった平家一門の中で頼盛が異分子扱いされたことは周知の事実だった。当時の貴族社会においては、頼盛を裏切り者と見た『平家物語』のような理解は共有されておらず、頼盛の離脱は理解できる判断だと受け止められていたようである。

●鎌倉幕府成立期における頼盛の立場

寿永二年（一一八三）十月中旬、頼盛は京都を出発して、関東へ下った（『玉葉』十月二十日条）。入洛した木曾義仲からの攻撃を恐れての行動かと思われる。十一月に入ると、頼盛が鎌倉へ入り頼朝と対面したこと、頼盛が京都の兵粮不足を伝えたため頼朝は自身の上洛を停止して弟源義経《よしつね》を代官として送ったこと、頼盛が相模国の国府に宿を与えられて頼朝から歓待を受けたこと、などの情報が京都に伝えられている（『玉葉』十一月二・六日条）。

翌寿永三年になると、源範頼《のりより》・義経らが率いる鎌倉軍により義仲は滅ぼされ、二月の生田森・一の谷合戦（兵庫県神戸市）で平家軍も敗退し、鎌倉軍の優勢が明確になった。三月以降、恐らくは頼朝の意向をうけて、頼盛は京都と連絡をとるようになった。八条院を介して頼盛の申状が右大臣九条《くじょう》兼実《かねざね》に伝えられ、頼盛の侍「清業」が上洛して頼朝の意向を後白河に奏請し、また頼朝と兼実との間を取り持ってもいたようである（『玉葉』三月七日、四月一・七日条）。頼朝は、頼盛が有した後白河・八条院とのパイプを活用して、頼朝の意向を朝廷に伝える際の「代弁者」として頼盛を利用しようとしていたと理解されている［安田一九六七］。

そのため、頼朝は頼盛に恩恵を施していた。四月五・六日には、後白河から送付されてきた「平家没官領注文」をうけて、頼盛に所領三十四か所を返還した（『平安遺文』四一五一・二号）。この前後、頼盛は一旦上洛したと見られ、五月三日に頼盛が再び鎌倉へ下向すると、頼朝は頼盛の本官還任を朝廷に要請し、六月五日に鎌倉を発つ際には盛大な餞別の儀を催してもいる（『吾妻鏡』五月二十一日・六月一日条）。頼朝の計らいにより、頼盛は権大納言に復帰し、六月中旬に京都へ戻って以降は権大納言としての活動を再開し、公事・仏事への出仕が確認できるようになる。

ただし、頼朝が求めた「代弁者」としての役割を頼盛が十分に果たすことができたかというと、決してそうではなかった。元暦二年（一一八五）五月二十九日、三月の平家滅亡を受けてであろうか、東大寺《とうだいじ》で出家すると（重蓮と名乗った）、翌年六月二日に逝去したからである。

では、頼朝の保護を受けて以降、頼盛の眼に鎌倉幕府権力の成立はどのように映っていたのだろうか。それを直接に語る史料は残されていないが、短期間とはいえ帰京後の頼盛が貴族社会構成員として活動していた点に注目したい。生田森・一の谷合戦で勝利した後、頼朝は源氏諸流や京武者たちへの統制を強めるようになる［川合二〇二一］。頼盛が鎌倉を発った六月には鎌倉で甲斐《かい》源氏の一条《いちじょう》忠頼《ただより》が粛正され、七月には義経軍の上洛に協力した伊賀《いが》・伊勢《いせ》平氏も反乱を起こして討たれた（乱の契機は伊賀・伊勢平氏と頼盛との対立にあったとの指摘もある［川合二〇〇四］）。さらには、多田《ただ》行綱《ゆきつな》や義経も統制の対象となり、京武者社会は否定されつつあった。頼盛は、頼朝の動向を身近で見たからこそ、貴族社会内部での活動に軸足を移し、この判断が頼盛子の光盛《みつもり》らが関東祗候廷臣として生きのびたことに結果したと見られる［岡野一九九九］。

（前田英之）

【参考文献】

上横手雅敬「小松殿の公達について」（『和歌山地方史の研究』安藤精一先生退官記念会、一九八七年）
榎本渉『僧侶と海商たちの東アジア』（講談社、二〇一〇年）
岡野友彦「池大納言家の伝領と関東祗候廷臣」（『中世久我家と久我家領荘園』続群書類従完成会、二〇〇二年、初出一九九九年）
川合康「治承・寿永の内乱と伊勢・伊賀平氏」（『鎌倉幕府成立史の研究』校倉書房、二〇〇四年）
川合康『源頼朝』（ミネルヴァ書房、二〇二一年）
佐伯智広「池禅尼」（服藤早苗編『「平家物語」の時代を生きた女性たち』小径社、二〇一三年）
鈴木彰『平家物語の展開と中世社会』（汲古書院、二〇〇六年）
髙橋昌明『増補改訂　清盛以前』（平凡社、二〇一一年、初出一九八四年）
髙橋昌明『平家と六波羅幕府』（東京大学出版会、二〇一三年）
田中大喜「平頼盛小考」（『中世武士団構造の研究』校倉書房、二〇一一年、初出二〇〇三年）
角田文衞「池禅尼」（『王朝の明暗』東京堂出版、一九七七年）
前田英之『平家政権と荘園制』（吉川弘文館、二〇一七年）
元木泰雄『保元・平治の乱』（角川ソフィア文庫、二〇一二年、初出二〇〇四年）
元木泰雄『平清盛と後白河院』（角川選書、二〇一二年）
安田元久『平家の群像』（塙書房、一九六七年）

7　大内惟義―幕府成立期の守護―

●大内惟義の特異性

大内惟義《おおうちこれよし》は清和源氏義光流《せいわげんじよしみつ》の信濃源氏《しなのげんじ》の人物である。源氏の一族として鎌倉時代初期の政治史で存在感を有していた。父の平賀義信《ひらがよしのぶ》はもと源　頼朝《みなもとのよりとも》の父義朝《よしとも》に従っており、頼朝の挙兵後まもなくその軍勢に加わった。義信は関東知行国《かんとうちぎょうこく》の武蔵守《むさしのかみ》となり、惟義の弟の平賀朝雅《ともまさ》も京都守護《しゅご》となって京都で後鳥羽院《ごとばいん》に仕えるとともに北条時政《ほうじょうときまさ》の娘聟として影響力をもち、牧氏《まきし》の変（元久《げんきゅう》二年〈一二〇五〉）で将軍に擁立されようとしたのはよく知られる。このように一族は公武双方にまたがって強い政治的影響力を発揮していたが［彦由一九九二］、大内氏は惟義の子惟信《これのぶ》のとき承久《じょうきゅう》の乱（承久三年〈一二二一〉）で京方《きょうがた》について没落した。

惟義について鎌倉幕府と京都との関係を考えるとき、彼の在京活動は重要である。彼は京都にて、政変（建久《けんきゅう》十年〈一一九九〉の三左衛門《さんざえもん》事件など）における犯人逮捕などにしばしば動員されていたことが貴族の日記などに散見する。注目すべきは、こうした軍事行動が幕府ではなく後鳥羽院からの指揮によっていたことであり、惟義は弟朝雅と同様、幕

【大内惟義関係系図】

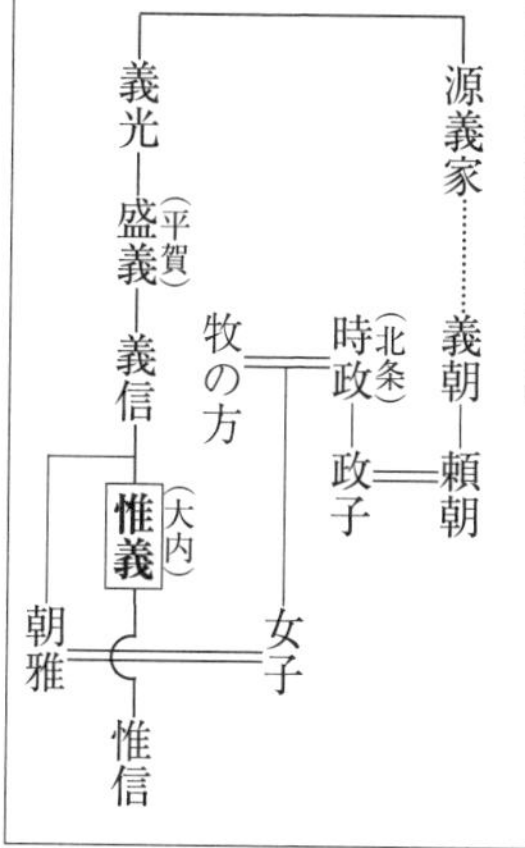

府御家人でありつつ院の武力として重要な役割を果たしていたことがうかがえる。

さらに視野を広げてみたとき注目されるのが、彼が京都周辺の西国に有していた守護の地位である。一九八〇年代に紹介された醍醐寺《だいごじ》所蔵の『諸尊道場観集《しょそんどうじょうかんしゅう》』は、惟義の子で惟信の弟の僧義海《ぎかい》が書写したものであるが、その紙背文書《しはいもんじょ》には生家大内氏の文書が使われており、惟義や惟信の活動がうかがえる［田中一九八四・五］。この『諸尊道場観集』紙背文書では、各国における守護としての活動が見出せ、それをふまえると、惟義・惟信父子は摂津《せっつ》（大阪府西北部・兵庫県東南部）・伊賀《いが》（三重県西部）・伊勢《いせ》（伊賀・志摩などを除く三重県）・美濃《みの》（岐阜県南部）・越前《えちぜん》（福井県東部）・丹波《たんば》（京都府中部・兵庫県東部）という京都を中心とする六か国の守護を兼ねていたことが分かり、これは鎌倉幕府の御家人としては相当に多い量である。こうした惟義の活動から、鎌倉時代初期の守護のあり方を特に朝廷との関係から探ろうとする研究も既になされており［田中一九八九・上杉一九八九］、さらに惟義がこうした大量の守護職を得た背景として後鳥羽院との結びつきを重視し、彼が鎌倉に対抗する京都の軍事力の中核になり得たと考える論者もいる［本郷一九九三・二〇〇〇］。このように惟義の西国守護としての活動は、当時の公武関係においても重要な論点となり得るといえる。

こうした多様な活動をみせる惟義につき、ここでは十二世紀末の治承《じしょう》・寿永《じゅえい》の内乱から鎌倉幕府成立期までの活動、特に守護としての活動を、幕府や惟義が発給した文書を主な素材として追ってみよう。

●西国進出と伊賀国守護

史料上惟義の活動が最初に確認できるのが寿永《じゅえい》三年（元暦《げんりゃく》元年〈一一八四〉）の一ノ谷《いちのたに》の合戦であ

る。同合戦への従軍者としてみえるのが、幕府の歴史書『吾妻鏡《あづまかがみ》』における惟義の初見である（『吾妻鏡』寿永三年二月五日条）。その後、『吾妻鏡』によると、三月二十日に惟義は伊賀国守護に任じられた（「大内」という名乗りも伊賀国内の所領《しょりょう》に由来するとされる）。このころ幕府は西国に惣追捕使《そうついぶし》（守護）を設置し始めており、伊賀はそのうちの一つだった。当時惟義が発給した文書が東大寺《とうだいじ》文書に残っており、左に掲げる（『平安遺文《へいあんいぶん》』四一九三）。

（端裏書《はしうらがき》）「鞆田庄《ともだのしょう》源惟義免判《めんぱん》〈寿永三年八月九日〉」

在判《ありはん》〈源惟義国務《こくむ》の時の免判なり。国務を奉行《ぶぎょう》すといえども国司に非《あら》ず。仍《よ》って大介《おおすけ》の位所《いしょ》無し。〉

下す　伊賀国在庁官人《ざいちょうかんじん》等

早く奉免《ほうめん》すべき東大寺領鞆田庄出作《しゅっさく》田所当官物《しょとうかんもつ》の事

右、寺家の訴状に云《い》わく、件《くだん》の所当米、当寺の封戸《ふこ》に便補《びんぽ》して数百歳を経《ふ》。しかるに平家《へいけ》当庄を押領するの後、彼の封戸を停止せらると云々。状の如《ごと》くんば、尤《もっと》も以て不便なり。たとい先例無きといえども大仏造営の間、いかでか結縁《けちえん》の志無からんやてえれば、早く旧跡に任せ寺家の封戸に募り奉免せしむべきの状件の如し。留守所《るすどころ》宜しく承知し、件に依り行え。以《もっ》て下す。

元暦元年八月九日

これは東大寺領鞆田荘（三重県伊賀市）の官物（国衙に納める税）を免除した文書（案文《あんもん》。原本〈正文《しょうもん》〉とは別の控え。本来は冒頭の「在判」の部分に惟義の花押《かおう》があった）である。東大寺は当荘が平家に押領されていたと訴え、これに対し惟義は、平家に焼討ちされた大仏ほか伽藍《がらん》の復興のためもあり、官物を免除して東大寺の収入にあてることにした。鞆田荘は以前から平家と領有権を争っていた荘園でもあり、国衙ともしばしばトラブルを起こしていた。

惟義がこのような伊賀の在庁官人（国衙に勤める役人）らに国衙の官物を免除する下文《くだしぶみ》を下していること自体、注目に値する。本来、こうした命令は国司が下すが、惟義は守護であって国司ではない。まさに冒頭の注記（案文を作成した際に記入されたもの）に「国務を奉行すといえども国司に非ず」とあるように、守護として国衙行政に介入していたことがみえ、朝廷の貴族からも「伊賀国は、大内冠者《かじゃ》〈源氏〉の知行《ちぎょう》」（『玉葉《ぎょくよう》』元暦元年七月八日条）とみなされており、初期の守護と国司との関係を示す事例として注目されてきた［石井一九六八］。惟義は戦時下の守護として大きな権限を有したといえよう。

しかし、元暦元年七月には、伊勢・伊賀を拠点とし、平家一門の都落ちに同道しなかった伊勢平氏一族による反乱が勃発する。このとき鎌倉方も多く討たれた。反乱自体は鎮圧することができたが、その後惟義がこれに対する恩賞を頼朝に求め、それが守護としての怠慢だとして頼朝の譴責を受けることになった（『吾妻鏡』八月二日・三日条）。以後、惟義は一年ほど『吾妻鏡』には登場せず、政治的には逼塞を余儀なくされたと思われる。

●復帰と摂津国守護

目立った活動のなかった惟義が再び重要な地位を得るのが、平家が滅亡した壇ノ浦《だんのうら》合戦後である。次の三通の文書は、元暦二年（文治《ぶんじ》元年〈一一八五〉）に頼朝が惟義に対して充てた御教書《みきょうじょ》（奉書《ほうしょ》）

の案文である（『兵庫県史　史料編　中世1』〈多田神社《ただじんじゃ》文書一二（1）～（3）〉、原文の仮名書きを適宜改めた）。ここから惟義の得た地位をみてみよう。

（Ⅰ）重ねて仰す
大夫判官（源義経）沙汰《さた》にて知らせ給う所知《そち》ども、今は知らせ給《たま》うまじ。これより人に給《た》び候わんずるに、多田と申すは京にも近国にも聞こえたる所にて候えば、構えてよくよく沙汰し居させ給うべし。又京などにも我が代官にあらんと候わば、名国司《なこくし》などに申しなすべし。所詮無き事などし給いたりとも、只今の如くは聞き申さず。あなかしこあなかしこ。
右大将家（源頼朝）
在御判
多田の蔵人（行綱）は奇怪によって勘当仕《つかまつ》りたるなり。されば多田をば預け申すなり。下文奉《たてまつ》る。疾《と》く知り給うべし。但しかたがた沙汰せん事は、静かに先例を尋ねて沙汰有るべし。さては多田の蔵人が親しき者などをば、な愛《いと》おしくし給いそ。侍どもをば愛おしくして、元の様に使い給うべし。多田の蔵人が弟にてある者逃げ上りたるなり。奇怪の事なり。勘当せんずるなり。さ存じ給うべし。あなかしこあなかしこ。
元暦二
六月八日　広元（大江）〈奉〉
大内殿（惟義）

（Ⅱ）猶々構えて構えて相念《あいにょう》じて京におわしますべく候。国にても多田ばかりの所知は、よに儲けさせ給うまじき由御意候なり。

右大将家
在御判

今は疾う下らせ給うべき由、仰せられて候えども、多田の事を承らせ給い候ぬれば、左様の事よくよく沙汰し鎮めさせ給いて、重ねて仰せに従い給うて下らせ給うべき由、仰せ事候也。多田の蔵人の大夫の贔屓《ひき》人にてひけも無き様にて、よろずこの所の家人どもをも、今は御家人として安堵《あんど》せさせ給いて、閑院内裏《かんいんだいり》の大番《おおばん》をせさせ給うべく候。あなかしくあなかしく。これより下らせ給えと候わざらんに御下向候まじき由候也。その心を得ておわしますべし。

元暦二
六月十日　（中原）親能

大内殿

（Ⅲ）　多田も元の如く沙汰して知らせ給うべし。

右大将家
在御判

敵《かたき》の無きにとりてこそ、狼藉をば省みめ。庄損《しょうそん》じ国《くに》損ずるとても、かばかりの敵をば、いかでか尋ねざるべき。院宣《いんぜん》にてありとても、敵をばいかでか尋ねざるべき。判官（義経）・十郎蔵人（行家）求め至さざらん程は、なじかは下るべき。よくよく尋ね求むべし。人に待ちはからるる事有るべからず。又、伊賀国の惣追捕使はせさせ給いて沙汰有るべし。あなかしこあなかしこ。

文治二（元）年
十一月廿五日　広元

（惟義）相模守殿

やや難解な史料であり、従来の研究でも解釈が分かれているところがあるが、おおよそ内容をまとめると、（Ⅰ）は、それまで摂津国多田荘《ただのしょう》（兵庫県川西市）を領有していた摂津源氏一門の多田行綱《ただゆきつな》が頼朝の「勘当」を受け、同荘を惟義の手に渡すことを伝え、慎重に知行することを命じたものである。ここでは、同荘が源義経《よしつね》（大夫判官）の「沙汰」のもとに置かれていたことも分かる。（Ⅱ）は、惟義に在京するよう命じたもので、行綱の家人を御家人とし、彼らに閑院内裏の大番役を課すことを命じている。（Ⅲ）は、挙兵失敗後逃亡した源義経・行家《ゆきいえ》を捕えるため徹底的な捜索を命じたもので、あわせて惟義には多田の知行と伊賀国の惣追捕使（守護）を務めることが命じられている。

（Ⅰ）・（Ⅱ）が発せられた当時、義経は兄頼朝との関係が悪化し、そのもとにあった所領（所知）の一つである多田荘も頼朝によって没収されることになった。従来の研究［東島一九九一・丹生谷二〇〇〇・元木二〇〇七］では、これら所領はそれまで純粋な義経領であった（永続的な領有を認められていた）わけではなく、暫定的に義経に預けられて管理されていた土地（従来の研究では、これを「義経沙汰」没官領と概念化するものもある）であり、このときにあらためて惟義に給与されたとされてきた（実際にこの後惟義は多田に下向していることが確認できる〈『玉葉』文治二年閏七月一六日条〉）。以下、惟義の役割を考えるため、この点につきやや立ち入った検討を行うがご了承されたい。

多田荘が一時的に義経に預けられていた所領であるというのは確かだろう。だがそうした「義経沙汰」であった多田がこのとき惟義に永続的な地頭職《じとうしき》として給与されたのかというと疑問がある。

確かに、（Ⅰ）文書中に「これより人に給び」とあり、同じ六月には義経に預けられていた没官領を改替するよう頼朝が命令し、実際に義経が管理していたとみられる伊勢平氏一族の旧領である伊勢国の所領の地頭職を御家人惟宗《これむねの》（島津《しまづ》）忠久《ただひさ》に与える下文が発給されている（『百練抄《ひゃくれんしょう》』元暦二年六月十二日条、『吾妻鏡』同月十三日条、「島津家文書」〈『平安遺文』四二五九・六〇〉）。だが（Ⅰ）にあるように、このとき惟義はあくまで多田を「預け」られたのであり、永続的な地頭職を与えられたことは確認できない（文中の「下文」も、惟宗忠久に与えられたような下文と同様のものという証拠はない）。そのことは、（Ⅱ）で「多田ばかりの所知は、よに儲けさせ給うまじき由」（多田の知行は決して自分のものにしてはならない）と念押ししていることからもうかがえる。また、多田を得て半年近くが経った（Ⅲ）文書の時点（文書中に「文治二年」とあるのは後の追筆で、実際は文治元年［河内一九九〇］）でもなお「多田も元の如く沙汰して知らせ給うべし」と、多田の知行に頼朝からの許可が必要だった点も、惟義の知行があくまで暫定的なものとみなされていたことを示していよう。従来の研究では、（Ⅰ）冒頭の「大夫判官沙汰」という記述を重視しこれが義経領ではなく義経の管理する所領であったことを強調する一方、（Ⅰ）～（Ⅲ）で繰り返される、惟義に「沙汰」をさせたという記載が義経の「沙汰」と同様のものだとは考えず、単純に惟義領であると考えてきた。だが、多田荘や惟義と直接関係しない惟宗忠久への地頭職給与と同一視するよりも、文書（Ⅰ）～（Ⅲ）そのものにみえる「沙汰」を同一のものと考えたほうが文脈上整合的である。つまり、この時点で惟義は「これより人に給び候わんずる」（その一つが忠久への地頭職給与）まで、義経が行っていたのと同様の「沙汰」を任せられたに過ぎず（最終的に多田は惟義が得ることになったが）、義経の管理下（「義経沙汰」）から惟義の管理下（いわば「惟義沙汰」）へと管理者が移り変わったといえる。

問題は、では惟義は何故多田を預けられた（「沙汰」をすることになった）のか、である。それは、一国の軍事を司る守護として没収地を預かったためではないか。つまり、当時惟義は摂津守護であったのではないかと思われるのである。これは本稿が新たに提示する説ではなく、実は既に一九七〇年代までの研究でも、この多田の件から惟義が当時摂津守護だったのではないかとの推測も呈されていた。だが、他に摂津守護としての活動が見出せないことから有力視されていなかった［義江一九七九］。しかし一九八〇年代に『諸尊道場観集』紙背文書が紹介されたことにより、惟義が十三世紀初頭に摂津守護であったことが明らかになった。ならば（Ｉ）以下の文書が発給されたこの時点で惟義が摂津国守護（惣追捕使）になったと考えることも可能だろう（なお元暦二年〈文治元年〉六月に幕府は諸国惣追捕使を停止したとされているが〈『百練抄』同月十九日条〉、これ以後も伊勢国などにも守護が置かれていることが確認でき［川合二〇〇二］、守護が存置されたと考えることはできる）。

もっとも、『諸尊道場観集』紹介後に右のような可能性を提示した研究も既に存在している。ただしそうした研究も、文治三年頃には北条時政が摂津守護であるという徴証があるため、惟義が文治元年（元暦二年）時点で摂津守護であったということには懐疑的であった［丹生谷二〇〇〇］。時政の在職自体まだ確定したわけではないが、仮に認めるとしても、それをもって惟義の文治元年の在職を否定することにはならないだろう。むしろ、文治元年一一月に上洛する以前に時政が摂津守護に就いていた可能性は低い。時政の上洛後、義経らが遭難した要地摂津国の守護が時政に移るも、（Ⅲ）では惟義に伊賀国惣追捕使には留任すること、摂津国内でも多田荘の知行は継続することが確認されていると読むこともできる。ここで言う追捕活動というのも、義経らが行方知れずになった摂津国におけるものを念頭においている可能性が高く、守護が時政に移ったとしてもそのもとで追捕活動を行うことが求められていたのではないか（前述のように、文治二年には惟義は多田に下向して活動している）。

惟義の摂津守護在職を裏づける根拠は他にもある。多田荘のそれまでの領有者であった多田行綱は、前年（一一八四）の一ノ谷合戦において摂津の「惣追捕使」として活動していたとみられている「川合二〇〇七」。この推定が正しければ、行綱の「贔屓人」（代わりになる人）と頼朝から位置づけられた惟義が摂津の「惣追捕使」（守護）に任じられたとみることは十分可能である。そして義経らの没落が明らかとなり戦時体制が解除されるなか、摂津守護も時政から再び惟義のもとに戻ってきたのではないかと考えられる。

以上、一般書としては些か煩瑣な考証となり恐縮であるが、要言すると、惟義は平家滅亡後摂津守護に就任したと思われ、再び表舞台に復帰した。（Ⅰ）・（Ⅲ）文書にあるように、この間幕府のお膝元といえる関東知行国相模の国守にも任じられ、京における「我が代官」、つまり在京御家人として活躍することになる。これ以後、文治三年までには美濃の守護にも就任し、着々と西国における地盤を固めつつあった。

●美濃国守護、そして西国守護の中心に

建久元年（一一九〇）、頼朝は上洛し後白河《ごしらかわ》院らと会談した。翌年には、頼朝を諸国の軍事警察を

担う存在として位置づける建久新制《しんせい》が発せられた。さらに頼朝は建久三年に朝廷に「大将軍《たいしょうぐん》」の地位を要求し、征夷大将軍《せいいたいしょうぐん》に就任した。こうして幕府の軍事権門としての地位が確立されていくことになるが、そのなかで守護制度、そして惟義はいかなる位置づけを与えられていくのか。頼朝が征夷大将軍になる直前、惟義の守護国美濃に次のような命令が発せられており（『吾妻鏡』建久三年六月二十日条）、これまでの守護制・御家人制研究において注目されてきた。

前《さきの》右大将家政所《まんどころ》下す　美濃国家人等
　早く相模守惟義の催促に従うべき事
右、当国内庄の地頭の中、家人の儀を存ずる輩においては、惟義の催しに従い、勤節を致すべきなり。なかんずく近日洛中強賊の犯其の聞こえ有り。彼の党類を禁遏《きんあつ》せんがため、おのおの上洛を企て、大番役を勤仕すべし。しかるに其の中家人たるべからずの由を存ずる者は、早く子細を申すべし。但し公領においては催しを加うるべからず。兼ねて又、重隆佐渡前司《しげたかさどぜんじ》の郎従《ろうじゅう》等催し召し、其の役を勤めしむべし。隠居の輩においては、交名《きょうみょう》を注進《ちゅうしん》すべきの状、仰す所件の如し。
　建久三年六月廿日　（政所家司《けいし》の署名略）

ここでは、御家人となることを希望する者は惟義に従って大番役を勤めるよう命じられている。治承・寿永の内乱のなかで雑多な勢力が動員されていたが、戦乱が収束した建久年間（一一九〇年代）にはあらためて御家人を確定する作業が行われたのである。その際に媒介となったのが京都で内裏などを警固する大番役であり、それを統率する惟義ら各国の守護であった。

また、後半部では葦敷重隆《あじきしげたか》の郎従が大番役を勤めるよう命じられていることにも注意したい。葦敷重隆は都で活動する京武者《きょうむしゃ》の家系の美濃・尾張《おわり》源氏の人物だが、建久元年に頼朝と連携した朝廷によって流罪に処せられた。その郎従を大番役に動員するということは、美濃に大きな勢力をふるった源氏一族を排除した上でその配下の者を鎌倉幕府御家人制下に再編成することに他ならない［勅使河原二〇一七］。こうした頼朝から自立的な源氏一族の排除とその配下の御家人化は、まさに前項の摂津の多田行綱の事例と同じである。そしていずれも直接編成にあたったのは惟義であり、こうした過程を経て惟義が在京武力の中核になっていくことになる。

建久五年、惟義は美濃国中の没収地を賜った（『吾妻鏡』閏八月十日条）。惟義のもとで行われてきた地域秩序再編成の総決算といえる。ところでこの没収地がそれまでどこにあったかといえば、おそらくそれは惟義のもとにプールされていたのだろう。これもやはり前項の摂津国多田荘が惟義に預けられていた（「沙汰」していた）のと同じであり、こうした没収地は守護によって検知・管理され、御家人に与えられるとともに一定期間経過後に守護に与えられたのである。こうした経緯を経て多田荘も最終的に惟義に与えられたと考えられる。

その他、内乱期に惟義が保持していた伊賀の守護はのちに弟の平賀朝雅が得たが、元久二年に牧氏の変で朝雅が滅亡したため再び惟義のもとに戻り、同じく朝雅がもっていた伊勢守護も惟義のものとなった。また、前述の『諸尊道場観集』紙背文書などにより、一二一〇年代には越前・丹波の守護も得ていたことが確認できる。

以上、治承・寿永内乱を経て鎌倉幕府が成立する時期において、惟義が西国諸国の守護の地位を獲得し各地に所領を得て勢力を拡大していく過程をみた。そして、これ以後も惟義は在京御家人として活動していくが、既に紙幅も尽きており、詳細は本稿冒頭に挙げた研究を参照されたい。承久の乱直前に惟義は史料上に姿をみせなくなり、この頃死去したと思われる。その地位は子息惟信に引き継がれた。

だが、承久の乱で惟信は没落し、大内氏ら京方の守護国も没収される。乱後、関東御家人が多くの西国の守護職を獲得した。ここに院政期以来の院に統率された「京武者」を中心とする秩序は解体され、西国守護も東国に基盤をもつ人物が多く就くようになった［熊谷二〇〇八］。承久の乱を機に京都と鎌倉の関係が変化するなかで、西国守護の体制も大きく変化することになったのである。以上のような点からもやはり、大内惟義は承久の乱前の京都を中心とする軍事体制を体現する人物だったといえる。

（勅使河原拓也）

【参考文献】

石井進「幕府と国衙の関係の歴史的展開」（『石井進著作集一　日本中世国家史の研究』岩波書店、二〇〇四年、初出一九六八年）
上杉和彦「鎌倉初期の守護職権について—大内惟義の事例から—」（同『日本中世法体系成立史論』校倉書房、一九九六年、初出一九八九年）
川合康「生田の森・一の谷合戦と地域社会」（同『院政期武士社会と鎌倉幕府』吉川弘文館、二〇一九年、初出

二〇〇七年）
川合康「山内首藤氏の「討死」と『平治物語』『平治物語絵巻』『平治合戦図屏風』」（井上泰至編『資料論がひらく軍記・合戦図の世界―理文融合型資料論と史学・文学の交差―』勉誠出版、二〇二一年）
熊谷隆之「鎌倉幕府支配の展開と守護」（『日本史研究』五四七、二〇〇八年）
河内祥輔『新版　頼朝の時代―一一八〇年代内乱史―』（文藝春秋、二〇二一年、初版一九九〇年）
田中稔「醍醐寺所蔵『諸尊道場観集』紙背文書（上）（下）」（『醍醐寺文化財研究所　研究紀要』六・七、一九八四・五年）
田中稔「大内惟義について」（同『鎌倉幕府御家人制度の研究』吉川弘文館、一九九一年、初出一九八九年）
勅使河原拓也「治承・寿永内乱後の東海地域における鎌倉幕府の支配体制形成―頼朝上洛に着目して―」（『年報中世史研究』四二、二〇一七年）
丹生谷哲一「多田神社所蔵「頼朝文書」をめぐって」（同『身分・差別と中世社会』塙書房、二〇〇五年、初出二〇〇〇年）
東島誠「「義経沙汰」没官領について―鎌倉幕府荘郷地頭職の制度的確立に関する一試論―」（『遥かなる中世』一一、一九九一年）
彦由一太「鎌倉初期政治過程に於ける信濃佐久源氏の研究―武家棟梁としての平賀義信・大内惟義・平賀朝雅・大内惟信の歴史的評価―」（『政治経済史学』三〇〇、一九九一年）
本郷和人「朝廷の武力」（同『中世朝廷訴訟の研究』東京大学出版会、一九九五年、初出一九九三年）
本郷和人「信濃源氏平賀氏・大内氏について」（『松本市史研究』一〇、二〇〇〇年）
元木泰雄『源義経』（吉川弘文館、二〇〇七年）
義江彰夫「頼朝挙兵時代の守護人成敗」（同『鎌倉幕府守護職成立史の研究』吉川弘文館、二〇〇九年、初出一九七九年）

8　性我―仏教界における東西のかけはし―

●性我と文覚

性我《しょうが》は久安《きゅうあん》六年（一一五〇）生まれ、恵眼房あるいは専（千）覚房とも呼ばれ、鎌倉幕府草創期に活躍した勧進僧文覚《もんがく》の弟子として知られる僧侶である。

密教僧の性我は、勧修寺《かんじゅうじ》の興然《こうねん》、仁和寺《にんなじ》の尊実《そんじつ》、守覚《しゅかく》らに師事していたことがわかっている。なかでも守覚と興然からは伝法灌頂《でんぼうかんじょう》（師となる僧侶のもとで修行を終えた密教僧に阿闍梨《あじゃり》位を授ける儀式。阿闍梨は密教の師僧）を受けており、密教僧としての実力は相当程度認められていたようだ。文覚は密教の修行はしていたが、彼が伝法灌頂を受けた形跡は乏しい。したがって性我が文覚から受法したわけではない［平二〇一八］。しかし、これから述べていくように、性我は行慈《ぎょうじ》（上覚房。以下、行慈）とともに生涯を通して文覚を支えていた。密教法流を介した師弟関係ではとらえきれない、文覚集団ともいうべき間柄である。彼らは文覚のもとで神護寺《じんごじ》や東寺《とうじ》、西寺《さいじ》の復興事業に邁進していくが、そのなかでは行慈の甥である明恵《みょうえ》が育っていった。明恵は華厳《けごん》や真言密教の修学・修行に没頭し、やがては高山寺《こうざんじ》を拠点に仏教界の一角を占める門流を打ち立てることになる。

さて、よく知られているエピソードであるが、文覚は、出家前は遠藤盛遠《えんどうもりとお》といい、摂津国《せっつのくに》（大阪府北中部・兵庫県南東部）を拠点とした武士団の渡辺党《わたなべとう》に属する武士であったが、出家して神護寺の復興を志した。後白河《ごしらかわ》院の御所に神護寺の復興への支援を訴えかけ、聞き入れられないと悪口を放ったがために流罪となり、配流先の伊豆国《いず》（静岡県）で、流人時代の源頼朝とともに平氏打倒の挙兵を話し合った（『愚管抄《ぐかんしょう》』）。幕府成立後、頼朝という後ろ盾のもとで文覚は活動の場を広げていくが、その時として荒い振る舞いはやむことはなかった。文覚はこうした強烈な個性をもって鎌倉幕府成立史上に登場し、朝廷と幕府を相手に活動を展開していく。しぜん、性我も政治的な場に引き入れられることもあった。

鎌倉時代に限ったことではないが、幕府と朝廷との間で政治的な折衝が繰り広げられ、その際に仏教界や僧侶が大きな役割を果たした。たとえば内乱によって灰塵に帰した東大寺《とうだいじ》は、大勧進重源《ちょうげん》の活躍と、朝廷と幕府の支援によって再興を遂げたが、大仏の開眼供養《かいげんくよう》は後白河法皇や源《みなもとのよりとも》頼朝によ る政治的なパフォーマンスという側面を持っていた［久野一九九九］。朝幕の政治情勢が反映されるため、寺院や僧侶の動向にも注意を払う必要がある。

鎌倉幕府のもとでは禅や律《りつ》が興隆したというイメージが強いが、時期的な変遷はあるものの、顕密仏教（日本中世の仏教における顕教《けんぎょう》と密教の総称。華厳、三論《さんろん》、法相《ほっそう》、律などの顕教を伝える南都六宗と、密教の天台、真言の二宗をあわせて顕密八宗といい、またその修学、修行をおこなう僧侶を顕《けん》密僧《みっそう》とする）もまた幕府の宗教政策上、重要な役割を果たしていたことがわかってきている。特に近年では、幕府のための祈禱に従事した僧侶について、平雅行氏による精緻な実証に基づく研究が進められており［平二〇一八・二〇二四］、個々の僧侶の動向が明瞭になってきている。性我の伝記的研究に加えて［山田二〇一〇・一四］、幕府草創期の宗教政策や顕密僧たちの動向のなかに性我を位置付ける研究が積み重ねられてきた［横山二〇〇四・平二〇一八］。

鎌倉幕府研究や宗教史・寺院史研究の観点からしても、性我という人物は幕府草創期の政治情勢を見る上で重要な僧侶のひとりといえる。ここでは上記の研究成果に多くを拠りながら性我の事績を追っていくが、その多くは文覚との関係に左右されているため、文覚による寺院復興事業にも目を向けていきたい。

●神護寺復興と文覚・性我

治承《じしょう》・寿永《じゅえい》の内乱後、顕密の大寺院の復興が、朝廷と幕府の強力な支援のもとに進められた。南都に攻め込んだ平重衡《たいらのしげひら》の軍勢により、壊滅的な被害をうけた東大寺や興福寺《こうふくじ》の再建はよく知られるところだが、それと前後して東寺や神護寺などの京都と周辺の密教寺院も復興事業が進展した。これを主導したのが文覚である。性我も文覚のもとで活動していたため、彼の行動を理解するにはやはり文覚による神護寺復興から見ておく必要がある。平安時代末期から鎌倉時代前半にかけての神護寺復興は三期にわたることが曽我部愛氏の研究で明らかになっている［曽我部二〇一二］。性我にも深く関わる事柄なので、氏の研究に沿ってその概要を見ておこう。

復興事業の第一期は、文覚が神護寺再興を決意した仁安《にんあん》三年（一一六八）から後白河院によって伊豆国に配流された承安《しょうあん》三年（一一七三）、第二期は文覚の配流が許された後の寿永元年（一一八二）から、頼朝の死を契機とした政治的事件（三左衛門事件《さんざえもんじけん》）に巻き込まれて失脚した建久《けんきゅう》十年（一一九九）

である。第二期は後白河法皇や頼朝から多くの荘園が寄せられ、神護寺領は一気に充実し、諸堂舎の再興が進展、文治《ぶんじ》六年（一一九〇）には法皇の神護寺行幸が実現した。さらにその後、同年から続けて神護寺に阿闍梨職《あじゃりしき》が置かれた。このように財政的にも人的にも基盤が整い、復興は順調に進んだかに見えたが、文覚の二度目の配流で頓挫した。三左衛門事件では文覚は守貞親王《もりさだしんのう》の擁立を図ったとされ、これを理由に源通親《みちちか》によって対抗勢力とともに排斥、佐渡国《さど》（新潟県）に配流となったのである。文覚は建仁《けんにん》二年（一二〇二）に許されて京都に戻るも、翌年には対馬国《つしま》（長崎県）へ配流となり、鎮西の地で没したとされる。彼の失脚により神護寺領は後鳥羽院の近臣たちに分配され、復興は停滞した。第三期は承久《じょうきゅう》の乱の後で、文覚の遺志を継いだ行慈が、後高倉王家《ごたかくらおうけ》の支援を受けながら主導した。

一連の神護寺復興事業のなかで、性我は早い段階から文覚と行動をともにしていたようで、文覚の没後、行慈が語ったところによると、神護寺に文覚が住むようになり、次いで道勝房、行慈が文覚にしたがい、やがて性我が加わったという（「神護寺文書」）。先の区分でいえば第一期復興事業のころから性我は文覚と行動をともにしていたと思われる。また文覚が伊豆に配流された際にも、行慈とともに性我も同行したと『愚管抄《ぐかんしょう》』に記されている。性我は頼朝の護持僧《ごじそう》として鎌倉仏教界の重要人物となるが、文覚集団のひとりとして行動していたことはおさえておきたい。

●鎌倉の性我

頼朝が挙兵して以降、江の島で祈禱をおこなったり、後白河法皇との仲介に奔走したりと、文覚は鎌倉と京都を往復していたようだ。こうした文覚の活躍に性我がどのように関わったのかは明らかにならないが、文覚を補佐して動いていたのだろう。ここでは鎌倉における性我の立ち位置を見ていこう。

鎌倉における性我の活動の場として明らかなのは勝長寿院《しょうちょうじゅいん》である。勝長寿院は元暦《げんりゃく》元年（一一八四）に頼朝が父義朝《よしとも》の菩提を弔うために造立した寺院で、「大御堂」「南御堂」などと称され、源氏の菩提寺としての性格を有する寺院であった。性我はこの勝長寿院の初代別当《べっとう》に任じられた。文治元年（一一八五）八月に、義朝と鎌田正清《かまたまさきよ》の「首」が京都から鎌倉にもたらされたが、その際に遺骨を勝長寿院に持ってきたのが文覚の弟子で（『吾妻鏡《あづまかがみ》』）、これが性我であったとされている。九月には専光房良暹《せんこうぼうりょうせん》とともに義朝の遺骨の埋葬をおこなった。性我はこのころから頼朝やその周辺の仏事をおこなう僧侶として活動していたようだ。

性我はその後も頼朝や幕府関係の法会に出仕し、建久二年（一一九一）九月三日には頼朝が義朝追善のためにおこなった『法華経』供養の導師を勤め、建久三年（一一九二）三月に後白河法皇が没すると、その供養仏事の導師を数度勤めた。建久五年（一一九四）閏八月には、北条政子《ほうじょうまさこ》が木曾義仲《きそよしなか》の子義高《よしたか》（志水冠者）の追善のために主催した仏事において、性我は竪者《りっしゃ》の役を勤めている。竪者は顕教法会の場で仏教教学上の見解を述べる役であることから、性我は顕教教学も身に付けていたようだ（以上『吾妻鏡』）。

建久三年から五年にかけて、かねてより準備が進められていた永福寺《ようふくじ》の造営が大きく進展し、性我はその別当にも就任した。永福寺は二階堂と称される本堂に、薬師堂、阿弥陀堂を左右に配置し、浄土世界を表す苑池を備えた、壮大な寺院として整備されていった。奥州合戦で藤原氏を滅ぼし、目立つ敵対勢力を平らげた頼朝が、中尊寺《ちゅうそんじ》に代表される平泉の壮麗な寺院群と浄土世界を目にし、戦没者供養のために永福寺を創建したとされている。のみならず、同寺に武士を統御する文化的装置としての機能を見出す説も提起されている［神奈川県立歴史博物館二〇一二］。こうした幕府にとって重要な意義を持つ寺院の長官に性我が任じられたことからは、頼朝の信頼の厚さが見て取れる。

　勝長寿院、永福寺は鶴岡八幡宮寺《つるがおかはちまんぐうじ》とともに、鎌倉幕府管下の最重要寺院となっていくが、そのうちの二寺院が性我のもとに統括されることになった。しかし、両寺院の別当職は、朝廷との交渉を成功させた文覚へ褒賞として与えられたもので、神護寺の造営に奔走していた文覚の代官に性我が任じられたとする見解もある［平二〇一八］。実際に性我が両寺院の別当としてどのような活動をしたのかはあまり明らかではなく、これらの寺院で執り行われる重要な法要において、京都から高僧が招請されて導師を勤めることも多々あった。とはいえ、鶴岡八幡宮とならび鎌倉幕府の主要な寺院である勝長寿院、永福寺の長官職に性我が就いたことは、鎌倉幕府草創期の宗教政策の要に性我が位置していたことを直截に示している。建久年間の前半には勝長寿院、永福寺といった寺院の整備とともに、東密《とうみつ》・台密《たいみつ》（日

史跡永福寺跡（鎌倉市教育委員会）

本における真言諸派のうち、唐から密教をもたらした空海《くうかい》にはじまる流派を、道場となった東寺にちなんで東密といい、同じく唐で天台宗と密教を学んだ最澄《さいちょう》とその弟子たちが、延暦寺《えんりゃくじ》や園城寺《おんじょうじ》を中心に発展させた流派を台密という）の僧侶を京都から迎え、人的基盤の拡充を図っていたが、頼朝の挙兵前からの仲であった性我もその中核に据えられたのである［平二〇一八］。

このように性我が頼朝の信任厚い密教僧として、鎌倉幕府を宗教面で支える僧侶として活動していくが、頼朝の護持僧《ごじそう》と記す史料が散見される。護持僧とは天皇や上皇などの身体を祈禱によって護る役割を担った僧侶で、鎌倉時代からは将軍にも置かれるようになった。性我は武家（将軍）の護持僧として最初期の人物である。祈りの力によって貴人の身体的な安穏を保つため、護持僧にはそれなりの実力が必要とされるが、次に見ていくように、性我は一流の僧侶の弟子となっており、密教僧としても実力を認められていたといえる。

この時期、性我をめぐる出来事として注目されるのは、仁和寺御室《おむろ》の守覚法親王からの伝法灌頂だ。守覚は後白河法皇の子息で、仁和寺に入り、北院御室《きたいんおむろ》と呼ばれた。また、仁和寺御流《ごりゅう》という、東密諸流のなかでももっとも尊ばれた法流の大成者であった［阿部泰郎・山崎誠一九九八］。ちなみに性我と同じ久安六年生まれで、両者の活動時期はほとんど一致している。

守覚からの伝法灌頂は頼朝のたっての頼みによるもので、建久元年（一一九〇）から準備が進められ、翌年四月におこなわれた。実施後、まもなく性我は新設の神護寺阿闍梨に任じられた。伝法灌頂にかかる費用は受者が負担するが、幕府が替りに全面的に負担していた。そもそも御室に代々伝わる御流は滅多に受法できるものではなく、頼朝の依頼と幕府による財政支援があったからこそ実現したのである。

頼朝にとって、性我が守覚からの伝法灌頂を受けることは、自らが造営した寺院の長官で、かつ護持僧を勤める性我の権威を高める絶好の機会である。また、朝幕の融和を仏教界においてアピールする側面もあったはずで、この伝法灌頂は高度な政治性を有していたといえる。守覚もこの機会をうまくとらえ、性我を通じて幕府にいくつかの要望を申し入れた。建久三年に守覚が発した御教書では、東寺の修造、神泉苑《しんせんえん》築垣の修造、仁和寺の修造、仁和寺領の違乱の停止など、東密寺院の整備に関する要求が挙がっている。平氏によればこれらの要求は相当程度叶えられたとされ、なかでも次に見ていく東寺の修造事業は文覚のもとで推進されることになった。性我の伝法灌頂をめぐる政治性が読み取れるとともに、守覚の政治手腕も相当のものだろう。

こうしてみると性我と守覚との関係には政治的な要素が強かったように思われるが、それだけではなかった。行慈とともに性我も仁和寺御室を中心とする文化圏に属していたこと、性我の和歌が行慈撰の『玄玉和歌集《げんぎょくわかしゅう》』に入っていることも指摘されている。さらに仁和寺和歌圏に属していた性我との交流が、頼朝が詠歌をおこなう要因の一つとなったとする説もある［山田二〇一四］。

●京都の性我

鎌倉の仏教界を代表する寺院たる勝長寿院、永福寺の別当、そして頼朝の護持僧となった性我は、まさしく幕府草創期における仏教界の最重要人物のひとりで、鎌倉での法会や祈禱を担う存在として期待されていた。しかし同時期に京都では神護寺や東寺の復興事業が文覚のもとで進められおり、性我も無関係ではいられなかった。というより、建久年間の後半では、京都での活動が軸であったともいえる。

性我は、建久六年（一一九五）八月には勧修寺《かじゅうじ》の興然から伝法灌頂を受けており、この頃から京都にあった。守覚に続いて受法した興然は、性我が担った東寺の仏像修理において助言する立場にあり、密接な関係を築いていた［平二〇一八］。

性我の具体的な動きとして、運慶《うんけい》をともなって南都元興寺《がんごうじ》の二天像と八大夜叉像を摸写し、神護寺の中門に安置したことが挙げられる。ただし、史料によって建久七年（一一九六）とするものと九年（一一九八）とするものがある。興然もこのことを知っており、弟子性我の事績を記録しているので（『東宝記《とうぼうき》』）、両者の連絡は密であったといえる。

神護寺とともに文覚が深く関与したのが東寺の修造である。彼は文治五年（一一八九）から講堂の修造を後白河に奏請しており、建久二年十二月、大勧進に就任した。そして同四年には播磨国《はりま》が財源として付与され、事業が加速した。性我への伝法灌頂を引き受けた守覚による要請が、この契機となったことは間違いないだろう。講堂以外にも南大門が文覚の勧進によって頼朝が銭を寄進し、修造がおこなわれた。この時、本来安置されていた金剛力士像が損壊していたため、運慶と湛慶《たんけい》が新しく造像した。性我も東寺の復興事業に携わり、行慈や行事僧の永真とともに講堂に安置された仏像群の修理を担当していた。しかし、皮肉にも東寺講堂の仏像を動かした科で、文覚は配流の身となってしまう。

ところで、建久八年（一一九七）五月七日に、ある奇瑞がおこった。大略を示すと、大仏師運慶のもとで東寺講堂の仏像の修理にあたっていた遠江別当（運慶門下の仏師運覚と推定されている）が修理のために阿弥陀如来像の頭部に鑿《のみ》をいれたところ、真言を記した紙と仏舎利《ぶっしゃり》を収めた銅筒が転がり出てきたのである。他の仏像からも同様の銅筒が見つかり、仏舎利、真言、名香が出てきた。この出来事は人々の知るところとなり、洛中の貴賤がやってきたという。結局これらは諸像に再び収めることになったが、性我は仏師らの手を借りることなく一人でおこない、そのありかは彼だけが知るところとなった、というものである。

この出来事は行慈、性我や永真によって記録が作られ、聖教の一部として書写され、拡散していったようだ。一例を挙げれば、金沢《かねさわ》北条氏《ほうじょうし》（執権北条氏の一族。実時を祖とする）の菩提寺として、鎌倉時代の後半に整備された律院《りついん》である武蔵国《むさし》称名寺《しょうみょうじ》（神奈川県横浜市）では、乗一という僧侶がこの出来事を記した聖教を書写していた［神奈川県立金沢文庫二〇一八］。なお、興然も性我から密教に関する知識を請われたと考えられており、この一件に関与していた［平二〇一八］。そして、性我が一人で仏舎利などを仏像に収めたという点からは、彼が仏像修理を主導するとともに、ある程度の知識や技術を心得ていたことが読み取れる。

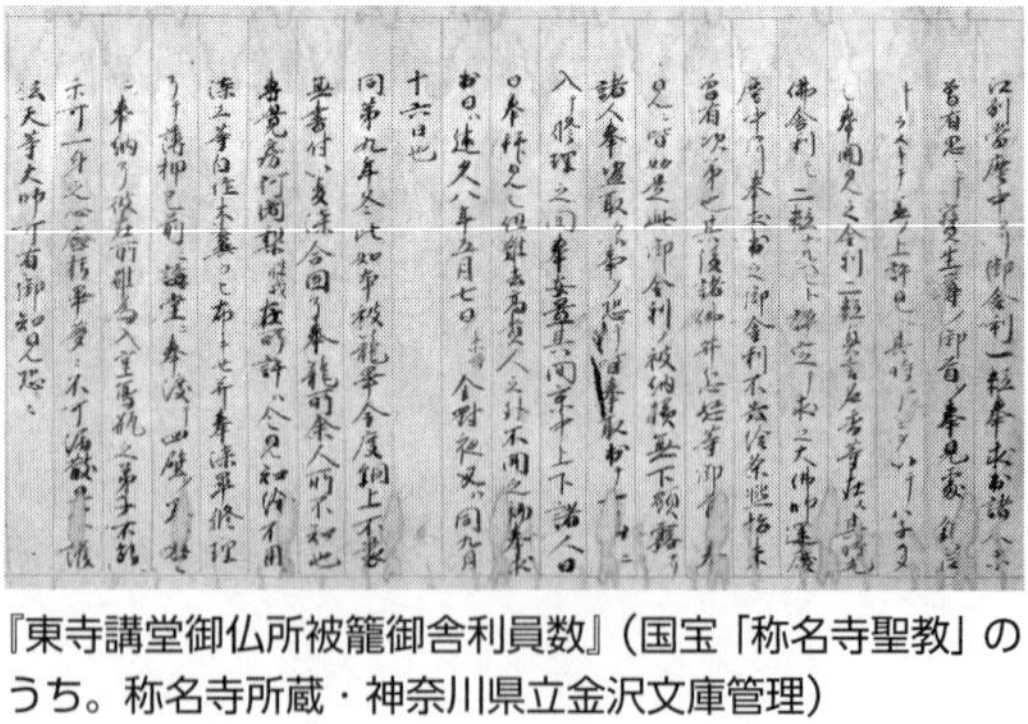

『東寺講堂御仏所被籠御舎利員数』（国宝「称名寺聖教」のうち。称名寺所蔵・神奈川県立金沢文庫管理）

以上のように、およそ建久年間後半における性我は、活動の軸足を京都に移していた。平氏によれば、性我が京都の活動を優先できた前提には頼朝の承認があった。自らの護持僧を務める性我の上洛を頼朝が許した理由として、諸寺院の復興を支援する姿勢を見せることで、幕府の有用性を朝廷に示すという頼朝の目論見があったからだという。

もう一点留意しておきたいのが、寺院の復興事業といっても、この時期に性我が関与していたのは、仏像の造像・修理が目立っていることだ。神護寺の場合は中門に安置する仏像の造像に性我が関与していた。東寺の場合、講堂の修造とともに安置していた仏像の修理が同時並行で進められ、後者を性我が担っていた。仏像の新造・修理には堂塔の修造とはまたちがった知識・技術が必要だろうし、関与する工人も異なるだろう。そして仏像の新造・修理には確かな先例とともに教学上の知識が必要となる。東寺の歴史を綴った『東宝記』には、中門に安置する二天像について興然の記述を引用しているが、性我はその興然から親しく受法しており、一定程度の知識を持っていたと考えられる。

文覚は祈禱をおこなった形跡はあるものの、伝法灌頂にまで至った可能性は低く、密教僧としての修学をまっとうしていなかったとされている。そうした文覚は、守覚や興然からきちんと受法し、興然の助言を受けやすい立場にあった性我をなおさら必要としていたように思える。勧進活動を通じて、朝廷や幕府から資金面を含めた様々な援助を引き出してくる文覚のもとで、文覚集団内でそれなりの役割分担があったのかもしれない。

なお、東寺や神護寺における造像を受け持っていたのはかの大仏師運慶である。研究蓄積が厚く、なにかと議論のある運慶であるが、永福寺の造像を担ったという説が定着しつつある（運慶と永福寺についての研究についてはさしあたり［神奈川県立歴史博物館二〇二二］を挙げておく）。この説に慎重な見方もあるが、永福寺別当にあった性我が、続く京都の東密の復興事業においても、運慶とともに仕事をしていたことは注目されよう。文覚や性我の没後も神護寺講堂の造像を運慶が担っており、また後年、高山寺では快慶《かいけい》や湛慶が活躍していく［三輪二〇二二］。文覚集団と慶派との関係は今後より深められるかもしれない。

●文覚の配流、性我の上洛

正治《しょうじ》元年（一一九九）、文覚は捕縛され、佐渡国に配流されることとなった。同年正月の、最大の庇護者であった頼朝の急死が影響していることは明白だ。行慈は文覚とともに佐渡へ向かったという。その甥で、文覚の期待を一身にうけた明恵も、前年から続いた神護寺の騒動から逃れるように生地・紀州へ戻り、自身の修学・修行に邁進していく。神護寺は東寺長者の延杲《えんごう》の管理するところとなり、所領も後鳥羽院の近臣や女房たちに分配された。二年後に文覚は佐渡から戻ってくるが、間もなく対馬国に配流となり、「鎮西」にて没した。ここに文覚たちが志した神護寺の復興事業は頓挫し、長い停滞期を迎える。

文覚が佐渡に配流された正治元年五月、性我は勝長寿院の別当を辞して上洛した。文覚にかわり、復興事業を担わんとしたことは明らかだ。これまでも鎌倉を離れることはあったが、別当を退いての上洛は重みが異なる。源頼家《よりいえ》から馬が贈られ、諸人も餞を送ったとあり、鎌倉ではこの上洛を好意的にうけとめたようだ（『吾妻鏡』）。もっとも、上洛はしたものの、後白河法皇はすでになく、頼朝もいない。守覚は存命であったから、その支援が得られると見込んだのかもしれない。しかし、さしたる成果を出す前に、翌年三月、性我は没した（『吾妻鏡』）。この間の性我の動向を記した史料はごくわずかで、頼朝に続き娘を亡くした北条政子が、お悔やみの手紙に対して差し出した返信が「神護寺文書」のなかにある。政子が誰に宛てたのかは不明だが、性我の可能性があり［山田二〇一〇・一四］、そうであれば京都にいても幕府関係者との関係は保っていたと見られる。

朝廷と幕府の間にあって、その融和を象徴するような立場にあった性我。政権としての歩みを始めた鎌倉幕府の宗教界の要として期待された性我。あるいは文覚が生涯をかけて打ち込んだ東密寺院の復興を傍らで補佐し続けた性我。こうした観点からすれば、彼の主体性は見えにくいかもしれない。しかし、強い個性を持ち政治や宗教を牽引する人々のもとで、彼らの期待に応えつづけたところに性我の本領があったともいえるのではないだろうか。

（三輪眞嗣）

【参考文献】

阿部泰郎・山崎誠編『守覚法親王と仁和寺御流の文献学的研究』（勉誠出版、一九九八年）
神奈川県立金沢文庫編『特別展　運慶　鎌倉幕府と霊験伝説』（神奈川県立金沢文庫、二〇一八年）
神奈川県立歴史博物館編『特別展　源頼朝が愛した幻の大寺院　永福寺と鎌倉御家人―荘厳される鎌倉幕府と

そのひろがり―』（神奈川県立歴史博物館、二〇二二年）
曽我部愛「嘉禄～寛喜年間の神護寺復興事業と後高倉王家」（『中世王家の政治と構造』同成社、二〇二一年、初出二〇一五年）
平雅行「鎌倉真言派の成立―文覚・性我・走湯山―」（『人間文化研究』四〇号、二〇一八年）
平雅行『鎌倉時代の幕府と仏教』（塙書房、二〇二四年）
久野修義「東大寺大仏の再建と公武権力」（『日本中世の寺院と社会』塙書房、一九九九年、初出一九九四年）
三輪眞嗣「覚厳小考―鎌倉前期における神護寺・高山寺造営の一齣―」（『年報中世史研究』四七号、二〇二二年）
山田昭全『人物叢書新装版　文覚』（吉川弘文館、二〇一〇年）
山田昭全『山田昭全著作集　第五巻　文覚・上覚・明恵』（おうふう、二〇一四年）
横山和弘「鎌倉幕府成立期の頼朝と護持僧性我」（『鎌倉遺文研究』一三号、二〇〇四年）

第Ⅱ部　頼家継承から承久の乱まで

1　後鳥羽院――公武協調を破り、戦に敗れた権力者――

●神器なき践祚

後鳥羽院《ごとばいん》は、治承《じしょう》・寿永《じゅえい》の内乱末期に急きょ幼くして天皇となり、建久《けんきゅう》九年（一一九八）に院政を始めて以後、承久《じょうきゅう》の乱（一二二一年）で敗北するまでの間、治天《ちてん》の君《きみ》として京都政権のトップに君臨した権力者である。それゆえその治世はすべて、鎌倉幕府の創出・確立とともにあった。鎌倉幕府の成立過程において、後鳥羽院が重要な役割を果たしたことはいうまでもなく、既に多くの評伝が著されている［目崎二〇〇一・五味二〇一二・美川二〇一四など］。

後鳥羽院が寿永二年（一一八三）八月に践祚《せんそ》した当時、皇位のしるしであった剣璽《けんじ》・神鏡《しんきょう》（いわゆる「三種の神器」）はすべて、安徳《あんとく》天皇を擁する平氏方の手中にあった。そのため践祚は、「如在の儀」（あるがごとき振る舞い）によって執行される［谷二〇一〇］。その後、壇ノ浦《だんのうら》合戦（一一八五年）によって璽・鏡は取り戻されたが、宝剣は失われてしまった。このことは、後鳥羽の生涯に大きく影響したと思われる［五味二〇一二］。

後鳥羽は、政務に意欲的で和歌・蹴鞠にも習熟していただけでなく、自ら相撲をとり、水泳にも親しんだように、文芸にすぐれた才能をみせた君主であった。ただそうした積極性の根底には、神器なくして践祚したことによる負い目があったのかもしれない。自ら作刀したと伝わるのも（「菊御作《きくごさく》」）、そうした影響をうかがわせる。後鳥羽の神器なき践祚に起因するそうした思いは、本人だけではなく、後鳥羽の養育に関わった御乳母《めのと》・御乳父・女房らにも共有されていたであろう。

●実朝と北条姉弟

後鳥羽の治世は当初、後白河《ごしらかわ》院・九条《くじょう》兼実《かねざね》によって主導された。しかし、後白河の死去（一一九二年）、政変による兼実失脚（一一九六年）を経て、建久九年に院政へ移行すると、後鳥羽は自らの意思を明確に示し、実現してゆくようになる。特に建仁《けんにん》二年（一二〇二）十月に御乳父でもあった源通親《みなもとのみちちか》が没すると、以降は後鳥羽がリーダーシップを発揮して、近衛《このえ》・九条の両摂関家を並び用い、院権力がその上位に君臨する体制ができあがる［上横手

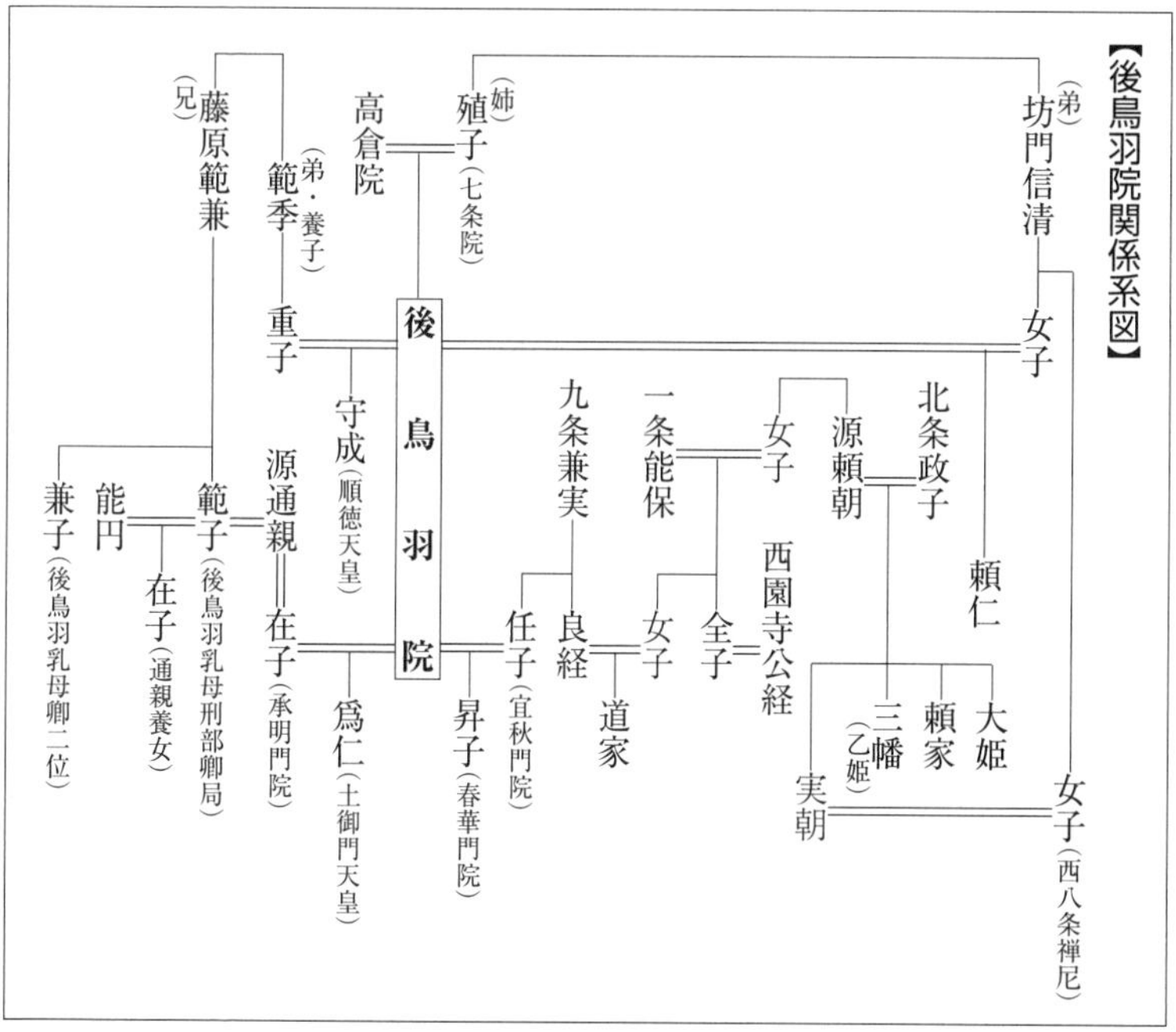

一九七一］。

後鳥羽の政務では、近臣と女房とが重要な役割を果たしていた。それは、高倉《たかくら》家出身の刑部卿《ぎょうぶきょうの》局《つぼね》と卿局《きょうのつぼね》姉妹をはじめとする、後鳥羽の養育に力を尽くし、後鳥羽を囲繞《いじょう》してきたメンバーである［五味二〇一二］。後鳥羽は、こうした人々の意見を聞きながら政務をこなしており、近臣・女房の意向は、後鳥羽の意思決定にも無視できない影響を及ぼしていたであろう。

一方、関東では、建仁三年九月の比企能員《ひきよしかず》の変によって、将軍が源頼家《よりいえ》から実朝《さねとも》へと替わった。それゆえ、後鳥羽にとっての対幕府とは、具体的には第一に実朝であり、次いで大江広元《おおえのひろもと》と北条義時《ほうじょうよしとき》をはじめとする幕府首脳部、そして北条政子《まさこ》であったといえよう。

注意すべきは、後鳥羽の姿勢は、実朝と幕府首脳部（政子・義時ら）とでは異なることである。対幕府といっても、幕府側の誰が相手なのかによって、後鳥羽の姿勢は異なったのである。周知のように概して実朝に対しては、文芸を通じた交流などもあり、良好な関係が維持されている。しかし政子・義時らに対しては、当然のことではあるが直接の交流がほとんど見られず、明確に分けられていたといえよう。

●ベースにあるのは公武協調

公武間に協調関係が築かれていた源通親政権の末期、正治《しょうじ》二年（一二〇〇）七月には、土佐国《とさのくに》（高知県）など三か国の守護であった佐々木経高《ささきつねたか》が、京都で狼藉をはたらき、後鳥羽院の逆鱗に触れた。この旨は、すぐに鎌倉へ伝えられ、経高は守護を解任されている（『吾妻鏡《あづまかがみ》』）。このことから、後鳥羽が鎌倉幕府による守護補任権を認識していることや、幕府側も後鳥羽の意見を尊重していることがわかる。

また正治三年（一二〇一）正月には、城長茂《じょうながもち》（資職《すけもと》）が院御所である二条東洞院殿《にじょうひがしのとういんどの》へ推参し、幕府追討の宣旨《せんじ》を下すよう後鳥羽に迫った。長茂は、梶原景時《かじわらかげとき》に庇護されていたが、前年に景時が滅亡。その後、景時滅亡に関与した小山朝政《おやまともまさ》を京都で襲撃したが失敗し、院御所へやってきて倒幕を願いでたのである。しかし後鳥羽は、この要請を拒否し、長茂も行方不明となる。

二月になって長茂追討の宣旨が出され、捜索の結果、大和国《やまと》吉野（奈良県南部）で長茂が討たれた（『吾妻鏡』）。正月下旬には、城氏の本拠地である越後《えちご》（新潟県）で、城資盛《すけもり》が蜂起した。ちょうど越後守護佐々木盛綱《もりつな》は、上野《こうづけ》（群馬県）で籠居しており、その間隙を突いた挙兵であったが、幕府は四月に盛綱へ鎮圧要請を出し、五月に鎮圧された（『吾妻鏡』）。城氏の目的は倒幕であり、京・越後などで連携して軍事行動を展開しようと計画していたのだろう。しかし後鳥羽は、一貫して城氏追討の立場をとった。

これらのことから後鳥羽は、幕府を敵視するような姿勢は、元来もっていなかったことが伺える。むしろ後鳥羽は、源通親政権が築いてきた幕府との協調関係を引き継ぎ、その後も維持する方を選んでいたのである。

協調関係を維持するという方針は、幕府側でも同様であった。源頼朝《よりとも》が、武力をもって朝廷に奉仕する姿勢を示して以来、それは幕府における共通認識であった。そのことは、承元《じょうげん》三年（一二〇九）四月に源実朝が従三位《じゅざんみ》に叙されると、北条義時が「弓馬《きゅうば》の事、思《おぼ》し召し棄てらるべかず」（公卿になったからといって、武芸を怠ってはいけません）と諫言し（『吾妻鏡』承元三年十一月四日条）、武力によって朝廷へ奉仕することを忘れないよう釘を刺していることからも明らかである。

●御家人は院・幕府に両属

白河《しらかわ》・鳥羽《とば》・後白河院政期の治天の君は、都で強訴《ごうそ》などがおこると、京武者《きょうむしゃ》らを動員して防御を命じた。軍事指揮権を有していたのである。その点は、後鳥羽も例に漏れない。そのため当時の京都では、院権力による軍事動員と、幕府の京都守護による軍事動員という二系統の指揮権が併存していた［佐伯二〇〇六］。そのようななかで在京御家人らは、鎌倉幕府と後鳥羽院との双方にしたがう両属的存在であった。当時は、武士が複数の主人に仕えることは一般的であり、そしてなによりも公武協調という全体的方針もある。それゆえ、強大な院権力にしたがうことについて、在京御家人たちは何の疑いももたなかったであろう。

正治二年（一二〇〇）十月、近江国《おうみ》（滋賀県）の柏原弥三郎《かしわばらやさぶろう》を追討するよう命じる宣旨が出されると、鎌倉からは十一月に軍勢が派遣されたが、その軍勢が現地に到着した時には、既に「官軍」によって鎮圧され、弥三郎は逃亡していた（『吾妻鏡』）。後鳥羽は、在京御家人らを独自に派遣できていたのである。

建仁《けんにん》元年（一二〇一）十月に平賀朝雅《ひらがともまさ》が京都守護として上洛する。すると、西国守護・在京御家人は京都守護朝雅にしたがい、朝雅は後鳥羽院にしたがうことによって、院権力に従属する軍事力が編制された。この体制のもと、朝雅が鎌倉からの指示を得ず、院の命にしたがって行動したとしても、何の不自然もなかった。

実際、延暦寺《えんりゃくじ》堂衆が近江国で群集し、蜂起が想定されると、朝雅は守護とともに追討に向かっているが、後鳥羽院の命によるもので、幕府からの指示はなかった。こうした朝雅の活動は、後鳥羽院からも高い評価をえ、朝雅は院の近臣に数えられるようになる。朝雅は、有力源氏一門で鎌倉御家人であるが、従五位上《じゅごいのじょう》の位階を与えられ、他の御家人よりもワンランク高い上北面《じょうほくめん》・殿上人《てんじょうびと》のように遇された。こうした両属的な関係も、公武（後鳥羽と実朝）の協調が保たれている限りは、何も問題にならないのである。

しかし元久《げんきゅう》二年（一二〇五）七月、問題が発生する。鎌倉で北条時政《ときまさ》が失脚する事件（牧氏《まきし》の変）がおこる。時政と牧の方は、平賀朝雅を婿にしていたが、この時、朝雅を鎌倉殿へ擁立しようとしていたことが露顕したのである。企みは、政子と義時によって未然に防がれ、時政らは伊豆《いず》（静岡県伊豆地方）へ追放された。そして京都では、義時らの指示により、平賀朝雅が殺害された。後鳥羽は、近臣にまで引き立てた朝雅を守れなかったのである。朝雅は、後鳥羽の近臣であると同時に、鎌倉御家人でもあったからだ。

後鳥羽は、幕府の内紛によって朝雅を失ってしまう。公武に両属するがゆえに、後鳥羽のみの自由にならないことを、これで実感したはずである。建永《けんえい》元年（一二〇六）五月までに、後鳥羽は北面の武士とは別に西面《さいめん》の武士を編制しはじめる。そこには御家人も多く含まれるが、非御家人も含まれており、後鳥羽のみにしたがうという性格が強かったとされる。とはいえ、そこに強大な軍事力は見いだせず、設置の主目的は倒幕ではなかったと考えてよいだろう［平岡一九八八・秋山二〇〇三・長村二〇一五］。

●実朝を信頼する

建仁三年（一二〇三）九月、鎌倉では比企能員の変によって将軍源頼家が廃され、頼家の弟・千幡《せんまん》（一二歳、年齢はいずれも数え年）が後継者とされた。千幡は元服前であったが、京都側も千幡を従五位下《じゅごいのげ》に叙し、征夷大将軍に任じて、公武の協調を保った。千幡は十月に元服《げんぷく》すると、その諱《いみな》は後鳥羽院によって「実朝」と名付けられた。元服前の叙爵、後鳥羽院による命名など、いずれも異例のことであり、実朝は、後鳥羽の影響を強く受けた将軍であったといえよう。

婚姻もまたしかりである。当初は、北条政子が養育していた足利義兼《あしかがよしかね》の娘が候補となるが、破談。結局、元久元年（一二〇四）十一月、京都の公家で、後鳥羽院の近臣であった坊門信清《ぼうもんのぶきよ》の娘（十二歳）を御台所とすることが定まった。そしてこの婚儀により実朝は、後鳥羽院との縁戚関係をもつこととなる。信清の姉・七条院殖子《しちじょういんしょくし》は、後鳥羽の母である。つまり坊門信清は、後鳥羽院の母方の叔父にあたる。また信清の娘・坊門局《ぼうもんのつぼね》は、後鳥羽の後宮に入り、頼仁《よりひと》親王を産んでいた。つまり実朝は、後鳥羽の従妹にあたる女性を御台所に迎え、また後鳥羽と実朝とはともに信清の婿となるのである。

そしてこの婚儀により、実朝周囲の環境は、急速に京風へと変わっていったのではないだろうか。実朝は、和歌を通じて後鳥羽や藤原定家《ふじわらのさだいえ》・坊門忠信《ただのぶ》らとの交流を深めてゆくが、初めて和歌を詠んだと確認できるのは、婚儀の四か月後のことである［上横手二〇〇二］。実朝は一度も上洛する機会がなかったが、京都への憧れは、それがゆえに強かったのかもしれない。

京都の貴族社会は、身分的観念の影響が大きい。そうした目から見ると、当時の鎌倉で表向きのナンバー2に位置したのは、大江広元（正四位下）であった。広元は源通親と親しく、公武協調の基礎を築いてきた功労者でもある。上洛していることも多く、京都の貴族社会では鎌倉幕府の窓口のように見えたであろう。その広元が、建保《けんぽう》五年十一月に出家した。広元は、建保四年正月に陸奥守《むつのかみ》とされ、同閏《うるう》六月に大江朝臣姓へ改めたが（それまでは中原朝臣姓であった）、これらは翌年の出家を見据えた花道づくりであったのだろう。

広元の出家により、幕府の表向きのナンバー2は北条義時（従四位下）となる。義時は、建保五年正月に右京権大夫《うきょうごんのだいぶ》となっており、広元の出家によって空いた陸奥守も、義時が兼任した。

●実朝が暗殺される

将軍源実朝には、坊門信清娘との婚儀から十年以上たっても、後継者となる子どもが生まれなかった。それでも、幕府首脳部と源氏一門との間で、実朝後継者についての意思統一はされていなかった［田辺二〇一四］。そのような中、実朝と幕府首脳部とは、実朝の後継者として後鳥羽の皇子を鎌倉に迎え、それを実朝が支えるという体制を望み、皇子下向を願いでた。建保六年（一二一八）二月、北条政子が上洛し、卿局兼子《けんし》（後鳥羽院の御乳母）と会談しているが、ここで、兼子が養育していた頼仁《よりひと》親王の下向が内定していたという（『愚管抄《ぐかんしょう》』巻第六）。頼仁は、坊門信清の外孫にあたる皇子であり、実朝御台所の甥にあたる。後鳥羽もこの決定に反対せず、政子は後鳥羽からの面会要請を辞退し、鎌倉へ戻った。

この合意をうけ、後鳥羽は実朝の官位を上昇させてゆく。親王を下向させ、実朝がその後見役となるからには、実朝も、それにふさわしい身分へ上昇させねばならない。すでに摂関家に准じる扱いを受けている実朝は、急速に官位を上昇させ、建保六年正月に権大納言《ごんだいなごん》となったばかりであったが、三月には左近大将《さこんのたいしょう》を兼ね、十月には六人を超越して内大臣《ないだいじん》へ昇り、さらに十二月には右大臣へと進んだ。政子も、出家していたにもかかわらず、四月に従三位に叙され、さらに十月には従二位へ昇っており、特別な扱いをうけていることがうかがえる。

実朝の急速な昇進については、『承久記』が記すように、古くから「官打ち」とする説がある［上横手二〇〇二など］。ただしそれには、後鳥羽が実朝を排除しようと意図していることが前提となる。確かに建保五・六年には、西園寺公経《さいおんじきんつね》への対応をめぐって公武の関係悪化が指摘されており、従前ほどの良好な関係ではない。とはいえ、実朝の排除を考えるような状況にまで至ったとは思えず、加えて前述の政子上洛により、関係は改善したと思われる。後鳥羽は、実朝を摂関家並の家格を有す公卿として扱い、早々に大臣にまで進めることで、親王の後見役にふさわしい身分をプレゼントしたと考えたい［坂井二〇一八］。結局のところ、源通親（後鳥羽の御乳父）が築いた公武の信頼関係は、後鳥羽・実朝の間では崩れなかったのである。

こうした良好な関係性を一変させたのが、建保七年（一二一九）正月の実朝暗殺であった。実行犯・公暁《こうぎょう》の黒幕については、多彩な説が呈されており、なかには後鳥羽を黒幕と考えるものもあるが［谷二〇一〇〕、公暁による単独犯行という見解にしたがいたい〔坂井二〇一八〕。当時、後鳥羽の鎌倉への信頼とは、実朝個人への信頼に等しかったと思われる。それゆえ後鳥羽にとって、実朝の暗殺は、鎌倉幕府への信頼を全喪失するに等しいできごとであった。後鳥羽が暗殺の責任を求めるとすれば、それは新たに鎌倉でナンバー2となっていた義時となるであろう。

●親王ではなく三寅

幕府は鎌倉殿不在となった。そこで閏二月、北条政子らが皇子下向を願う。政子からすると、そうする約束だったのだから当然である。しかし後鳥羽は、「イカニ将来ニコノ日本国二ニ分ル事ヲバシヲカンゾ」（なんで将来この国が二つに分かれることをしておくんだ！）、「エアラジ」（ダメだ！）とそれを拒否した（『愚管抄』巻第六）。この段階では、むざむざ主君・実朝を暗殺されてしまった幕府首脳部（その代表は北条義時）を、後鳥羽は信用できていないのである。信用できない幕府首脳部に、頼仁を任せるわけにはいかない。頼仁の命だけでなく、関係が悪化した際に利用されることを後鳥羽は危惧したのであろう。

そこで後鳥羽は、三月に摂津《せっつ》国長江《ながえ》・倉橋《くらはし》両庄（大阪府豊中市・兵庫県尼崎市）の地頭廃止を要求する。地頭は北条義時本人と見なされており、義時そして幕府首脳部に対し、院権力にしたがう意志があるのか否かを試したのであろう。それに対し幕府側は、軍勢と共に北条時房《ときふさ》（義時の弟）を上洛させ、拒否する意向を伝えた。こうした幕府の姿勢が、後鳥羽に義時追討を決意させたとも考えられている〔上横手二〇〇二〕。

それでもこの時には、鎌倉幕府をつぶすというところにまでは至らなかった。鎌倉殿にふさわしい者として、頼朝の遠縁（姪の子）であり西園寺公経（姪の夫）の婿でもあった九条道家《みちいえ》の係累に絞られ、教実《のりざね》（嫡男）・基家《もといえ》（異母弟）らが検討されたものの、六月に三寅《みとら》（三男、二歳）の下向が決まる。後鳥羽は不満であったというが、三寅を養育していた公経や有力御家人である三浦義村《みうらよしむら》の意向が尊重された［野口一九八三］。

だがこの決定が、次の火種となる。

●造内裏役をめぐって

承久元年（一二一九）七月、大内守護《おおうち》（内裏《だいり》の警備担当者）をつとめていた源頼茂《よりもち》が、内裏（大内）に立て籠もった。頼茂は、同じ清和源氏の人物ではあるが、河内源氏（頼信流）である頼朝の近縁ではなく、摂津源氏（頼光流）に属する源頼政《よりまさ》の孫であり、源氏一門の有力者といえよう。立て籠った理由には、三寅の鎌倉下向が関係しているようだが、いまだ諸説一定しない。

いずれにせよ後鳥羽は、院宣《いんぜん》を発し、これを追討させた。西面の者たちも加わって内裏で合戦となった結果、頼茂は討ち取られたものの、内裏中心部で多くの建物が焼失し、そこに納められていた宝物も失われてしまうという大きな損害がでた。そこで後鳥羽は、一国平均役《いっこくへいきんやく》を催して内裏再建をめざすこととしたが、その徴収が計画通りに進まないため、再建事業もなかなか進行せず、翌年十月にようやく立柱にはこぎつけたものの、遂には中断されてしまう。地頭（幕府御家人）が、造内裏役の徴収に非協力的であったことが原因だという。内裏造営が進まないことが、後鳥羽に義時追討を決意させた要因であったとも考えられている［目崎二〇〇一］。

確かに、かつて源頼朝は、文治《ぶんじ》五年（一一八九）に閑院《かんいん》内裏を修造している。承元二年（一二〇八）にそれが焼失すると、建暦《けんりゃく》三年（一二一三）に源実朝が再建した。それゆえ後鳥羽にとって武家は、そうした造営担当者としても認識されていたであろう。後鳥羽は、この内裏再建も、幕府が積極的に取り組むだろうと期待していたのではないだろうか。だが造内裏役の賦課は、国衙から各荘園へ、具体的には地頭へと転嫁されてゆき、費用捻出に苦心するのは御家人であった。実際、関東の荘園では、造内裏役に対捍《たいかん》する地頭の存在が知られている。内裏造営が、公武の衝突を招く一因となったという考えにも、一定の理解が得られよう。

閑院跡の石碑（京都市中京区押小路通小川角）

しかし内裏造営の中断については、それを計画的なものとみなし、造内裏役の免除を義時追討の褒美としてちらつかせたという見解も出されており［白井二〇〇四］、後鳥羽の意図については検討が必要である。

ただいずれの考えにせよ、幕府御家人たちが、後鳥羽に対して不満をもっていたことに変わりはないだろう。建暦三年の閑院内裏再建に際しても、後鳥羽の要求に抗えずにしたがってばかりいる実朝に対し、大江広元が反発していることが知られている［米澤二〇一〇］。後鳥羽は、幕府・御家人たちが内裏造営に協力するのを当然だと考えていたが、そうした意向に従順な将軍は暗殺された。残された幕府首脳部・御家人らは元来、後鳥羽に不満を抱いている。こうした齟齬《そご》に気付かないまま、後鳥羽は、院権力に非協力的な幕府（その実質的代表者は義時）に対し不満を募らせ、もっとも強硬な手段に出たのであろう。

●追討対象は北条義時か

承久の乱が始まると、まず院宣・官宣旨によって北条義時の追討が命じられた。形式的とはいえ鎌倉殿である三寅ではなく、義時一人だけを追討せよとした点にこそ、後鳥羽院の認識があらわれていよう。後鳥羽は、義時を追討すればよいと考えていたのであり、非協力的な幕府の方針は、義時に問題があると考えていたのである。

それゆえ後鳥羽は、関東をはじめとする全国へ院宣・官宣旨を伝え、三浦義村や足利義氏《よしうじ》、さらには北条時房《ときふさ》といった在京経験があり後鳥羽と接点のあった者たちを中心に、義時を討ち果たさせようと想定していた［長村二〇一五］。しかし現実には、そのようには進まなかった。追討の旨を知った三浦義村は、北条義時の許へそれを知らせ、関東へ院宣を運んだ院使を早々に捕縛することができた。そのため、追討命令が拡散されることはなく、後鳥羽の目論見は早々に崩れてしまった［白井二〇〇四・坂井二〇一八］。さらに、大江広元が急いで攻め上るという方針を示したことにより、多くの御家人が院宣・官宣旨はもちろんのこと、詳しい情報に接することのないまま、上洛軍へとのみ込まれていっただろう。

また政子の演説についても、御家人に団結を呼びかけたことは確かだが、追討対象をすり替える意図はなかったのではないだろうか（結果として、すり替わってしまったことは否めない）。前述の様に、後鳥羽への不満は幕府首脳部の共通認識だった。そのため、義時追討を知った幕府首脳部の人々にも、それは自らに対する事として受け取られたのではないだろうか。

しかし後鳥羽は、こうした御家人たちの心情を十分に認識できていなかった。後鳥羽の目論見どおりに軍事活動が展開されなかったのも当然なのである。政子が追討対象を「すり替えた」という解釈は、いわば後鳥羽の言い分そのものといえよう。義時追討の旨を知った幕府首脳部が一致団結するなどということを、後鳥羽はまったく想定していなかったに違いない。六月十五日、入京した幕府軍に対し、後鳥羽は追討院宣の取り消しを伝達し、後鳥羽の敗北で戦闘が終わる。そして後鳥羽は、高陽院から鳥羽へ移された後、七月九日に隠岐《おき》国（島根県隠岐諸島）への配流となり、責を問われた五人の近臣は、鎌倉への途次、斬られた。こうして乱は終結した。

●承久の乱の位置づけ

もし追討が成功していたならば、後鳥羽院はどのような体制を築こうとしていたのだろうか。それを明示している史料はないが、たとえば、三寅をトップとする枠組みを維持し、

高陽院跡の解説板（京都市中京区丸太町通小川西入）

後鳥羽の意向をくんで行動する人物を執権に据えるのであれば、幕府を潰すことまでは考えていなかったことになる。または、鎌倉へ派遣した三寅を京都に戻して鎌倉殿の地位そのものを廃し、後鳥羽が全軍事指揮権を一人で掌握するような集権体制を築こうとするのであれば、義時追討は倒幕の第一歩に違いない。承久の乱について、追討対象が義時個人なのか、それとも幕府組織なのかが議論されるのも、こうした後鳥羽の戦後プランが不透明であることも一因であろう。そうした点などは、今後も議論を深めてゆく必要があるだろう。

ただいずれにせよ後鳥羽は、幕府の有す軍事力を、院権力（朝廷）の統制下におこうと試みた点は間違いない。だがそれは失敗し、二系統が併存していた京都の軍事指揮権は、幕府系統に統合されることとなった［佐伯二〇〇六］。つまり後鳥羽院の敗北は、国家権力としての軍事が、鎌倉幕府特有のものになった瞬間であったともいえよう。鎌倉幕府の歴史において、それが重要な画期として位置づけられることは、言うまでもない。

（井上幸治）

【参考文献】

秋山喜代子「西面と武芸」（『中世公家社会の空間と芸能』山川出版社、二〇〇三年）
上横手雅敬「幕府と京都」（『鎌倉時代政治史研究』吉川弘文館、一九九一年、初出一九七一年）
上横手雅敬「公武関係の展開」（『日本の中世8院政と平氏、鎌倉政権』中央公論新社、二〇〇二年）

川合康「治承・寿永の内乱と鎌倉幕府の成立」（『岩波講座日本歴史第6巻中世1』岩波書店、二〇一三年）
五味文彦『後鳥羽上皇　新古今集はなにを語るか』（角川学芸出版、二〇一二年）
佐伯智広「一条能保と鎌倉初期公武関係」（『古代文化』五八巻一号、二〇〇六年）
坂井孝一『承久の乱』（中公新書、二〇一八年）
白井克浩「承久の乱再考」（『ヒストリア』一八九号、二〇〇四年）
田辺旬「北条義時　義時朝臣天下を并呑す」（平雅行編『中世の人物　京・鎌倉の時代編　第三巻　公武権力の変容と仏教界』清文堂、二〇一四年）
谷昇『後鳥羽院政の展開と儀礼』（思文閣出版、二〇一〇年）
長村祥知『中世公武関係と承久の乱』（吉川弘文館、二〇一五年）
野口実「執権体制下の三浦氏」（『増補改訂中世東国武士団の研究』戎光祥出版、二〇二一年、初出一九八三年）
平岡豊「後鳥羽院西面について」（『日本史研究』三一六号、一九八八年）
美川圭「後鳥羽院　万能の君の陥穽」（平雅行編『中世の人物　京・鎌倉の時代編　第三巻　公武権力の変容と仏教界』清文堂、二〇一四年）
目崎徳衛『史伝　後鳥羽院』（吉川弘文館、二〇〇一年）
米澤隼人「閑院第造営に見る鎌倉時代の公武関係」（京都大学大学院人間・環境学研究科歴史文化社会論講座『歴史文化社会論講座紀要』一七号、二〇二〇年）

2　藤原兼子―人脈と財力を兼ね備えた側近の女房―

●後鳥羽院の乳母一族

後鳥羽院《ごとばいん》に女房として近侍し、「卿局《きょうのつぼね》」あるいは「卿二位《きょうのにい》」と呼ばれたのが藤原兼子《ふじわらのけんし》である。九条兼実《くじょうかねざね》の弟である慈円《じえん》が書いた『愚管抄《ぐかんしょう》』巻第六によれば、後鳥羽院政において「京ニハ卿二位ヒシト世ヲトリタリ」といわれるほど権勢を振るっていたことが知られている。兼子が後鳥羽院に仕えることになったのは、兼子の姉範子《はんし》（形部卿三位《ぎょうぶきょうのさんみ》）が後鳥羽の乳母《めのと》だったからであろう。寿永《じゅえい》二年（一一八三）七月、平氏が安徳《あんとく》天皇を伴って西走したため、天皇不在となった都で即位したのが安徳の異母弟である後鳥羽天皇だった。生母は藤原殖子《しょくし》（七条院《しちじょういん》）で、殖子の父信隆《のぶたか》（藤原氏北家《ほっけ》道隆流《みちたかりゅう》）はすでに亡くなっていたため、乳母の一族が中心となって突然即位した後鳥羽天皇を支えた。兼子はその一人だったのである。高倉家《たかくらけ》と呼ばれた兼子の一族についてみていこう。

●父範兼と養父範季

藤原氏南家貞嗣《なんけさだつぐ》を祖とする高倉家は、文章博士《もんじょうはかせ》や大学頭《だいがくのかみ》などに任じられる学者の家であった。兼子の父範兼《のりかね》も二条《にじょう》天皇の東宮学士《とうぐうがくし》や大学頭を務める一方で、佐渡守《さどのかみ》や近江守《おうみのかみ》を歴任した。また、鴨長明《かものちょうめい》の歌論書『無名抄《むみょうしょう》』によると、漢籍だけでなく和歌にも精通していたことが知られる。範兼は従三位《じゅさんみ》形部卿まで昇進し、長寛《ちょうかん》三年（一一六五）四月に五十九歳で亡くなった。兼子が卿局と呼ばれたのは、父が形部卿だったからであろう。

父範兼が亡くなった当時まだ十歳だった兼子は、姉の範子や弟範光《のりみつ》とともに叔父で父の養子になっていた範季《のりすえ》に養育された。範季は後年、後鳥羽天皇の侍読《じとう》（天皇・東宮に侍して学問を教授する学者）になったが、近江や常陸《ひたち》などの受領《ずりょう》を歴任し陸奥《むつ》守および鎮守府《ちんじゅふ》将軍として赴任する一方で、九条家や近衛《このえ》家の家司、後白河《ごしらかわ》院の院司となるなど学者にとどまらず幅広く活動していた。また、平教盛《たいらののりもり》（清盛《きよもり》の異母弟）の娘教子《きょうし》を妻としていたが、平治の乱で敗死した源義朝《みなもとのよしとも》の子範頼《のりより》を養育したことが九条兼実の日記『玉葉《ぎょくよう》』元暦《げんりゃく》元年九月三日条にみえる。また、都を追われた源義経《よしつね》に通じたとして文治《ぶんじ》二年（一一八六）十一月に解官《げかん》されたり、奥州合戦で源頼朝《よりとも》に滅ぼされた藤原泰衡《やすひら》の弟を自らの邸宅に一時的に住まわせたりするなど、独自の行動も多かった。範季は様々な権力者に仕えるバランス感覚を持ち、受領を歴任することで財力を蓄え、武士とも密接な縁を持った人物であった［長村二〇〇九］。

養父範季の行動で兼子に大きな影響を及ぼしたのは、後鳥羽天皇を養育したことであろう。そもそも高倉《たかくら》天皇の第四皇子として産まれた後鳥羽を養育していたのは、兼子の姉範子の夫である法勝寺《ほっしょうじ》執行《しぎょう》の能円《のうえん》だった。能円は平清盛の妻時子《ときこ》の異父弟でその猶子《ゆうし》でもあったから、後鳥羽天皇を養育していたのは平氏一門の関係者だったのである。後鳥羽の同母兄の守貞親王《もりさだしんのう》（行助《ぎょうじょ》入道親王）は、誕生直後から平知盛《とももり》（清盛の子、母は時子）夫妻に養育されていたため平氏とともに都を離れたが、能円が養育していた後鳥羽も本来は平氏の西走に伴われるべき存在だった［曽我部二〇一二］。しかし範子の弟範光が引き留めたため後鳥羽は範子とともに都に留まり、能円のみが平氏に同行したという（『平家物語《へいけものがたり》』）。都に残った後鳥羽を養育したのが範子の養父範季で、後白河院の近臣だった範季は後鳥羽天皇の即位にも手を尽くした（『愚管抄』巻第五）。このような状況の下で、兼子は女房として後鳥羽天皇に仕えることになったのである。『愚管抄』巻第五には兼子について「ヒシト君ニツキ参ラセテ、カヽル果報ノ人ニナリタルナリ」とあるが、兼子と後鳥羽院の関係は即位した頃から始まったと考えられる。ところで『建春門院中納言日記《けんしゅんもんいんちゅうなごんにっき》』（作者は藤原定家《さだいえ》の同母姉）によると、平氏西走後の新天皇について後白河院は異母妹の八条院《はちじょういん》と話し合ったが、その際に「三位殿《さんみどの》」が同席していた。これを兼子とする意見もあるが、兼子が後白河院や八条院に仕えていた形跡は確認できない。『玉葉』文治元年九月二十日条に「他に並ぶ者がいないほどの八条院の寵臣」と記された、八条院三位局《さんみのつぼね》（高階盛章《たかしなのもりあき》の娘）と考える方が自然であろう。

●女房としての兼子

兼子の女房としての立場を示しているのは、『玉葉』建久《けんきゅう》三年（一一九二）三月十三日条であろう。この日は後白河院が亡くなった当日で、右大臣藤原兼雅《かねまさ》の使いとして参内した源通親《みちちか》は、兼子を通して蓮華王院《れんげおういん》宝蔵内の宝物等の散逸について後鳥羽天皇に申し入れをしている。女房は御所の内部と外部を結ぶ通路にあってその申次の役をなしていたことが知られているが、天皇への奏聞と天皇からの意志の伝達を一手に引き受けていたのが兼子であった。それは、建久九年（一一九八）正月十一日に後鳥羽天皇が土御門《つちみかど》天皇に譲位して後鳥羽院政が開始されてからも変わらなかった［五味一九九〇］。

また、藤原長兼《ながかね》の日記『三長記《さんちょうき》』の建久九年（一一九八）正月十一日条には「正六位上《しょうろくいのじょう》藤原兼子」とあり、兼子が即位したばかりの土御門天皇の女房として出仕したことがわかる。翌年建久十年正月には典侍《ないしのすけ》（後宮で天皇への取り次ぎや天皇の言葉の伝達等をつかさどる役所の取りまとめ役）となり、二年後の正治《しょうじ》三年（一二〇一）正月に従三位、建永《けんえい》二年（一二〇七）六月の修明門院《しゅめいもんいん》（藤原重子《じゅうし》、後鳥羽の妃で兼子の姪）の殿上始《てんじょうはじめ》において二位に叙されている。

兼子は後鳥羽天皇の乳母とされることがあるが、実際に乳母だったのは姉の範子である。平安期には、乳母として養育した皇子が天皇になるとその乳母は三位を授けられるのが慣例となっていた。三位になりさらに二位に昇進するという乳母と同様な待遇を受けたため、兼子が後鳥羽天皇の乳母だとする見方が生まれたと考えられている［田端二〇〇五］。

●姉の夫・源通親

兼子たち乳母の一族とともに後鳥羽天皇を支えたのが源通親である。通親は村上源氏顕房《むらかみげんじあきふさ》流の雅通《まさみち》の子で、高倉天皇に近侍し平氏とも近い立場にあったが、平氏西走後は後白河院に接近して近臣への道を歩んでいた。この通親が近づいたのが兼子の姉範子である。前述したように、範子は平氏と行動を共にした夫能円と別れて都に残ったが、能円との間の娘在子《ざいし》を連れて通親と再婚した。最初の子である通光《みちみつ》が文治三年（一一八七）に誕生しているので、二人は寿永《じゅえい》二年（一一八三）七月以降文治二年（一一八六）までの間に結婚したものと考えられる。

建久三年に後白河院が亡くなると朝廷は関白九条兼実が主導したが、兼実は後白河の寵妃だった丹後局《たんごのつぼね》や通親をはじめとする後白河院の旧臣勢力と対立した。このような中、女房として出仕していた範子の娘の在子（通親の養女）が後鳥羽に寵愛されるようになり、建久六年十一月に皇子を出産した。この少し前に兼実の娘の中宮任子《にんし》に誕生したのが皇女だったため、状況は皇子の外祖父となった通親に有利なものとなり、翌年十一月に中宮任子を内裏から退出させ、兼実を失脚に追い込んだ（建久七年の政変）。こうして朝廷における主導権を握った通親は、建久九年正月に在子所生の皇子を即位させ土御門天皇とした。通親の養女ではあるものの、在子の実父は僧侶の能円である。桑門《そうもん》（僧侶）の外孫が即位した先例はないとの批判があったが、これを無視して通親は土御門天皇を擁立したのであった。

その後、姉の範子が正治二年（一二〇〇）

【藤原兼子関係系図1】（人物名の傍線は兼子の養子または猶子）

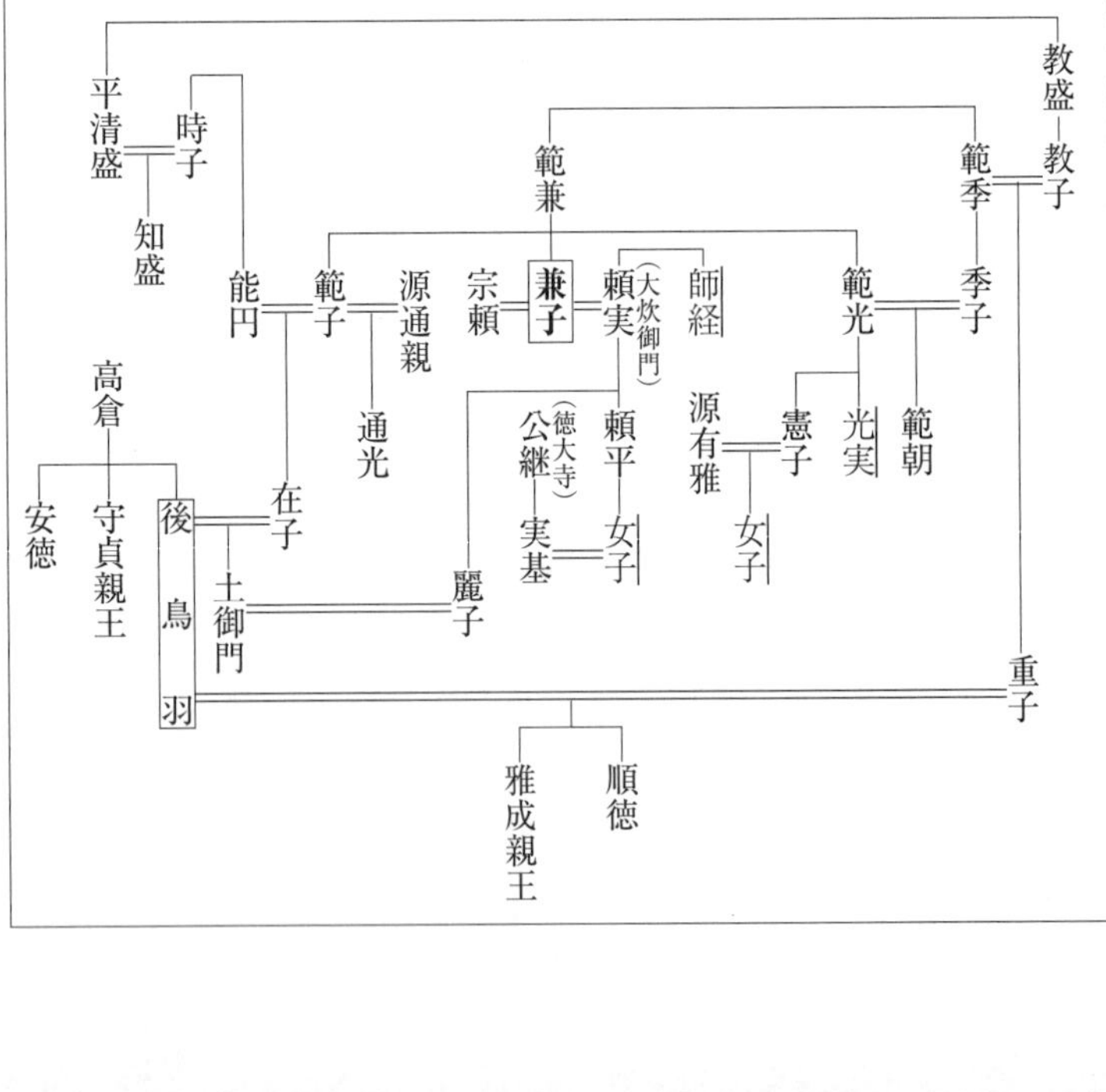

八月に亡くなり、建仁《けんにん》二年（一二〇二）十月に通親が亡くなると、兼子の活動が目立つようになる。藤原定家の日記である『明月記《めいげつき》』建仁三年正月十三日条はこのことをよく示している。すなわち、この時の除目《じもく》は後鳥羽院の考えで行われた。昨年までは通親が政権を主導しており、後鳥羽院も遠慮があったので除目も特別なことはなかったが、今回の除目はもっぱら「権門女房」すなわち兼子が取り仕切っていた。

●最初の夫・藤原宗頼

建久十年（一一九九）正月に典侍になった四十五歳の頃、兼子は最初の夫である藤原宗頼《むねより》と結婚した。宗頼は藤原氏北家勧修寺流《かじゅうじ》の藤原顕隆《あきたか》の曾孫にあたる。顕隆は葉室《はむろ》家の祖となった人物で、白河院の近臣として夜の関白と呼ばれるほどの権勢があった。宗頼の父光頼《みつより》も、平治《へいじ》の乱で内裏に幽閉されていた二条天皇を六波羅《ろくはら》に移すなどの活躍をした。宗頼は後白河院に疎遠で官職を得られないままだったが、文治元年（一一八五）十二月に源頼朝の推挙によって大蔵卿《おおくらきょう》に任じられ、翌月には八条院の仲介で九条家に仕えている（『玉葉』文治二年正月二十七日条）。その後は九条兼実の後見として知られる宗頼だが、兼実が失脚すると後鳥羽院の近臣となった。

宗頼と結婚した頃から兼子の官位は上昇しているが、これは宗頼も同様で、二人の結婚は相互に官位を上昇させるものであった［五味一九九七］。『明月記』正治元年（一一九九）七月十五日条は、宗頼が土佐国《とさ》（高知県）を知行国として与えられたのは新妻すなわち兼子のおかげだとしている。この前月に大炊御門頼実《おおいみかどよりざね》が右大臣から太政大臣になったが、これを自らが大臣になるために源通親が画策したものだと捉えた頼実は、抗議のために閉門し知行国土佐の国務を返上した。こうした事情から土佐は宗頼の知行国となったのである。このように宗頼が土佐を知行国とすることができたのは頼実の行動のおかげとも言えるが、この数年後に宗頼が亡くなると兼子は頼実と再婚している。何とも不思議な巡り合わせである。

宗頼は、兼子の義兄である源通親とも近しい人物だった。通親と範子の間の第一子である通光の妻は宗頼の娘だったし、建仁二年十月の通親没後は宗頼がその遺財を管理し、院庁の執事別当を継いでいた。また、後鳥羽院の皇子である守成《もりなり》親王（のちの順徳《じゅんとく》天皇、生母の重子は範季の娘）が親王宣下された際、宗頼は親王家の実務の中心を担う勅別当になったが（『明月記』正治元年十二月十六日条）、翌正治二年四月に守成が土御門天皇の皇太弟に立てられると、通親は東宮傅《とうぐうふ》、宗頼は東宮権大夫《ごんのだいぶ》となっている。そして守成の乳母は兼子の弟範光の妻季子《きし》（範季の娘）と範光の娘の憲子《けんし》（母は不明）で、妻や娘とともに範光も守成を養育した。守成を皇太弟に立てたことは、後鳥羽院が自らの意志で嫡子を選んだと評価されている。天皇時代から後鳥羽院を支えた乳母の一族は、後鳥羽が後継者に選んだ守成を支える体制を整えていったのである。

兼子との結婚を機に官位を上昇させ、建仁二年（一二〇二）七月には権大納言《ごんだいなごん》に昇進した宗頼だったが、その年の十一月から十二月にかけて後鳥羽院の熊野御幸の供をした際、松明の火で足に火傷を負っている。この火傷が原因で建仁三年（一二〇三）正月二十九日、宗頼は五十歳で亡くなった。

宗頼の没後に兼子との結婚を望んだ公卿は多かったようで、閑院《かんいん》流の前左大臣三条《さんじょう》実房《さねふさ》や権大納言源通資《みちすけ》（通親の弟）の名が知られる。そのような中で兼子が二人目の夫に選んだのが、大炊御門頼実であった。

●大炊御門頼実と再婚

頼実は藤原氏北家師実《もろざね》流の経宗《つねむね》の子で、二条天皇の生母懿子《いし》は父の姉妹だった。父経宗は二条親政派として後白河院と対立したこともあったが、のちに後白河院政を支えた人物である。頼実自身も後白河院の寵臣でその後も順調に出世したが、正治元年（一一九九）六月に兼宣旨（大臣、大将への任官の際、任官の日時を勘申させるために事前に本人に通知する宣旨）もなく右大臣から太政大臣（実権はなく名誉職）になった。前述したように、これを源通親が大臣になるための措置だと捉えた頼実は、抗議のため閉門し土佐の国務を辞している（『明月記』正治元年六月二十四日条）。その後、頼実は後鳥羽院の生母である七条院に仕えていたとみられるが（『愚管抄』巻第六）、建仁二年十月に亡くなった通親に代わって同年十二月に東宮傅となった。結婚以前にすでに大臣になっているので、兼子にとって頼実は先夫の宗頼よりも格上の結婚相手であった。頼実には娘の麗子《れいし》（陰明門院《おんめいもんいん》）を土御門天皇に入内させるという希望があり、兼子との婚姻によりこれを実現させている。摂政の九条良経《よしつね》も娘立子《りっし》の入内を望んでいたが、兼子は皇太弟の守成親王が即位したら立子を入内させることで折り合いをつけた。

『愚管抄』巻第六に見えるように、兼子は再婚相手に選んだ頼実を後鳥羽院の後見にして影響力を増した。そして、自身は院への奏聞を取り次ぎ、院の意志を伝達した。夫の頼実は院の諮問に答えたり助言したりしていたとみられ、朝廷の重要な政治的決定が院と頼実・兼子夫妻の三人によってなされていることが九条道家《みちいえ》の日記『玉蘂《ぎょくずい》』承元《じょうげん》五年（一二一一）八月十九日条からうかがえる。このような申次の女房の域を超えた兼子の活動を支えたのが、前述の『明月記』建仁三年正月十三日条にみられるような除目への介入を通して築いた広範な人脈と、動産・不動産の集積による経済的基盤であった。『明月記』建暦三年（一二一三）七月二十二日条によれば、官職を得ようと働きかける人々から兼子が賄賂を受け取っていたことがわかる。そして集積した動産は、東山岡崎の家に保管されていたとみられる（『明月記』嘉禄《かろく》三年十二月七日条）。また兼子は、備前《びぜん》国軽部《かるべ》荘（岡山県赤磐《あかいわ》市）など地方の荘園を所領としていたほか、藤原実宣《さねのぶ》や公清《きんきよ》が官職を得た際には家地を提供されており、京都の家地を集めていたことが知られている［五味一九九七、同一九九〇］。

●兼子の養子・猶子関係

兼子は除目への関与だけでなく様々な相手と猶子・養子関係を結び、擬制的親子関係を軸としてさらに幅広い人間関係を築いた。実子がいなかった兼子の特徴といってもいいだろう。まずは兼子の養女だった後鳥羽院の妃二人についてみていく。

一人は順徳天皇の母重子（修明門院）で、兼子の養父範季の娘である。重子は正治二年（一二〇〇）九月に兼子の京極第《きょうごくてい》において雅成《まさなり》親王を出産した。また、前述のように兼子は修明門院の殿上始で二位に叙され、承元五年（一二一一）正月に修明門院が入内した際には供奉している。そして、後に兼子が自身の財産の多くを譲っている点においても、重子は兼子の養女だったと考えられる。

もう一人は、西御方《にしのおんかた》と呼ばれた坊門信清《ぼうもんのぶきよ》の娘である。後鳥羽院の生母殖子の姪にあたる。西御方と後鳥羽院との間には道助入道親王《どうじょ》（長仁親王《ながひと》）、嘉陽門院《かようもんいん》（礼子内親王《れいし》）、頼仁親王《よりひと》の三人の子が誕生したが、末子の頼仁親王を養育したのは兼子であった（『愚管抄』巻第六）。

この二人以外にも、夫である大炊御門頼実の弟師経《もろつね》を養子としていたし、甥の光実《みつざね》（弟範光の子）は兼子の猶子だった。また、姪の憲子と源有雅《ありまさ》との間に産まれた娘を養女にして三条実宣《さねのぶ》を婿に、夫頼実の子頼平《よりひら》の娘を養女にして徳大寺実基《とくだいじさねもと》を婿にしている。

そして、西御方の姉妹で源実朝《さねとも》の御台所となった坊門信清の娘も兼子の養女であった可能性が高い。『明月記』元久元年《げんきゅう》（一二〇四）十月十五日条によれば、のちに西八条禅尼《にしはちじょうぜんに》と呼ばれたこの女性は、実朝と結婚するため関東に下向した際に兼子の家から出立し、後鳥羽院も桟敷を構えてこれを見物したという。実朝の結婚には後鳥羽院と兼子が関わっていたと考えられるが、兼子は自身の養女を将軍の御台所にすることで鎌倉幕府にも人脈を広げていたのである。

●親王将軍の擁立計画

建保《けんぽう》七年（一二一九）正月に実朝が甥の公暁《こうぎょう》によって暗殺された後、右大臣九条道家の子で頼朝の妹の曾孫にあたる三寅《みとら》（のちの頼経《よりつね》）が将軍予定者として鎌倉に下り、その後四代将軍となった（摂家将軍《せっけ》）。摂家将軍の誕生は、次の将軍として後鳥羽院の皇子の下向を鎌倉幕府が要請したものの、後鳥羽院がこれを拒否したことによる。当初、幕府が後鳥羽院の皇子を将軍にしようとしたのは、後鳥羽院と実朝による親王将軍擁立の構想があったためである。

元久元年十二月に兼子の養女である坊門信清の娘が鎌倉に到着してから十余年が経ったが、実朝には実子がいないという問題があった。実朝は、摂関家とほぼ同格の扱いを受ける自身と、後鳥羽院の従兄妹にあたる御台所との間の子でなければ後継の将軍にふさわしくないと捉えていたらしく、側室を持つことも兄頼家の遺児を後継の候補としてあげることもなかったのである。そこで打開策として打ち出されたのが、後鳥羽院の皇子を鎌倉に迎えて将軍とし、実朝がそれを補佐するという親王将軍構想だった。

【藤原兼子関係系図2】（人物名の傍線は兼子の養子または猶子）

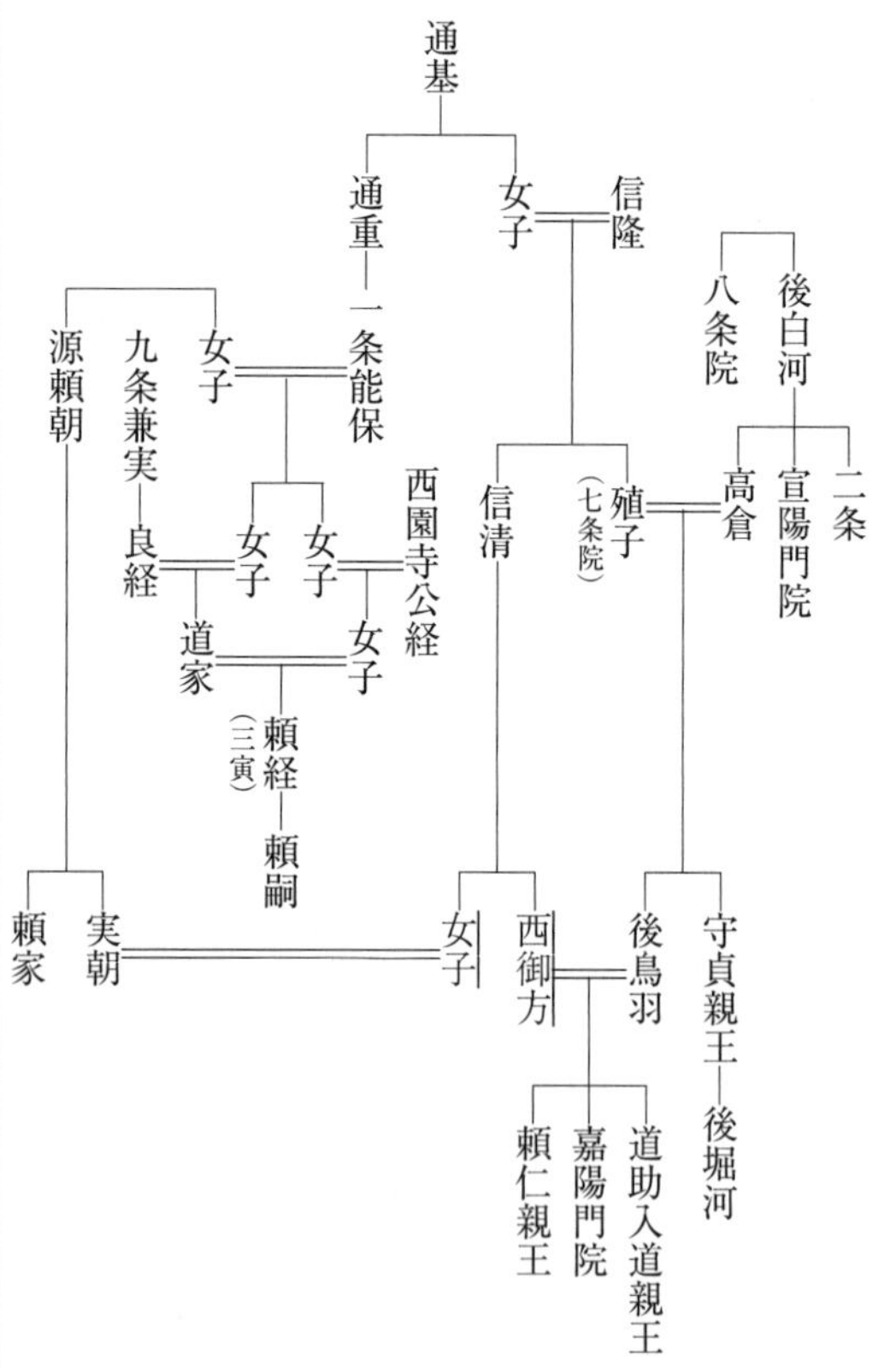

親王将軍の実現に向けて幕府が動き出したのは建保六年（一二一八）正月で、翌二月に実朝の母北条政子《ほうじょうまさこ》が熊野詣を口実に上洛して朝廷と交渉している。この時、朝廷側の交渉役となったのが兼

子だった。基本的に兼子は幕府を朝廷に取り込もうとする方向で動いており、政子とともに朝廷と幕府が協調する関係を推し進めた。幕府側にも朝廷側にもそれぞれ異なる思惑はあったものの、親王将軍の擁立構想は合意に達した。したがってこの建保六年という年に後鳥羽が実朝を驚異的なスピードで昇進させたのは、親王を補佐するのにふさわしい地位にするためだったと考えられている。この時親王将軍の候補として挙げられたのは、兼子の養女が産んだ皇子だった。順徳天皇の同母弟である雅成親王と、実朝の御台所の姉妹である西御方所生の頼仁親王の二人である。元服し親王宣下された雅成親王と頼仁親王は、順徳天皇に万一のことがあった場合に後継候補となることが可能な存在だった。最近では彼らのような皇子を在俗親王《ざいぞくしんのう》と呼ぶが、親王将軍擁立の構想は、在俗親王に新たな役割・選択肢をもたらすものだったと評価されている［曽我部二〇二四］。

しかし後鳥羽院の皇子が将軍となり実朝がこれを後見するという構想は、実朝が暗殺されたことで頓挫した。実朝の死後、幕府は兼子が取りまとめ役を担った合意に基づき後鳥羽院の皇子の下向を要請したが、後鳥羽院はこれを拒否し、以後は幕府に対して強硬路線をとっていく。後鳥羽院と兼子は幕府に対する方針を異にしたのである。『承久記』では兼子が後鳥羽院に挙兵を勧めたと描かれているが、兼子は幕府と朝廷との協調関係を望んでおり、史実ではないと考えられる［五味一九九七］。

●承久の乱後の兼子

朝廷と幕府との間で調停につとめた兼子は、承久の乱後も一定の影響力を保っていた。その一例として、近衛家実《いえざね》の娘長子《ちょうし》の後堀河《ごほりかわ》天皇への入内に関わる問題が挙げられる。長子は、後白河院の皇女で父後白河から莫大な規模の長講堂《ちょうこうどう》領を継承した宣陽門院《せんようもんいん》（覲子《きんし》内親王）の猶子である。承久の乱後に即位した後堀河天皇（後鳥羽院の同母兄守貞親王の子）には、すでに三条公房《きんふさ》の娘の有子《ゆうし》（安喜門院《あんきもんいん》）が中宮となっていた。公房は宣陽門院の院司の実質的責任者である執事だったが、長子が入内する四か月ほど前の嘉禄《かろく》二年（一二二六）二月に執事を辞めさせられ所領も改易された。後任の執事は徳大寺公継《きんつぐ》で、公房が知行していた所領もすべて公継に付されている。そして六月に入内する長子の中宮大夫には、公継の子実基が補任された。藤原定家は、以上の状況を兼子が策略を巡らせたものとみている（『明月記』嘉禄二年二月二十五日条、三月四日条）。定家がそう捉えたのは、徳大寺実基の妻が兼子の養女だったからであろう。兼子は実基夫妻に目をかけていたようで、寛喜《かんぎ》元年（一二二九）八月に亡くなった際には、夫婦それぞれに所領を譲っている（『明月記』寛喜元年八月七日および十九日条）。こうしたことから、徳大寺家と宣陽門院を取り持ったのは兼子であった可能性が指摘されている［白根二〇一八］。兼子が集積した所領を譲った相手は徳大寺実基夫妻のほかにも複数いたが、所領の多くは後鳥羽院の正妻の立場にあった修明門院に譲られた。このことは、前年九月に亡くなった後鳥羽院の母七条院の所領処分も含めて、隠岐《おき》（島根県隠岐群島）にいる後鳥羽院の意向であったという（『明月記』寛喜元年七月二十七日条）。兼子は後鳥羽院の意志を尊重したのである。

ところで、修明門院は安楽心院《あんらくしんいん》という寺院も兼子から譲られている。安楽心院は後鳥羽院祈願所として兼子が建立した中山堂のことで、元久元年十月に行われた供養には後鳥羽院と七条院の御幸があり、院号宣下前の修明門院もこれに参加した。そして延応《えんおう》元年（一二三九）に後鳥羽院が隠岐で亡くなると、この安楽心院で修明門院が後鳥羽の追善仏事を行っている。七条院領を伝領した修明門院は七条院と後鳥羽院の菩提を弔う役割を担ったことが指摘されているが、追善仏事の場に用いられたのは修明門院が兼子から受け継いだ寺院であった。このことは、後鳥羽やその血縁者と兼子との結びつきの強さを示しているのではないだろうか。

●親王将軍構想のその後

後鳥羽院が皇子の下向を認めなかったため、承久元年段階では在俗親王に親王将軍という新たな役割が与えられることはなかった。しかし後年、親王将軍は後鳥羽の孫である後嵯峨《ごさが》院によって現実のものとなった。親王将軍が実現した背景の一つが、寛元《かんげん》の政変（宮騒動）である。寛元四年（一二四六）閏四月に前執権の北条経時《つねとき》が病死して以降、七月に前将軍九条頼経が京都に送還されるまでの一連の事件は寛元の政変と呼ばれる。この政変は、将軍頼嗣《よりつぐ》の父で後見でもある頼経を中心とした反執権勢力と執権北条氏との対立と捉えられてきたが、近年の研究では、頼経とその父九条道家が幕府内部の政治的対立を利用して皇位継承に介入しようとしたことが指摘されている［曽我部二〇二四］。一方、鎌倉で政変が相次ぐ中、頼嗣が将軍である限り頼経の政治的影響力を排除できないと判断した北条時頼《ときより》は、頼嗣の将軍解任と新将軍として後嵯峨院の皇子の下向を要請した。幕府が候補として挙げたのが在俗親王である宗尊《むねたか》親王と恒仁《つねひと》親王（のちの亀山天皇）だったので、状況は実朝の暗殺後とよく似ている。後嵯峨院は、寛元の政変を経て摂関家と連動する摂家将軍に危機感を抱いていたため、幕府と直接関係を結ぶことができるよう親王将軍を認め、建長《けんちょう》四年（一二五二）四月に宗尊親王が鎌倉に到着して将軍となった。兼子が推進した親王将軍は、三十数年後に実現したのである。このことは、兼子に先見の明があったと捉えることも可能であろう。権勢を恣《ほしいまま》にしたとして生前から評価が低かった兼子だが、近年の研究ではその手腕が見直されている。親王将軍構想は、兼子の政治家としての能力の高さを示すものの一つと考えてよいのではないだろうか。

（長田郁子）

【参考文献】

秋山喜代子「乳父について」（『史学雑誌』九九編―七号、一九九〇年）
五味文彦「聖・媒・縁」（女性史総合研究会編『日本女性生活史二　中世』東京大学出版会、一九九〇）
五味文彦「卿二位と尼二位」（総合女性史研究会編『政治と女性』吉川弘文館、一九九七年、初出一九八五年）
坂井孝一『源氏将軍断絶』（ＰＨＰ研究所、二〇二一年）
坂井孝一『考証　鎌倉殿をめぐる人びと』（ＮＨＫ出版、二〇二二年）
白根陽子『女院領の中世的展開』（同成社、二〇一八年）
曽我部愛『中世王家の政治と構造』（同成社、二〇二一年）
曽我部愛「中世前期王家の変容と再編」（『日本史研究』七三九号、二〇二四年）
田端泰子『乳母の力』（吉川弘文館、二〇〇五年）
長村祥知「後鳥羽院と公家衆」（鈴木彰・樋口州男編『後鳥羽院のすべて』新人物往来社、二〇〇九年）
野口華世「後鳥羽院をとりまく女性たち」（鈴木彰・樋口州男編『後鳥羽院のすべて』新人物往来社、二〇〇九年）
橋本義彦『源通親』（吉川弘文館、一九九二年）

3 西園寺公経―幕府と結び、京都政界の黒幕となった院近臣―

鎌倉時代、朝廷における幕府との交渉の窓口となったのが関東申次《かんとうもうしつぎ》である。朝幕間の交渉は鎌倉前期までは将軍との個人的なつながりを持つ人物によって担われ、必ずしも制度化されたものではなかったが、鎌倉後期、関東申次の役職が成立すると、これに任じられた人物が、個人的なつながりとは関係なく幕府との交渉を担うようになった［細川二〇一七・久保木二〇一七］。

そして、この地位を世襲したのが西園寺家《さいおんじけ》である。承久《じょうきゅう》の乱後、朝廷政治にも鎌倉幕府の影響力が強まるなか、西園寺家は関東申次の地位を利用して朝廷内に権勢を振るった。また、鎌倉時代の天皇家は、後嵯峨《ごさが》天皇の後、後深草《ごふかくさ》天皇にはじまる持明院統《じみょういんとう》、その弟の亀山《かめやま》天皇にはじまる大覚寺統《だいかくじとう》に分裂したが、後深草・亀山の兄弟の母はいずれも西園寺実氏《さねうじ》の娘姞子《きっし》であり、両統ともに后妃を西園寺家から迎えた。そのため、西園寺家の一族はこれ以後も、後宇多《ごうだ》・伏見《ふしみ》・花園《はなぞの》・光厳《こうごん》天皇の外戚《がいせき》となり、天皇家や朝廷政治に大きな影響を与えたのである［龍一九五七］。

●関東申次西園寺家

西園寺家において、はじめて正式に関東申次になったのは、二代目の実氏であるが、鎌倉幕府と親密な関係を結び、のちにつながる西園寺家の地位を確立したのは、実氏の父に当たる初代公経《きんつね》である。公経はすでに事実上、のちの関東申次につながる職務を担い、実氏が関東申次になったのも、父である初代公経の存在なくしてはありえなかった。では、公経とは一体どんな人物だったのだろう。そこで、ここでは公経を中心に、西園寺家がいかにして台頭したのか、見てみることにしよう。

なお、西園寺家の家名は、元仁《げんにん》元年（一二二四）、公経が京都北山《きたやま》に建立した西園寺に由来する。したがって、それ以前にさかのぼって彼を西園寺公経と称し、その家名を西園寺家と称するのは本来不適当ではあるのだが、ここでは慣例に従い、これ以前についても、人名として西園寺公経、家名として西園寺家の表記を用いることをおことわりしておく。

●公経の家系

西園寺公経は、承安《じょうあん》元年（一一七一）、正四位下蔵人頭藤原実宗《しょうしいのげくろうどのとうふじわらのさねむね》の二男として誕生した。父方は藤原氏北家閑院流《ほっけかんいんりゅう》の一族である。閑院流とは、藤原道長《みちなが》の叔父である太政大臣公季《だいじょうだいじんきんすえ》にはじまる家系で、院政期には白河《しらかわ》・鳥羽《とば》・崇徳《すとく》・後白河《ごしらかわ》天皇の外戚として発展した。鳥羽院政期には、鳥羽天皇の母璋子《しょうし》の兄弟である実行《さねゆき》・実能《さねよし》が大臣まで昇進し、彼らの子孫は近衛大将《このえたいしょう》を経て太政大臣までの昇進が可能な清華家《せいがけ》の家格《かかく》を確立した。

ただ、公経の直系の先祖に当たる通季《みちすえ》は、実行・実能の兄に当たり、父公実《きんざね》によって家嫡《かちゃく》（後継者）に立てられていたものの（『愚管抄《ぐかんしょう》』）、権中納言《ごんちゅうなごん》にして三十九歳の若さで没してしまったため、子孫は天皇外戚としての恩恵を受けることがなかったらしい。公経の祖父である公通《きんみち》は権大納言《ごんだいなごん》、父実宗はその晩年、院近習《いんきんじゅう》となった子息公経の取りなしにより辛うじて内大臣《ないだいじん》に任じられた（『愚管抄』）程度で、大臣を継承した実行の三条家《さんじょうけ》、実能の徳大寺家《とくだいじけ》に比べると、西園寺家は明らかに傍流に甘んじていた。

一方、公経の母は正四位下左近衛権中将《さこのえのごんのちゅうじょう》藤原（持明院《じみょういん》）基家《もといえ》の娘であった。この母方一族は、公経の昇進にとって父方より重要な意味を持つことになる。公経には八歳年上の異母兄に公定《きんさだ》がいたが、公経は貴族の身分を示す従五位上《じゅごいのじょう》に公定より三年も早く叙されるなど、公経の昇進は最初から公定より早かった。

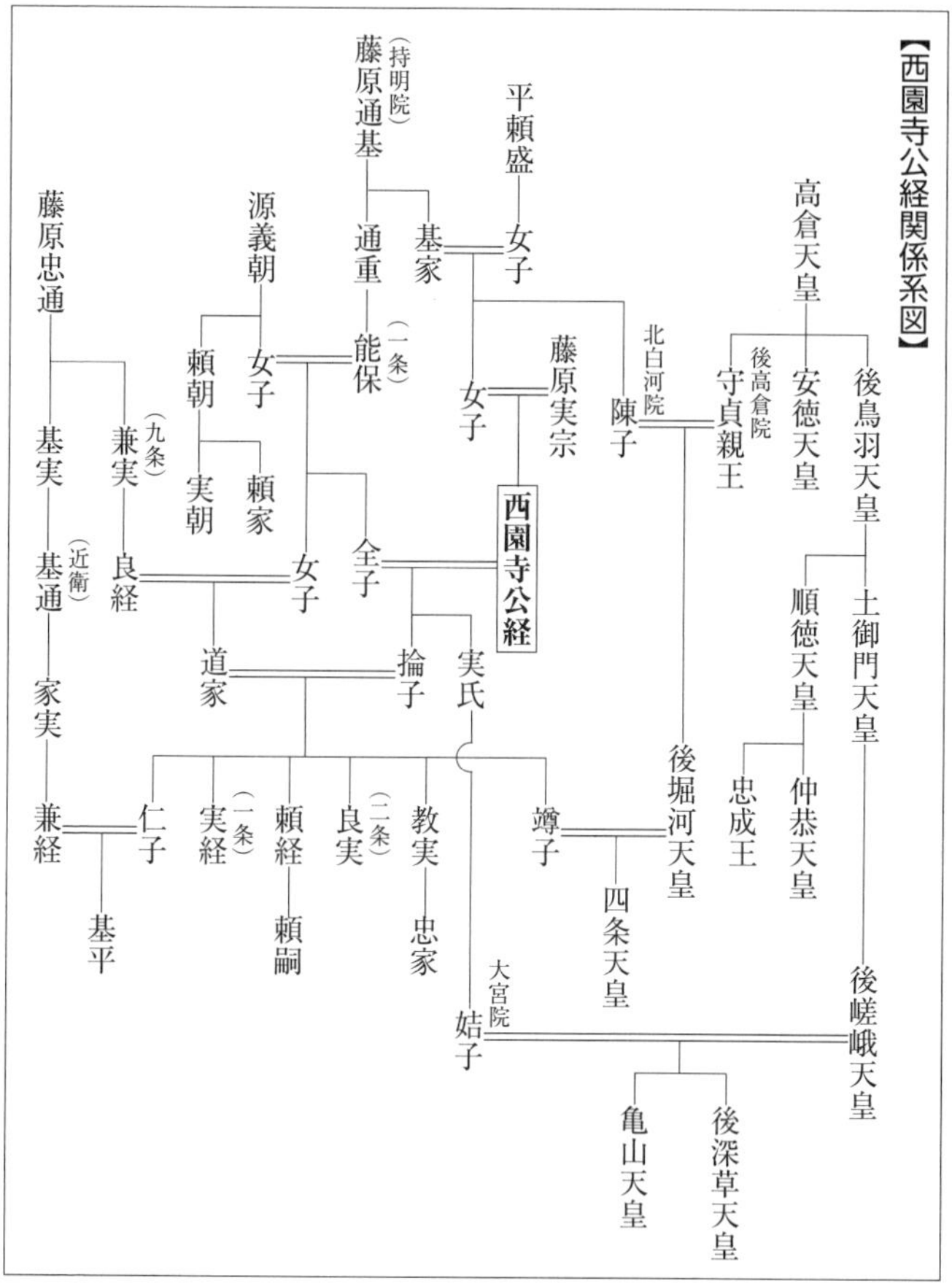

【西園寺公経関係系図】

母方の祖父基家は平頼盛《たいらのよりもり》（清盛《きよもり》の弟）の娘を妻に迎えるなど平氏《へいし》一門にも近く、公経が兄より早く昇進できたのは、母方の政治力が背景にあったからだったと考えられる［龍一九五七］。

また、公経は母方の縁を通して、基家の兄通重《みちしげ》の子に当たる一条能保《いちじょうよしやす》の娘全子《ぜんし》と結婚したが、全子の母は河内源氏《かわちげんじ》の源義朝《みなもとのよしとも》の娘で、頼朝《よりとも》の妹であった。頼朝が平氏を滅亡させ、全国の武士の統率者となると、能保は鎌倉にいる頼朝の代理役である京都守護《しゅご》として、朝廷と幕府を結ぶ役割を果たすようになった。公経は能保の婿《むこ》となることで、頼朝とのつながりを持ち、能保を中心とした親幕派の一角を占めるようになったのである。

●三左衛門事件による失脚

一条能保の婿となった公経は、後鳥羽《ごとば》天皇にも近習として登用された。建久《けんきゅう》七年（一一九六）には、蔵人頭に任じられたが、これは上位六人を飛び越しての大抜擢であった。当時同じく蔵人だった藤原長兼《ながかね》はこのことについて、「中納言入道（能保）の聟《むこ》であるために、この恩恵があったのだ」と記しており（『三長記《さんちょうき》』同年十二月二十六日条）、ここからはそもそも能保が後鳥羽からも信頼される人物だったことがうかがえる。公経はそうした能保の婿だったからこそ、天皇の近習になれたのである。

だが、建久八年十月十三日、能保が五十一歳で没すると、公経の前には落とし穴が待っていた。建久九年正月、土御門《つちみかど》天皇が即位し、後鳥羽が上皇になると、公経は院別当《いんべっとう》に任じられ、また参議《さんぎ》に任官して公卿《くぎょう》になった。だが、翌年二月、一条家に仕えていた後藤基清《ごとうもときよ》・中原政経《なかはらのまさつね》・小野義成《おののよしなり》の三人が、土御門天皇の外戚である源通親《みちちか》の襲撃を企てたとして捕らえられる事件が発生した（三左衛門《さんざえもん》事件）。公経も、この事件に関わったとして出仕停止を命じられ、七月には院御厩《みまや》別当を解任されたのである。

この事件については、通親が対抗する一条家の排斥を狙い起こしたとするのが通説であるが、近年では皇位継承をめぐる対立が背景にあったという説も出されている［曽我部二〇一一］。後鳥羽の次の天皇として、鎌倉の頼朝は後鳥羽の異母兄である守貞親王《もりさだしんのう》の即位を図っていた。守貞の妻は基家の娘陳子《ちんし》であり、能保にも近い存在だったのである。だが、一方で頼朝は自身の娘を入内《じゅだい》させようとしており、後宮《こうきゅう》に影響力をもつ通親との関係悪化を恐れて強硬な態度に出られず、結局、通親の外孫である土御門の即位を許してしまった。そんななか、三左衛門事件の直前である建久十年正月には頼朝が死去しており、通親はこれを機に自分の立場を固めるため、守貞擁立派を一斉に排除したのである。

ただ、公経は事件から九か月後の正治《しょうじ》元年（一一九九）十一月十二日には出仕停止を免じられた。これは後鳥羽院の意向だったようである［上横手一九七二］。通親は執事《しつじ》別当（院司《いんし》筆頭）として若い後鳥羽を後見していたが、この頃から後鳥羽はしだいに自立し、通親から距離を置きはじめていた。建仁二年（一二〇二）十月、通親が急死すると、後鳥羽は公経を能保の後継者と認め、彼に幕府との交渉役を担わせていくのである。

●後鳥羽院政下の権力闘争

後鳥羽院政下、公経は関東とも太いパイプを持ちつつ、院近臣の一角も占めた。建保《けんぽう》元年（一二一三）十一月三十日、後鳥羽院は関白近衛家実《このえいえざね》に政務を委ね、引退すると言い出したが、それを引き留めたのは、太政大臣大炊御門頼実《おおいのみかどよりざね》と権中納言公経だった（『明月記《めいげつき》』同年十二月一日条）。このことは、公経が院に信頼される側近であったことを物語る。

一方、後鳥羽院政では、院に重用されたのは公経のみではなく、近臣間の権力闘争も激しかった。

たとえば、『愚管抄』には、公経とともに坊門信清も幕府の交渉役（申次）を任されていたとあり、二人はライバル関係にあったようである。信清は後鳥羽の外戚であるが、娘を将軍源実朝《さねとも》の妻としており、独自に幕府とのパイプを持っていた。公経が解任された院御厩別当の後任に任じられたのも信清で、公経が出仕を許された後も、院御厩別当は公経には戻ってこなかったのである。

後鳥羽の乳母《めのと》であった卿二位《きょうにい》藤原兼子《けんし》や、その夫である前出の太政大臣大炊御門頼実も後鳥羽側近として権勢を振るい、公経とは建保五年、右近衛大将《うこのえのたいしょう》の任官をめぐって激しく対立した。公経は後鳥羽から内々に任大将の約束を得ていたのだが、頼実が弟で養子とした師経《もろつね》を大将にしようとねじ込んできたのである。公経は頼実・兼子の讒言《ざんげん》によって籠居《ろうきょ》に追い込まれ、除名流罪《じょめいるざい》にされるところであったが、これを知った将軍実朝が反発し、その圧力によって翌年二月、ようやく赦免《しゃめん》された（『愚管抄』、『明月記』嘉禄《かろく》元年（一二二五）七月五日条）。この一件は後鳥羽と公経の関係に亀裂を生じさせたとされるが［上横手一九七四］、少なくともこれによって公経が自身の力の限界を自覚したのは間違いない。後鳥羽の近臣の中枢には、信清や頼実のように後鳥羽と私的な関係で深く結びついた側近がおり、関東とのパイプだけでは、彼等に楯突くこともできなかったのである。

●承久の乱での立ち回り

建保七年（一二一九）正月、将軍実朝が鎌倉鶴岡八幡宮《つるがおかはちまんぐう》で暗殺された。実朝が殺害されたのは彼の右大臣任官の儀式の場で、この場には公経の長男実氏の姿もあった。この事件は公経にとって転機となった。実朝の次の鎌倉殿《かまくらどの》として、幕府は後鳥羽の皇子の下向を望んだが、後鳥羽はこれを断り、代わりに左大臣《さだいじん》九条道家《くじょうみちいえ》の三男三寅《みとら》（のちの頼経《よりつね》）が下向した。道家は故摂政良経《よしつね》の嫡男《ちゃくなん》であるが、承元《しょうげん》二年（一二〇八）、公経の娘掄子《りんし》と結婚して公経の婿になっていた。三寅は道家と掄子の間の子で、祖父公経のもとで養育されていたのである。孫が鎌倉殿となったことで、公経と幕府との関係はより強化された。承久《じょうきゅう》元年（一二一九）十一月、公経は待望の右近衛大将に任じられたが、同じ日には幕府の執権北条義時《しっけんほうじょうよしとき》が武蔵守《むさしのかみ》に任じられていることから、公経の任大将《にんたいしょう》も幕府の意向を背景にしたものだったと考えられている［白根一九九八］。

一方、実朝暗殺により、後鳥羽は幕府とのパイプを失い、幕府首脳部に不信感を抱くようになった。彼はこれまで和歌や官位昇進を通して実朝と結びつき、実朝の院権力への取り込みを図っていたのである［坂井二〇一四］。こうしたなか、公経と後鳥羽の関係は、三寅の鎌倉下向を機に断絶が決定的になったというのが通説だが［上横手一九七四］、近年では、これを否定する見解も出されている。先のように、公経はこれ以後も右近衛大将に任官し、承久二年四月には経済的収益の大きい左馬寮の知行も許されていた。このことから後鳥羽は公経と表立って対立していたわけではないというのである［山岡二〇一四］。

承久の乱に関する近年の研究でも、承久二年七月までは、後鳥羽は幕府をコントロール下に置こうとしていたというから［坂井二〇一四］、このことは妥当と見てよいだろう。後鳥羽が幕府をコントロールしようと思えば、幕府に近い公経の存在は重要だったはずで、だからこそ公経は右近衛大将となり左馬寮の知行を許されたのである。しかし、後鳥羽が威信をかけた大内裏《だいだいり》造営事業が地頭の抵抗でストップすると、後鳥羽は幕府首脳である北条義時の追討へと方針を切り替えた。ここに公経と後鳥羽は決裂する。

こうして承久三年五月、後鳥羽が挙兵すると、公経は一貫してこれに反対する姿勢を示した。そのため、公経は後鳥羽によって殺害されそうになり、院御所高陽院《かやのいん》の馬場殿《ばばどの》に幽閉された（『承久記』）。だが、これは結果的に彼にとっては吉となった。周知の通り、後鳥羽の挙兵は失敗して、公経にとって目の上のたんこぶだった、後鳥羽と私的に結びついた側近集団は一掃された。そのうえ、公経は幽閉中もこっそり家司《けいし》三善長衡《みよしのながひら》を鎌倉に派遣して、院の挙兵を関東に伝えるなどしており、官軍に勝利した幕府軍が入京すると、幕府は彼の功績を高く評価し、その後の主導的地位を約束されることになる。公経は承久の乱や幕府との関係を利用して、最終的に権力闘争に打ち勝ったのである。

●乱後新体制の実力者に

承久の乱後、公経に対する信頼を篤くした幕府は、朝廷再建を彼に委ねた。このことを示すのが、幕府によって新しく創出された朝廷の運営体制である。幕府は後鳥羽・土御門・順徳の三上皇を配流するとともに、仲恭天皇を廃位したが、その後即位したのは、守貞親王の皇子茂仁王《ゆたひとおう》（後堀河《ごほりかわ》天皇）であった。そして、後堀河の即位とともに、守貞が後高倉《ごたかくら》院として院政を開始した。いうまでもなく、守貞はかつて公経らが擁立しようとした人物であり、茂仁の母は公経の母方のオバに当たる陳子だった。後堀河の即位と後高倉院政の開始には、公経の意向が反映していたと考えられている。

そして、この体制下で、公経は承久三年閏《うるう》十月十日、内大臣に任じられ、翌年八月十三日には太政大臣に昇進した。貞応《じょうおう》二年（一二二三）四月二日には太政大臣を辞任したが、嘉禄元年（一二二五）、孫の三寅が元服して、翌年正月には征夷大将軍《せいいたいしょうぐん》頼経となり、安貞《あんてい》二年（一二二八）には、頼経の父で公経には婿に当たる九条道家も関白になった。そのため、公経は太政大臣を退任しても、頼経・道家との関係から、以前よりかえってその存在感を高めた。

道家は関白になると、寛喜《かんぎ》元年（一二二九）、掄子との娘である竴子《しゅんし》を入内させ、貞永《じょうえい》元年（一二三二）には竴子の産んだ皇子秀仁《みつひと》を即位させて四条天皇とした。この頃、延応二年（一二四〇）正月の除目では、公経は四男実藤《さねふじ》の破格の昇進を許して「相国禅門《しょうこくぜんもん》（公経）の命、一切相背かれず」といわれており（『平戸記《へいこき》』同年正月六日条）、公経は道家を前面に立て、思いのままに朝廷の人事を動かしていたことがうかがえる。

また、将軍の祖父である公経の存在は、幕府にとっても特別なものだった。嘉禎《かてい》二年（一二三六）、公経は伊予国宇和郡《いよのくにうわぐん》（愛媛県西部）の知行《ちぎょう》を望んだが、この地は御家人《ごけにん》である橘《たちばな》（小鹿島《おがしま》）公業《きんなり》の相伝知行の所領で、公業は罪もないのに没収されるのはおかしいと反発した。だが、公経が「知行できなければ、老後の面目《めんぼく》を失う」と嘆願したところ、幕府は公業の知行を没収し公経に与えたという（『吾妻鏡《あづまかがみ》』同年二月二十二日条）。公経が宇和郡の知行を望んだのは、伊予が彼の知行国《ちぎょうこく》だったためと思われるが、それにしても公経の要求によって、簡単に御家人の知行まで否定されるというのは、それだけ彼が幕府に対しても影響力をもつ存在であったことを物語るものだろう。

●陰の黒幕から表の実力者へ

ただ、一方で承久の乱後、朝廷における幕府との交渉の窓口は、表向きには関白近衛家実・兼経《かねつね》父子や関白九条道家といった朝廷の最高指導者が担うようになっていた［本郷一九九五・久保木二〇一七］。天皇家と外戚関係を結んだのも、あくまで道家であって、公経は道家の後見役として、黒子に徹していたことは注意すべきだろう。嘉禎四年、将軍頼経が上洛すると、道家は前関白家実とともに頼経の一行を桟敷《さじき》で見物したが、この桟敷を用意したのは公経であった（『玉蘂《ぎょくずい》』同年二月十七日条）。このことは、道家の引き立て役としての公経の位置づけを象徴しているように思われる。このままであったなら、西園寺家は朝廷ではその後も院近臣の筆頭くらいの位置づけに過ぎなかっただろう。

しかし、この後生じた道家政権のつまずきが、一転して公経と西園寺家を表舞台へと引っ張り出すことになる。仁治《にんじ》三年（一二四二）、四条天皇が急死すると、道家は順徳上皇の皇子である忠成王《ただなりおう》を皇位に即《つ》けようとした。順徳の中宮だった立子《りっし》を姉にもつ道家は順徳にシンパシーをもち、以前から順徳の帰京を働きかけていたのである。だが、順徳は後鳥羽の後継者として挙兵に積極的に関与していたため、幕府は順徳の帰京に否定的で、結局土御門上皇の皇子である邦仁王《くにひとおう》が即位して後嵯峨《ごさが》天皇となった。

こうして道家は天皇外戚の座から転落したが、後嵯峨が即位すると、公経は長男実氏の娘姞子を入内させて新たな皇統との結合に成功した。姞子は公経の冷泉富小路殿《れいぜいとみのこうじどの》から入内しており、この入内は公経が幕府の許可のもと、主導したものだったと考えられる。このとき、公経は「諸事思うが如きの人」と評された（『故一品記《こいっぽんき》』仁治三年六月三日条）。ここに西園寺家は、九条家を表に立てての政界の黒幕という立場を脱し、自ら天皇家と関係を結んで一挙に朝廷政治の中央に躍り出たのである。

寛元《かんげん》二年（一二四四）八月二十九日、公経は赤痢《せきり》のため七十四歳で没したが、それから一年半後の寛元四年正月、姞子の産んだ久仁《ひさひと》が即位して後深草《ごふかくさ》天皇となったことで、西園寺家は天皇の外戚となった。そして、この年十月十三日、実氏は初めて関東申次に任じられた。関東申次に相当する幕府との交渉役は、前述のように承久の乱後、朝廷の最高指導者がその任に当たり、あくまで公経は後見として黒子に徹してきた。だが、ここに実氏は初めて正式に交渉役を任されたのであり、このことは西園寺家が名実ともに朝廷の最高指導者として認められたことを意味するものでもあったといえよう。

（樋口健太郎）

【参考文献】

上横手雅敬「幕府と京都」（『鎌倉時代政治史研究』吉川弘文館、一九九一年、初出一九七一年）
上横手雅敬「西園寺公経」（『鎌倉時代―その光と影』吉川弘文館、一九九四年、初出一九七四年）
久保木圭一「関東申次の成立」（『伝奏と呼ばれた人々―公武交渉人の七百年史―』ミネルヴァ書房、二〇一七年）
坂井孝一『源実朝―「東国の王権」を夢見た将軍―』（講談社、二〇一四年）
坂井孝一『承久の乱―真の「武者の世」を告げる大乱―』（中央公論新社、二〇一八年）
白根靖大「承久の乱の歴史的意義―公家社会側の立場から―」（『中世の王朝社会と院政』吉川弘文館、二〇〇〇

年、初出一九九八年）
曽我部愛「嘉禄～寛喜年間の神護寺復興事業と後高倉王家」（『中世王家の政治と構造』同成社、二〇二一年、初出二〇一五年）
細川重雄「関東申次成立前史」（『伝奏と呼ばれた人々―公武交渉人の七百年史―』ミネルヴァ書房、二〇一七年）
本郷和人『中世朝廷訴訟の研究』（東京大学出版会、一九九五年）
山岡瞳「西園寺公経―当世の重臣、比肩すべき人無し、諸事思うが如きなり―」（平雅行編『公武権力の変容と仏教界』清文堂出版、二〇一四年）
龍肅「西園寺家の興隆とその財力」（『鎌倉時代』春秋社、一九五七年）

4　源通親—公武協調の礎を築いた御乳父—

●通親は反幕府か？

源通親《みなもとのみちちか》は、建久《けんきゅう》七年（一一九六）十一月に関白九条兼実《かんぱくくじょうかねざね》を罷免させた「建久七年の政変」で知られる。この政変によって、通親は公家政権の主導権を握り、建仁《けんにん》二年（一二〇二）に急死する直前まで、その座にあったとされている。兼実が源頼朝《よりとも》の推挙によって摂関に就き、その後も提携していたことから、兼実の政敵である通親は、反幕的立場の政治家と見なされやすい。だが実際には、以下に述べるように、そのような評価は当たらないであろう。

通親が政権首班となった期間は、わずか七年と短い。だがこの期間は、建久九年に後鳥羽院《ごとばいん》による院政が始まったように、ちょうど後鳥羽院が政務を執りはじめた時期にあたっている。当時、後鳥羽はまだ十九歳（以下、年齢はいずれも数え年）であった。治天《ちてん》の君として確固たる地位を築けるかどうかは、まだ明確ではなかったであろう。また鎌倉においても、建久十年（一一九九）正月に源頼朝が没すると、嫡男頼家《よりいえ》を中心とした集団指導体制へと移行し、そのなかで梶原景時《かじわらかげとき》が追放・討滅されるように、こちらも体制が確立できていない。このように、通親が首班となっていた期間は、京・鎌倉がともに不安定で、国内情勢が大きく動きかねない時期であった。

通親については、橋本義彦氏による詳細な評伝がある［橋本一九九二］。また、建久七年の政変をはじめとする当該期の朝廷・公武関係の研究では、必ず触れられるといってよい重要人物である［上横手一九七一・杉橋一九七一・佐伯二〇一四］。本稿は、関東における鎌倉幕府成立という事態に対し、京都の上級公卿《くぎょう》であった源通親が、いかなる対応を見せたのかを述べるものであるが、以下では、こうした先行諸研究に学びながら、通親の生涯をたどりつつ、関東との関係に言及してゆくことにしよう。

●内乱終結まで

そもそも源通親とは、どのような人物なのであろうか。

源通親は、数ある源氏のなかでも、村上《むらかみ》天皇から分かれた「村上源氏」に属し、具平親王《ともひらしんのう》を祖としている。賜姓《しせい》されたのは源師房《もろふさ》であるが、師房は藤原道長《ふじわらのみちなが》の婿となり、頼通《よりみち》の養子にもされたことがあるように、この家系は摂関家嫡流との関係が深いことで知られている。師房以降の俊房《としふさ》・顕房《あきふさ》・雅実《まさざね》・雅定《まささだ》・雅通《まさみち》という

【源通親関係系図】

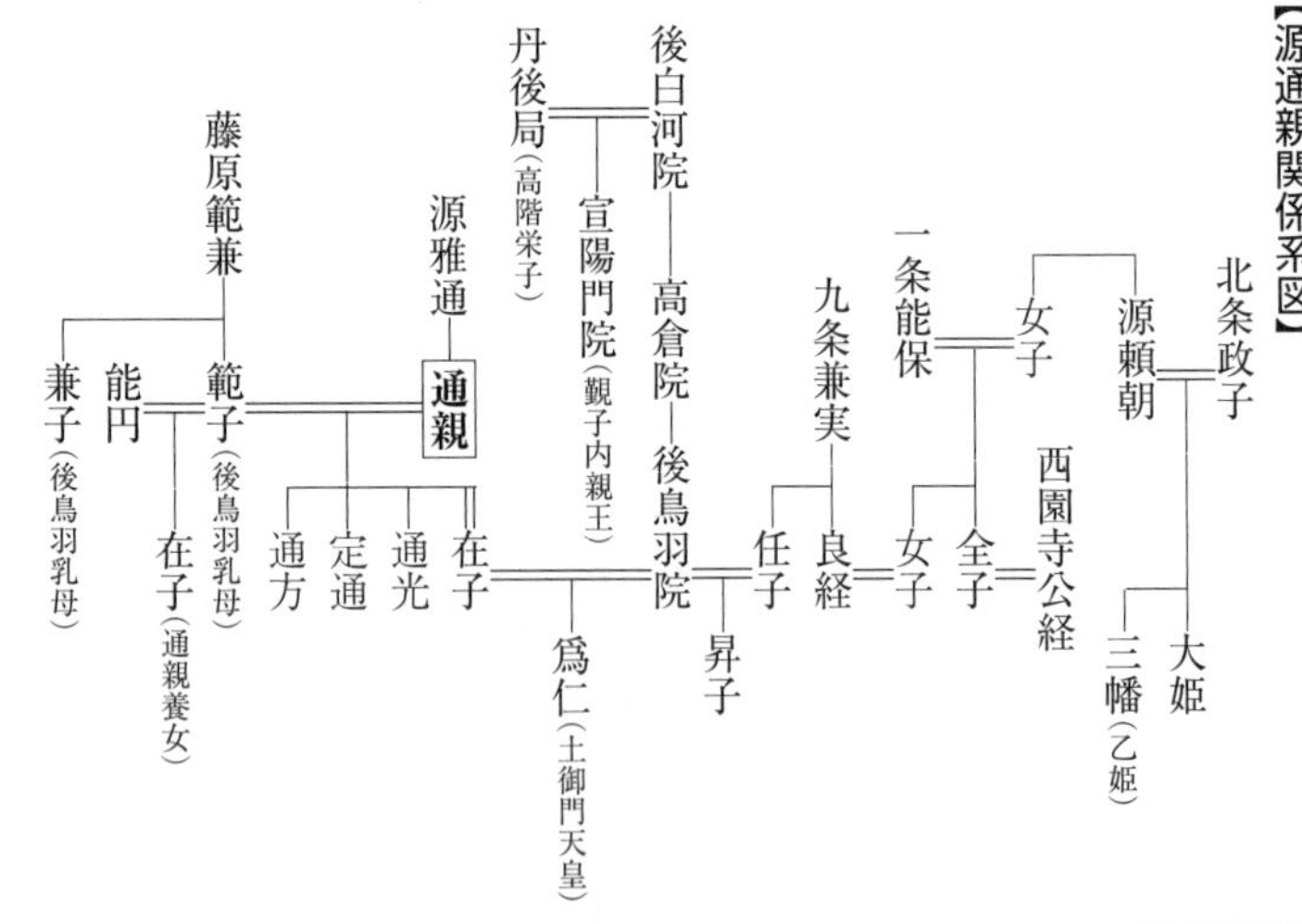

歴代は、いずれも大臣に昇っており、摂関家に次ぐ家格を有す家系であった。

通親は、そうした家系に源雅通の嫡男として生まれ、高倉《たかくら》天皇の近臣として位階《いかい》を進め、親平家派の公卿として昇進してゆく。しかし高倉院の死去、平家の西走といった情勢を受けて後白河《ごしらかわ》院へと接近してゆき、文治《ぶんじ》二年（一一八六）ごろに藤原範子《はんし》（高倉範兼《たかくらのりかね》の娘、刑部卿局《ぎょうぶきょうのつぼね》）を妻に迎えたことによって、大きな変化がもたらされた。範子は、後鳥羽天皇の御乳母《めのと》であったのである。そのため、この婚姻によって通親は、後鳥羽の御乳父《めのと》の地位を得るのである。こうして通親は、後鳥羽天皇に極めて近い立場を獲得し、後宮にも強い影響力をもつこととなった。

内乱が治まると、通親も鎌倉との関係が生じてくるのであるが、そこでは、この御乳父という立場が、大きな影響を及ぼしているのである。

●後白河院政をささえて

源通親と鎌倉との関係が生じたのは、文治元年（一一八五）十二月であろうか。このとき通親は、頼朝によって議奏《ぎそう》公卿の一人に指名され、知行国《ちぎょうこく》として因幡国《いなばのくに》（鳥取県西部）を与えられた。そして九条兼実への内覧宣下《ないらんせんげ》（文治元年十二月）・摂政宣下（文治二年三月）で上卿《しょうけい》（責任者）をつとめるなど、頼朝・兼実と親和的な立場を取る。

これらは、後白河院政をささえる立場を反映したものといえよう。後鳥羽はまだ幼いため、後白河院政が続くことは避けられない。ちょうどこのころから通親は、御乳父として活動するが、後鳥羽が成長するまでの間、治世が平穏に続くよう、後白河院政に協力する必要があったのである。後白河院院庁別当《べっとう》、左衛門督《さえもんのかみ》・検非違使《けびいし》別当をつとめ、建久元年（一一九〇）十一月の源頼朝任右近大将宣下《にんうこんたいしょうせんげ》でも上卿をつとめるなど、重要なポイントでは通親が上卿をつとめている。建久二年四月に覲子《きんし》内親王（後白河院の皇女）へ宣陽門院《せんようもんいん》号が宣下されると、女院庁の執事別当とされたのも、そうした流れのなかでは自然なものといえよう。

通親は、後鳥羽天皇の御乳父として、平穏な治世を願い、院・兼実・頼朝という三者による政権を支えたのである。

●大姫入内構想と大江広元

通親の立場に変化をもたらしたのは、後白河の死去であった。

文治六年（一一九〇）正月、後鳥羽天皇が十一歳で元服《げんぷく》すると、摂政兼実の娘である任子《にんし》（一八歳）が入内《じゅだい》し、四月には中宮《ちゅうぐう》とされる。

建久三年（一一九二）三月に後白河院が亡くなると、鎌倉の頼朝に支持される関白兼実の発言力が増大する。しかし後鳥羽天皇の成長をみた通親は、兼実との対立を選択する。しかし兼実と結ぶ頼朝とまでも敵対するわけにはいかないため、兼実と頼朝との関係を悪化させる必要があった。そしてそのために有効だったのが、頼朝の大姫《おおひめ》入内構想なのである［上横手一九七一・杉橋一九七一］。

頼朝が長女大姫を後鳥羽天皇のもとへ入内させようとしていたことは広く知られているが、兼実は、そうした頼朝の活動を快く思っていなかった。兼実は、すでに娘の任子を後鳥羽天皇の中宮としているからであう。仮に大姫が皇子を産んだとすれば、次期天皇の有力候補となることは間違いない。それゆえ大姫入内構想は、兼実と頼朝との間に亀裂を生じさせる問題なのである。一方の通親も、養女・在子《ざいし》を後宮へ送り込んでいた。だがこちらは、頼朝に協力的な立場をとったのだろう。結果としては、入内に非協力的な兼実を頼朝が見限り、その失脚を黙認したと考えられている。

こうした交渉を担当した鎌倉側の人物には、通親とも親密な大江広元《おおえのひろもと》が想定されている。広元は、鎌倉幕府で公文所《くもんじょ》別当（後に政所《まんどころ》別当）とされた有力御家人である。実際、広元は建久元年から二年にかけて、ほぼ在京していると考えられており、大姫入内に関する折衝はその間になされたと推測されよう。他にも、建久二年四月に広元が左衛門大尉・検非違使《けびいし》・明法博士《みょうぼうはかせ》に任じられたのも、入内交渉を成し遂げた広元に対する、通親の計らいであったと考えられている［杉橋一九七一］。

通親は、広元による大姫入内交渉に対し、それを支持した。しかし養女の在子を後宮に入れていたため、大姫が入内して皇子を産めば、次期天皇の外戚《がいせき》を争うことになる点は、兼実と等しい。それでも通親が大姫入内を支持したのは、やはりそうしてまでも頼朝・兼実の関係を悪化させ、兼実を失脚させたかったからであろう。通親にとって兼実は、眼前の障害である。その排除を最優先とし、以外には目をつぶったのではなかろうか。もちろん、大姫が皇子を産むかどうかはわからず、たとえ生まれた皇子が皇位についたとしても、その大姫入内に深く関わった通親が無下にされるとは考えがたい。

もちろん通親にとってもっとも望ましいのは、在子の産んだ皇子が皇位につくことであり、そしてその対極は、兼実の外戚化に違いない。大姫入内は、前者に悪影響を与えるものではある反面、後者の可能性をより大きく下げる策であった。通親は、最悪のパターンとなることを避けるために、大姫入内構想を支持したのであろう。

これ以後、通親は広元を通じて有力御家人、特に梶原景時とつながっていた。後に景時は鎌倉を追われて滅亡するが、広元は有力御家人の一人として残りつづける。広元の子・親広《ちかひろ》は、一時、通親の養子とされたほど、二人は近い関係であった。

●頼朝の上洛と政変

大姫入内は合意に達したとされるものの、結局、大姫の病のため延期された。そして頼朝は、建久六年（一一九五）三〜六月に上洛すると、源通親や丹後局《たんごのつぼね》（宣陽門院の母）のもとへ先に参り、砂金三〇〇両などの豪華な手土産を渡し、政子・大姫とも対面させる。入内をめざす上は、後宮に強い影響力をもっているこの両者に接近しようとするのは、当然であった。反面、これまで手を結んできた兼実に対しては疎遠にふるまったことは、よく指摘されるとおりである［上横手一九七一］。

ここで念頭に置いておきたいのは、当時の任子・在子の状況である。この年の八月、任子は皇女を産んでいる。頼朝が上洛した三月には、任子の妊娠も判明しており、兼実は大規模な祈禱を催して、皇子誕生を願っていた。頼朝もその事実を把握していたに違いない。対する在子は、十二月に皇子を産んでいる（十一月とする史料もあるが、「本朝皇胤招運録《ほんちょうこういんじょううんろく》」にしたがう）。それゆえ在子の妊娠は、頼朝上洛当時は判明しておらず、明らかとなったのは恐らく頼朝の在京中の末期（または帰東後）ではないだろうか。通親は、在子懐妊を頼朝に知られず、それゆえに良好な関係も維持できたのではないだろうか。

在子が産んだ皇子は、通親が養育した。そのためか、十一月十日、通親は権大納言《ごんだいなごん》へ進められている。そして建久七年十一月二十四日、中宮任子が内裏を退出させられ、翌日には兼実が関白を罷免される。兼実に代わって政権の座をめざす通親と、大姫入内をめざす頼朝の意向が合致し、兼実が政治的に孤立。そうして政変となったのであった［上横手一九七一・橋本一九九二］。鎌倉との関係に着目するならば、兼実失脚はこうしたストーリーで語られよう。

しかし兼実の失脚には、後鳥羽天皇の意図も考慮する必要が指摘されている。建久七年当時、後鳥羽は十七歳になっており、充分に親政が期待できる年齢になっていたし、後鳥羽自身も政治への意欲を強めていた［五味二〇一二］。そうすると目前の障壁は関白兼実に違いない。それゆえ通親は、後鳥羽天皇の親政を実現すべく、邪魔となる兼実を排除した「実行犯」ではなかったか、というものである［佐伯二〇一四］。さらに兼実自身も、後鳥羽から疎まれる行動をとっていたことが指摘されている［上横手二〇〇二］。兼実の排除は、後鳥羽の意向にも違わなかったのである。こちらの理解をとるならば、兼実失脚は公家政権内部の争いとして理解されよう。そこに鎌倉の直接的な影響は少なく、関白兼実を失脚させるために、大姫入内構想が利用されたといえようか。

建久七年の政変における頼朝の影響の大小により、解釈に差が生まれるが、通親は一貫して王権護持をめざしたという点は、違いがないだろう。頼朝の意図とは関係なく、通親は後鳥羽の御乳父なのである。

結局、この頼朝入内計画は、大姫が建久八年七月に亡くなり、続いて妹・乙姫《おとひめ》（三幡《さんまん》）を入内させる計画が進められたものの、頼朝自身の死去により実現には至らなかった。

●為仁の践祚

政変によって九条兼実が失脚した後は、源通親が政権のトップに立った。だがこれは、後鳥羽院政確立へ向けたスタートと理解するほうがよいだろう。政変から約一年強たった建久九年（一一九八）正月、後鳥羽は為仁《ためひと》へ譲位する。これによって通親は、外祖父の立場を得るとともに、後院《ごいん》別当とされた。「世《よ》に源博陸《げんはくろく》と称す」と兼実が記したのは、この時のことである（『玉葉《ぎょくよう》』同年正月七日条）。とはいえこれは、兼実がもっとも欲しかった外祖父という地位を、通親が得たことに対する嫉妬の言葉ではなかっただろうか。『玉葉』をはじめとする九条家関係者の通親評には、通親を敵視する九条家側の価値観が込められていることを忘れてはならない［橋本一九九二］。

ただしこの譲位に対し、頼朝は難色を示していた。というのも、為仁はまだ四歳（満二歳）と幼いうえ、践祚《せんそ》直前まで皇太子にも立てられていなかった。そうした状況だけでない。むしろ頼朝にとって重要だったのは、前述のように大姫没後も乙姫（三幡）の入内構想を立てていたことであろう。幼い為仁へ譲位されれば入内構想は当面、中止せざるをえない。そのため頼朝は、後鳥羽の兄である守貞《もりさだ》親王・惟明《これあき》親王への譲位を望んでいたという［塩原二〇一二］。しかし通親が、守貞・惟明への譲位を認めるわけがない［美川二〇一四］。通親は、大姫入内構想では力を貸したが、頼朝のこうした意向には目もくれず、為仁を践祚させた。通親が、頼朝をどのように見ていたかが、伺えるのではないだろうか。

●頼朝の死去

建久十年（一一九九）正月、源頼朝は十一日に出家、十三日に死去した。『猪熊関白記《いのくまかんぱくき》』・『明月記《めいげつき》』によると、頼朝の出家は十八日に、その死は二十日に京都へ伝わってきている。とはいえ十八日には、すでに「早世《そうせい》」とも噂されており、重篤であったことも判明していた。それゆえ通親は、素早く除目《じもく》（人事異動）を実行することを決し、正月の春除目《はるのじもく》以前という違例の対処を行なったのである。二十日の除目で通親は、自らを右近大将に任じるとともに、頼朝の嫡男頼家《よりいえ》を左近中将《さこんちゅうじょう》へ進めた。頼朝の死を知ってしまえば、頼家を服喪中とせねばならず、頼家の任中将も除服まで延期せねばならない。それは関東における権力空白を招きかねないため、頼朝の訃報が届く前に（知ってしまったとしても聞いていないことにして）除目を行なったのである。すべては、幕府組織が円滑に源頼家へ継承されていくことを望んでいたがゆえと考えられよう［川合二〇一三］。

それだけではない。当時、頼家は正五位下《しょうごいのげ》であったから、任中将によって「五位中将」となった。貴族社会でこれは、摂関家にのみ許された特別な扱いである［元木一九九七］。通親は、頼家を摂関家並の家格をもつ人物として扱ったことがわかる。

また二十五日には、「故頼朝卿家人、右近中将頼家に随い、諸国守護を奉仕すべし」（故頼朝の家人は、右近中将頼家にしたがって、諸国守護をつとめよ）という旨の宣旨《せんじ》が下されている（『百練抄《ひゃくれんしょう》』）。頼朝後継者としての地位を頼家に認め、幕府権力に空白が生じないようにしているのである。なおこの宣旨について、幕府側から働きかけた形跡は見当たらない。とはいえ、朝廷側の独断により、後継者を頼家と決めつけることも難しいのではなかろうか。何らかの連絡・交渉が存在したと思われるが、明確ではない。この後、頼家は、翌年正月に院御給《みきゅう》によって従四位上《じゅしいのじょう》とされ、同年十月に従三位《じゅさんみ》（非参議）へ昇る。こうした関東との協調関係は、通親が亡くなって後、後鳥羽院政下まで継続することになる。

●三左衛門事件

頼朝没後、京都では大きな騒動が生じている。いわゆる「三左衛門事件《さんざえもんじけん》」である。

この事件の経緯は、『明月記』などによると次のようである。まず正月二十二日、通親が院御所に籠って帰ろうとしないことが記され、しばらくその状態が続き、「院中の警固、軍陣のごとしと云々《うんぬん》」（二十八日）とまで記される。二月九日に源隆保《たかやす》が武士を集めたことで騒ぎが大きくなるが、十二日には鎌倉へ遣わした使者が京都に戻ってきた。これで通親への支持が確認されたのであろう。十四日には後藤基清《ごとうもときよ》・中原政経《なかはらのまさつね》・小野義成《おののよしなり》の三名が捕えられ、有力な在京御家人であった大内惟義《おおうちこれよし》へと引き渡された。この三名がいずれも左衛門尉《さえもんのじょう》であったことが、事件の名の由来である。さらに十七日には、隆保と西園寺公経《さいおんじきんつね》・藤原保家《やすいえ》の三名が出仕を停止される。こうして事態は収束した。

隆保・公経・保家は、いずれも一条能保《いちじょうよしやす》と関係の深い者であるが、能保は建久八年十月に、その嫡男・高能《たかよし》も建久九年九月に亡くなっていた。また捕らわれた三名も、一条家にしたがっていた人物である。こうした関係から、この事件は、没落寸前であった一条家の関係者が、通親へ危害を加えることが想定され、生じたという。頼朝没後の混乱のなかで、一条家側の動きを利用して、通親が親幕勢力を一掃したとも評される［上横手一九七一・塩原二〇一六］。

しかしこの事件では、神護寺《じんごじ》再興運動で知られる文覚《もんがく》も処分されている。しかも佐渡《さど》国（新潟県佐渡市）への流罪という重い処分を、真っ先に受けていることから、別の理解も呈されている。つまり文覚は、頼朝の死に乗じて、後鳥羽の兄である守貞親王の擁立を謀ったのである。そしてそれが露見したため、処分されたと考えられている。その捜査は、守貞に近い一条家の人々にも及び、いわば一条家の人々は巻き込まれたというのである［曽我部二〇一五］。そうであれば通親は、親幕勢力を一掃したわけではなく、後鳥羽の地位を脅かしかねない守貞派を一掃したということになるだろう。

●目標は家格の維持

源通親は、正治《しょうじ》元年（一一九九）六月に内大臣《ないだいじん》となる。後鳥羽院の近衛《このえ》・九条両家を登用するという方針のもと［美川二〇一四］、摂関家に次ぐ地位を保持したのである。正治二年正月には、鎌倉を追われた梶原景時が、上洛途中の駿河《するが》国（静岡県）で討ち滅ぼされたが、前述のように景時は、大江広元を通じて、通親と縁故を有していた。上洛は、通親を頼ったものともされるが、この混乱に通親が積極的に関わった証左はない。景時滅亡後も、大江広元は有力御家人の一人として健在であったため、通親の立場にも影響は及んでいないようだ。四月に守成《もりひら》親王（後鳥羽院の皇子）が皇太子に立てられると、通親は東宮傅《とうぐうふ》を兼ねており、その権勢はさらに続くかと思われた。しかし建仁二年（一二〇二）十月、急死する。

源通親については、後鳥羽院がまだ若かったころに権勢を築き、九条兼実を失脚させた反幕府的な人物として描かれることが多いだろう。その後、建久七年の政変によって権勢を誇るが、後鳥羽院の成長によって勢力を失ってゆき、外孫の為仁を帝位につけ、大臣就任までは果たしたものの、急死してしまう。こうした生涯として認識されていよう。

ではそこで、通親が公武交渉に果たした役割は、どのようなものだったのだろうか。それを考えるにあたって重要なのは、通親本人の関心事であるが、それは恐らく、自らの家系の家格維持であり、大臣就任ではなかっただろうか［佐伯二〇一四］。鎌倉幕府がどうなるかという価値判断ではなく、自らの目標に向けてプラスとなるのか否か、という選択肢であっただろう。建久七年の政変も、その後の幕府との協調関係も、幕府をどうするという目論見が明確にあったわけではなく、九条兼実を罷免することが、幕府の安定した存在が、通親一家の家格維持につながっていたためなのである。

いまだ出発したばかりの幕府が、その後にどのような存在へと成長するのか、通親は知らない。大臣家としての家格維持を目指す通親は、利用できる存在であったからこそ、幕府との協調関係を築いたにすぎないのかもしれない。

それでも幕府にとっては、通親の果たした役割は大きなものがある。通親の没後、後鳥羽院が主導して公武協調の時代が続くが、通親はその礎を築いたといってよいだろう。

（井上幸治）

【参考文献】

上横手雅敬「幕府と京都」（『鎌倉時代政治史研究』吉川弘文館、一九九一年、初出一九七一年）
上横手雅敬「公武関係の展開」（『日本の中世8院政と平氏、鎌倉政権』中央公論新社、二〇〇二年）
川合　康「治承・寿永の内乱と鎌倉幕府の成立」（『岩波講座日本歴史第6巻中世1』岩波書店、二〇一三年）
五味文彦『後鳥羽上皇　新古今集はなにを語るか』（角川学芸出版、二〇一二年）
佐伯智広「源通親　権力者に仕え続けた男の虚像」（野口実編『中世の人物　京・鎌倉の時代編　第二巻　治承～文治の内乱と鎌倉幕府の成立』清文堂、二〇一四年）
塩原　宏「三左衛門事件と一条家」（『立命館文学』六二四号、二〇一二年）
杉橋隆夫「鎌倉初期の公武関係」（『史林』五四巻六号、一九七一年）
曽我部愛「嘉禄～寛喜年間の神護寺復興事業と後高倉王家」（『中世王家の政治と構造』同成社、二〇二一年。初出は二〇一五年）
橋本義彦『人物叢書　源通親』（吉川弘文館、一九九二年）
美川　圭「後鳥羽院　万能の君の陥穽」（平雅行編『中世の人物　京・鎌倉の時代編　第三巻　公武権力の変容と仏教界』清文堂、二〇一四年）
元木泰雄「五位中将考」（大山喬平教授退官記念会編『日本国家の史的特質　古代・中世』思文閣出版、一九九七年）

5　治部卿局——平氏の栄枯盛衰を見つめた女性——

●〝地獄〟からの生還

元暦《げんりゃく》二年（一一八五）三月二十四日の申の刻（午後四時頃）、長門国《ながとのくに》（山口県）壇ノ浦《だんのうら》では、源《みなもとの》義経《よしつね》率いる追討軍との合戦に敗れた平氏一門の多くが入水していた（『玉葉《ぎょくよう》』）。一門の男性だけでなく女性たちもが次々に海に飛び込んでいくなか、それをただ眺めている女性がいた。彼女は、義母平《たいらの》時子《ときこ》が安徳《あんとく》天皇や三種神器とともに入水し、夫平知盛《とももり》が「見るべき程の事は見つ（見届けるべきことは見終わった）」と言い放ち鎧二領を着込んで海中に沈んでいくという地獄絵図さながらの光景を眼前にしながらも、自身は決して入水せず、養君《やしないぎみ》の少年を必死にその腕に抱えていた。

この女性こそ、本稿の主人公である平知盛の妻治部卿局《じぶきょうのつぼね》であり、彼女が守った少年こそ、安徳の異母弟にあたる守貞《もりさだ》親王、のちの後高倉院《ごたかくらいん》であった。平氏一門の都落ちに同行し、壮絶な平氏滅亡の有様を目の当たりにしながらも、逞しく生き延びて宮仕えに復帰し、やがてその養君が「治天《ちてん》の君」となる姿を見届ける幸運に恵まれた彼女は、どのような女性だったのだろうか。

●治部卿局の出自

治部卿局について記した確かな史料は少ない。唯一ともいえる同時代史料は、藤原定家《ふじわらのさだいえ》の日記『明月記《めいげつき》』に記された彼女の晩年についてである。『明月記』によると治部卿局は寛喜《かんぎ》三年（一二三一）

九月に八十歳で没していることから、逆算すれば仁平《にんぴょう》二年（一一五二）頃の生まれとなる。

彼女の前半生は判然としない。定家は「昔、八条准后《はちじょうじゅごう》家に南御方〈執権〉と称し、知盛卿愛して妻と為す」（昔、八条准后家に南御方《みなみのおんかた》という名で仕えており、そこで知盛卿に見初められ妻となった）としている。「八条准后」なる人物は、鳥羽《とば》院皇女の八条院暲子《しょうし》内親王の可能性もあるが、のちの知盛との婚姻を考慮すれば、やはり平清盛《きよもり》正室の従二位《じゅにい》時子とするほうが適当だろう。

さらに「南御方」という呼称は、治部卿局の出自の高さをうかがわせる。当時、「〜御方」といった敬称で呼ばれていた女房は大臣クラスの娘であり、具体的に平清盛と縁が深い内大臣（のち太政大臣）花山《かざん》院忠雅《ただまさ》の娘だとする指摘もある［角田一九八一］。しかし確かな史料は存在せず、現時点では身分の高い貴族の娘と想定するにとどめておきたい。

●平氏一門の妻として

ここで知盛の平氏一門内での立ち位置を確認しておこう。平清盛の後継者が、長男の重盛《しげもり》であったことは周知の事実だろう。重盛と次男基盛《もともり》の母は、清盛の最初の妻である高階基章《たかしなのもとあき》の娘である。これに対し、重盛母の死後に正妻となった平時信《ときのぶ》の娘時子が生んだのが、三男宗盛《むねもり》・四男知盛・五男重衡《しげひら》・徳子《とくこ》（建礼門院《けんれいもんいん》）らである。しかし重盛は治承《じしょう》三年（一一七九）に清盛に先立ち四十二歳で没してしまう。

そこで後継者となったのが、時子所生の宗盛である。すでに、応保《おうほ》元年（一一六一）には時子の妹滋子《しげこ》（建春門院《けんしゅんもんいん》）が後白河《ごしらかわ》院の寵愛を受けて高倉《たかくら》天皇を生んでおり、承安《じょうあん》二年（一一七二）にはその高倉天皇に時子の娘徳子が入内していた。いとこ同士のこの婚姻により、治承二年十一月に誕生したのが安徳天皇である。したがって重盛の生前からすでに、一門内での時子の影響力は大きかったことは想像に難くない。

さらに、一門内では清盛の異母弟頼盛《よりもり》も、父忠盛の正妻宗子《むねこ》（池禅尼《いけのぜんに》）の唯一の子として独自の立場を保っていた。その背景として、頼盛が八条院と密接な関係にあったことが指摘されている。

すなわち平氏一門の内部は、時子所生の宗盛・知盛らが主流派を占め、重盛の子息達の小松《こまつ》家や頼盛の池殿《いけどの》家が非主流派として存在する構造であり、『平家物語《へいけものがたり》』が描くような一枚岩の集団では決してなかった。

【治部卿局関係系図】

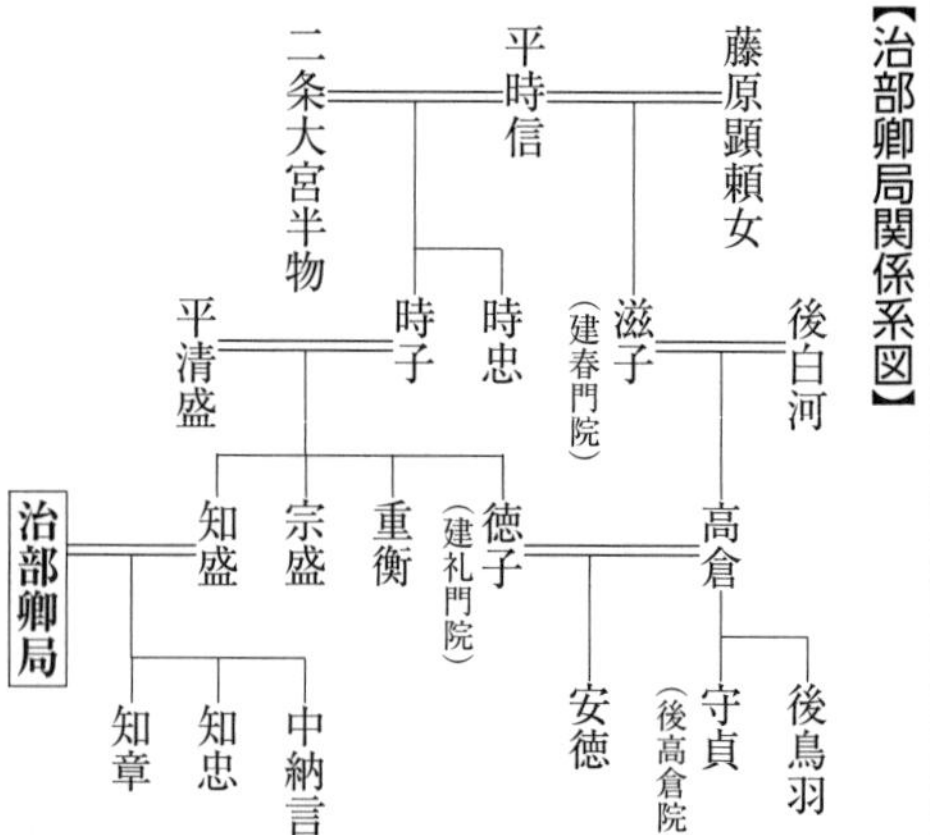

このように一門内で主流派の立場にあった知盛の妻となった治部卿局であるが、『明月記』寛喜二年五月十三日条によれば、彼女は知盛との婚姻後に「治部卿局」と名を変え、高倉天皇の典侍《ないしのすけ》である七条院藤原殖子《しちじょういんふじわらのしょくし》に仕え、その所生の守貞親王の乳母《めのと》となったという。

七条院は坊門信隆《ぼうもんのぶたか》の娘で、もともと徳子に仕えていたが、高倉天皇の寵愛を受け、守貞、尊成《たかなり》（後鳥羽《ごとば》）を産んだ女性である。殖子が高倉の第二皇子守貞を産んだのが治承三年（一一七九）二月、第四皇子尊成を産んだのが翌四年七月である。

守貞の誕生時、治部卿局は二十八歳だった。この間、彼女は仁安《にんあん》三年（一一六八）頃に知章《ともあき》を出産している。知盛との間には、この他にも養和《ようわ》元年（一一八一）に知忠《ともただ》、寿永《じゅえい》二年（一一八三）に女子（中納言局）が誕生している（『平家物語』『明月記』）。なお、『吾妻鏡《あづまかがみ》』や『尊卑分脈《そんぴぶんみゃく》』には知盛の子として、他に増盛《ぞうせい》と知宗《ともむね》の二人がみえるが、彼らの生母は治部卿局ではないようである。

『明月記』は「治部卿局」として殖子に仕えるうちに、殖子が守貞を産んだように記すが、守貞の誕生にあたって乳母として選ばれたというのが実態だろう。なぜなら、皇子を養育する乳母となることが、平氏一門の妻に求められた役割だったからである。

例えば安徳天皇の場合、その乳母として平時忠《ときただ》の妻藤原領子《りょうし》、重衡の妻藤原輔子《すけこ》（藤原邦綱《くにつな》の娘）のほか、当初乳母になることが予定されていた宗盛の妻平清子《せいし》（時子の妹。安徳誕生以前に死去）など、平氏一門の近親女性が選ばれている［栗山二〇一八］。徳子が産んだ安徳を、一門の女性達が乳母として養育していたことになる。

乳母というと、授乳というイメージがあるが、実際に授乳にあたるのは「御乳人《おちのひと》」と呼ばれる別の女性である。したがって当該期の乳母の役割は、養君と同宿し、日々の養育を行うことにある。さらに乳母だけでなく、乳母の近親男性（夫・父・兄弟・子息）も乳父《めのと》として、同じく養君の養育にあたった［秋山一九八九・九〇］。

こうした慣習のなかで、守貞についても知盛と治部卿局夫妻が乳父・乳母として、彼を自邸に引き取り養育したのだろう。さらに『平家物語』では、同じく殖子が産んだ尊成についても、時子の異父弟である能円《のうえん》・高倉範子《はんし》夫妻の養君となっていたことがみえる。そしてそれらを指示したのは時子であったという。

このように、平氏一門は徳子が産んだ安徳天皇だけでなく、殖子が産んだ皇子たちにも一門の女性を乳母として配することで、次代の天皇乳父・乳母としての政治的地位の維持を図ろうとしたのである。

そしてその役割を担ったがために、治部卿局は都落ちに際して安徳の皇太子的立場にある守貞を伴ったのである。この時、同じく尊成についても能円夫妻とともに都落ちに同行する手筈であったことが『平家物語』に描かれている。しかし偶然により尊成は乳母範子とともに都にとどまることになり、結果として後鳥羽天皇として即位することになったのである。

●壇ノ浦合戦後の日々

元暦二年（一一八五）四月、治部卿局と守貞は都に戻った。約二年ぶりの帰洛であった。九条兼実《くじょうかねざね》の日記『玉葉』によれば、神器と平氏一門の敗残者を率いた源義経の一行は、四月十九日には摂津国《せっつ》渡辺津（大阪市北区・中央区）に到着し、まず神鏡と神璽が二十五日に入洛した。翌二十六日に、壇ノ浦で捕虜となった宗盛・清宗《きよむね》父子や時忠ら平氏の将たちが、つづいて二十七日に、建礼門院徳子や守貞、女房ら数十人が入洛した。

すでに徳子の処遇については、「古来、女房の罪科は聞かざる事なり、しかるべき片山里の辺りに座さるべきか（古来より女性の罪科は不問のことであるので、適当な片山里にいらしていただくのがよいのではないか）」とされていた。そのため、徳子らが罪に問われることはなく、吉田経房《よしだつねふさ》の日記『吉記《きっき》』によれば、徳子は同年五月一日に大原来迎院《らいごういん》の本成房を戒師として出家を遂げている。

それでは治部卿局と守貞は、都に戻った後、どのような生活を送ったのだろうか。

まず守貞の処遇からみていこう。帰洛時に七歳だった守貞について、『愚管抄《ぐかんしょう》』巻第五は「二ノ宮もとられさせ給ひて、上西門院に養はれておはしけり」と記し、守貞が上西門院統子内親王《じょうさいもんいんとうし》の猶子となったとしている。上西門院は後白河の同母姉であり、この猶子関係の設定に後白河の意向を読み取ることができるだろう。

しかしそれ以上に、猶子関係の設定に尽力したと考えられるのが、守貞のもうひとりの乳母持明院宰相局《じみょういんさいしょうのつぼね》である。宰相局は平頼盛の娘であり、かつ夫持明院基家《もといえ》の母は鳥羽皇后待賢門院《たいけんもんいん》藤原璋子《しょうし》に仕えた女房で、その所生の皇女上西門院の乳母であった（『尊卑分脈』）。つまり基家は、上西門院と乳兄弟ということになる。さらに、基家の姉妹にあたる女性は坊門信隆と結婚し、七条院殖子を産んでいる。基家からみると守貞は姪の

【宰相局関係系図】

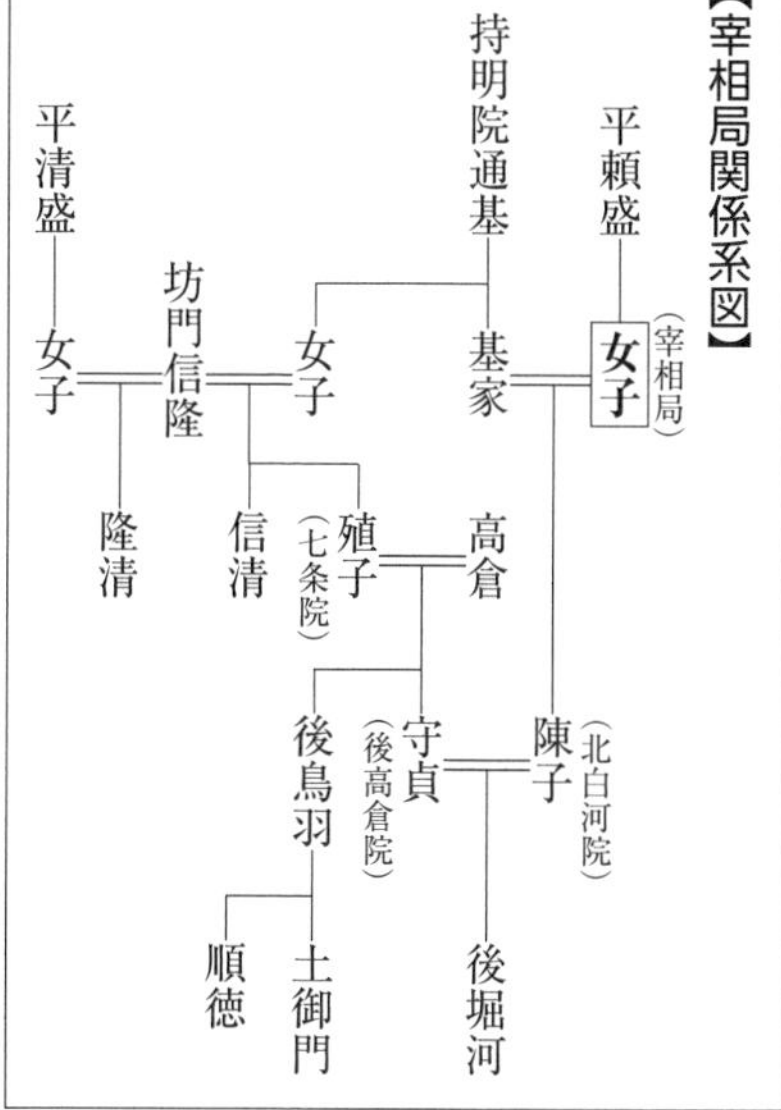

子供ということになる。

こうした乳母・乳父の関係から上西門院の猶子という立場を得た守貞は、上西門院の庇護のもと、持明院家で養育されることになったと考えられる［曽我部二〇〇九］。

このように守貞には、知盛・治部卿局夫妻の他に、平頼盛の娘である宰相局・基家夫妻が乳母・乳父と設定されていたのであり、平氏一門の周到な配慮がうかがえるだろう。

一方の治部卿局はどうであっただろうか。残念ながら、帰洛後の彼女の動向を伝える史料は乏しい。そのなかで注目されるのは、権大納言四条隆房《しじょうたかふさ》とその妻の存在である。

隆房の妻は清盛の娘で、徳子の同母妹にあたる。こうした関係から、隆房夫妻が徳子を含めた帰洛後の平氏の女性たちを支援したといわれている［角田一九八一］。

たしかに、後年ではあるが、隆房夫妻の子隆衡《たかひら》は、治部卿局を自邸四条大宮邸に住まわせており、それゆえに治部卿局は候名《さぶらいな》を「四条局」としていることが史料から確認される。さらに、寿永二年（一一八三）に誕生していた治部卿局の娘は、成長して中納言局と呼ばれるようになるが、その中納言局の娘と隆衡の息子隆親《たかちか》が結婚するなど［日下一九九五］、治部卿局と四条家の関係が深いことは間違いないだろう。

清盛には隆房の妻や徳子以外に、坊門信隆の妻（七条院母とは別人）、花山院兼雅《かねまさ》の妻、関白藤原基実《もとざね》の妻盛子《もりこ》、藤原基通の妻完子《かんし》など多くの娘があったことが知られているが、このうち貴族の妻になっていた者の多くは、完子を除けば、一門の西走に同行せず都に留まった［西野二〇一三］。そして壇ノ浦合戦後も女性ゆえに罪に問われることもなかった。

その姿は、平氏一門の妻となった女性たちの多くが夫とともに平氏の西走に同行し、壇ノ浦の悲劇に立ち会うことになったのとは対照的である。しかしそれゆえに、一門出身の女性たちは、壇ノ浦から帰洛した女性達の受け皿的存在となったのではないだろうか。

●伊賀大夫知忠の死

帰洛後の治部卿局は、守貞の養育を続けながら平穏な日々を過ごしていたようである。守貞は文治《ぶんじ》五年（一一八九）十一月に親王宣下を受け、建久《けんきゅう》二年（一一九一）十二月には元服・加冠の儀式を行い、三品《さんぼん》親王となった（『玉葉』）。

ところが建久七年（一一九六）六月、治部卿局は再び〝地獄〟を目の当たりにすることになる。『明月記』同月二十五日条には、「故知盛卿の子冠者」が法性寺《ほっしょうじ》や清水寺《きよみずでら》の「法師原（身分の低い僧）」などと語らって徒党を組み、「一条《いちじょう》」を襲おうとする計画を立てたものの、それが露見し洛中で追捕されたことが記されている。

「故知盛卿の子冠者」は知忠、「一条」は一条能保《よしやす》を指す。つまり知忠は一条能保を襲撃しようと計画し、露見して誅伐されたのである。この知忠は治部卿局が養和元年（一一八一）に産んだ、知盛の第二子であった。

『明月記』は事件の顛末をこれ以上記していない。一方、『平家物語』諸本はこの事件について雄弁に語っている。延慶本《えんぎょうぼん》『平家物語』巻第十二によって、以下にまとめてみよう。

①法性寺の一の橋辺りに謀反者が城を構え立て籠もっているとの情報を受けて、一条能保の侍である後藤基綱《ごとうもとつな》が兵を率いて追捕《ついぶ》に向かったところ、戦闘となった。兵数の差もあり、城内の者の多くが討死・自害する状況となった。

②謀反者たちの大将軍は故新中納言知盛の子で、三歳で叙爵《じょしゃく》して伊賀大夫《いがのたいふ》知忠と呼ばれた人物である。平氏の都落ち後、紀伊次郎兵衛為範《ためのり》が養君として育てていた。もともとは伊賀国（三重県）の山寺に身を隠していたが、最近になって京に隠れ住み、それを旧平家の侍共が知忠を大将に仕立てて謀反を企てたのである。

③最終的に知忠は自害し、乳父の為範も同じく自害した。

④首実検にあたって、知忠の顔を知る人がいなかったため、知忠の母で「治部卿殿という名で七条院に祗候している女房」を呼び寄せ、「これは知忠の首か」と尋ねた。

⑤首を見た治部卿局は、「七歳の時に為範に預けて、知盛とともに都落ちして以来、生死不明で行方も知らなかった。まして会うことなど思いも寄らなかった。たしかとは言えないけれど、故中納言知盛の面影があるので、きっとそうなのであろう」と答えて、涙を流した。

軍記物語である『平家物語』の性格をふまえるならば、全てが史実とは考えられない。しかし『明月記』にあるように、知忠が一条能保襲撃事件を計画し、追捕されたことは事実であろう。さらに事件は京で発生しているため、同じく京内に住む治部卿局が、首実検をさせられた可能性は大いにある。第一子知章を一の谷合戦で、夫知盛を壇ノ浦で失った治部卿局は、またもや実子の死に立ち会う悲劇に見舞われた。彼女の悲嘆は如何ばかりだったか、想像にかたくない。

しかし一方で、壇ノ浦から戻った後も、知忠の行方どころか生死すら知らなかったという点にも注目したい。養君である守貞への奉仕を続ける一方で、実子の養育は乳父為範に一任していたのである。もちろん世間を憚《はばか》ったためとも考えられるが、当該期の乳母・乳父と養君との結びつきの強さも感じさせる事件といえるだろう。

●承久の乱後の治部卿局

承久《じょうきゅう》三年（一二二一）五月に勃発した承久の乱は、後鳥羽院ら京方軍の敗北で幕を閉じた。幕府主導で行われた戦後処理によって後鳥羽院、土御門《つちみかど》院、順徳《じゅんとく》院はそれぞれ隠岐《おき》（島根県）、土佐《とさ》（高知県）、佐渡《さど》（新潟県）に配流となり、その他の後鳥羽皇子も同様に各地に流された。さらに幕府は、順徳皇子の仲恭《ちゅうきょう》天皇を廃位とした。践祚《せんそ》後わずか七十日余りほどの四歳の天皇が廃された理由は、皇位継承から後鳥羽皇統を完全に排除するためであった。

かわりに幕府が目を付けたのが、後鳥羽の同母兄でありながら、皇位継承とも承久の乱とも無関係であった守貞親王とその子供たちであった。

後鳥羽院の系統による皇位継承が安定するなかで、皇位継承の可能性が消滅した守貞は、建暦《けんりゃく》二年（一二一二）三月に出家し、行助《ぎょうじょ》入道親王となっていた。これに先だって守貞は、乳父・乳母の持明院基家と宰相局夫妻の娘である陳子《ちんし》（北白河院）と結婚し、両者の間には、尊性《そんしょう》・道深《どうしん》・茂仁《ゆたひと》の三人の男子をはじめとした複数の子女が誕生していた。

しかし承久の乱が起こった段階で、尊性・道深はすでに出家し、末子の茂仁のみが唯一在俗していた。幕府はこの茂仁（後堀河《ごほりかわ》）を新天皇として践祚させ、その父である守貞に太上天皇の尊号を贈り、院政を行わせる異例の処置をとったのである。それは前代未聞の事態であった。

この時、治部卿局はすでに七十歳となっていた。四条隆衡の邸宅で静かな余生を送っていたはずが、守貞が後高倉院となり院政を開始したことで、治部卿局は再び政治の表舞台に姿を現すことになる。治部卿局は名を「四条局」と改めると、後高倉院のもとに出仕したのである。

その後の彼女について、藤原定家は『明月記』に「承久三年の後、また執権」と評している。かつて「南御方」として平時子に仕え権勢をふるった頃のように、後高倉院政開始後、ふたたび治部卿局は「治天の君」後高倉院のもとで権勢をほしいままにしたのである。

後高倉院は院政開始わずか二年後の貞応《じょうおう》二年（一二二三）五月に没し、その後は国母《こくも》かつ後家の立場となった北白河院陳子が後高倉王家を主導した。しかし治部卿局は陳子にも変わらず重用された。そして治部卿局におとずれた栄華は、彼女の娘や彼女を庇護してきた四条家にも及んだ。治部卿局の娘中納言局も「近日権勢の女」「権門」と称され（『明月記』）、四条隆衡は北白河院の御所持明院殿造営を行い、その子隆親は後堀河天皇の子四条天皇の乳父となっている。

●「悲劇のヒロイン」からの脱却

治部卿局が八十年の生涯を閉じたのは、寛喜三年（一二三一）九月十一日であった。その前年から中風のために半身麻痺となっていたようである。治部卿局の死去の報せに、藤原定家は「『執権』の時は怨敵の如き存在だったものの、壮年の時から名前を知っている人なので、旧交を忘れ得ない」との理由で弔いの使者を遣わしている。定家の言葉からは、幾度も定家に苦汁をなめさせたであろう治部卿局の強くしたたかな姿がうかがえる。

このように、平氏一門の妻として栄華と〝地獄〟を経験しながらも、逞しくその後の人生を生き、晩年には養君が「治天の君」となる幸運に恵まれた治部卿局は、決して悲劇の女性ではなかった。

現在、京都大原の寂光院《じゃっこういん》に隣接して、建礼門院徳子の大原西陵がある。その近くには阿波内侍《あわのないじ》や大納言佐局（藤原輔子）らとともに、治部卿局の墓と伝えるものも存在する。

これらは後年に『平家物語』に因んで作られたものと考えられる。彼女たちの「墓」がこの地に作られた背景には、『平家物語』が平氏一門の女性たちを「平氏一門の菩提を弔う存在」、「悲劇のヒロイン達」として描こうとしたことと関係があるのではないだろうか。徳子ゆかりの寂光院は、「大原御幸」で後白河院が訪ねてくるなど、まさに平氏一門の栄枯盛衰を物語る象徴的な場所である。

しかし実際の治部卿局は夫や子の菩提を弔う日々に明け暮れるのではなく、本稿でみたように、壇ノ浦合戦後の公家社会を四十六年にわたって力強く生き抜いたのである。

（曽我部愛）

【参考文献】

秋山喜代子「皇子女の養育と『めのと』―鎌倉前半期を中心に―」（『遥かなる中世』一〇号、一九八九年）

秋山喜代子「乳父について」（『史学雑誌』九九―七、一九九〇年）
上横手雅敬『平家物語の虚構と真実　上・下』（塙書房、一九八五年）
日下力「軍記作品に伴う時代の影―知盛の女の存在―」（『国文学研究』一一五、一九九五年）
栗山圭子「大納言佐という人―安徳乳母の入水未遂をめぐって」（『国語と国文学』八六―一一、二〇〇九年）
栗山圭子「日本中世における「母」―安徳天皇を事例に―」（『女性学評論』三二、二〇一八年）
曽我部愛「後高倉王家の政治的位置」（『中世王家の政治と構造』同成社、二〇二一年。初出二〇〇九年）
角田文衞『平家後抄―落日後の平家―』（講談社、二〇〇〇年。初出一九八一年）
西野悠紀子「平重盛の妻・重衡の妻―平氏一門と結婚した女性たち―」（服藤早苗編著『「平家物語」の時代を生きた女性たち』小径社、二〇一三年）

6　西八条禅尼―京都と鎌倉をつないだ御台所―

●鎌倉への下向

鎌倉幕府の三代将軍源実朝《みなもとのさねとも》は、かつては京都の公家《くげ》文化に耽溺した悲劇の貴公子とイメージされてきた。近年こうした実朝像は見直されており、京都の文化を積極的に吸収するとともに、将軍として政務に意欲的に取り組んでいたと評価されている［坂井二〇一四］。また、鎌倉幕府と朝廷《ちょうてい》は治承《じしょう》・寿永《じゅえい》の内乱の終息後から協調体制をとったが、将軍実朝は治天《ちてん》の君《きみ》である後鳥羽院《ごとばいん》と親密な関係を築いた［川合二〇〇九］。そうした親密な関係を象徴するのが、実朝の結婚である。元久《げんきゅう》元年（一二〇四）十二月、実朝は坊門信清《ぼうもんのぶきよ》の娘と結婚した。実朝の妻（のちの西八条禅尼《にしはちじょうぜんに》、本覚尼《ほんがくに》）については、角田文衛氏・坂口恵美子氏・細川涼一氏の研究がある［角田一九八四・坂口一九九三・細川一九九四］。こうした先行研究によりながら、その生涯についてみていきたい。

元久元年十二月十日、坊門信清の娘は実朝の妻となるために鎌倉に到着した。信清の娘は十二歳、実朝は十三歳であった。前年九月に、北条時政《ほうじょうときまさ》は二代将軍源頼家《よりいえ》の舅にあたる比企能員《ひきよしかず》を暗殺するクーデタをおこした。頼家の弟千幡《せんまん》は時政によって将軍に擁立されて、後鳥羽院から「実朝」の名を与えられた。藤原定家《ふじわらのさだいえ》の日記『明月記《めいげつき》』によれば、信清の娘は藤原兼子《かねこ》の邸宅より出発しており、その行列は華麗であったという。鎌倉から迎えのために上洛していた御家人《ごけにん》とともに、院の近臣《きんしん》である藤原秀康《ひでやす》や信清の子息坊門忠清《ただきよ》が付き従っており、後鳥羽院が法勝寺《ほっしょうじ》の西の大路《おおじ》に桟敷《さじき》を設営して行列を見物した。信清の娘の鎌倉下向は、後鳥羽院と実朝の親密な関係を誇示するものであった［川合二〇〇九］。

鎌倉幕府の歴史書である『吾妻鏡《あづまかがみ》』によれば、実朝の妻には足利義兼《あしかがよしかね》の娘を迎える予定であった。足利氏は源氏一門の有力御家人であり、義兼の妻は北条政子《まさこ》の妹であった。しかし、実朝自身の意向により京都から迎えることになったという。摂関家《せっかんけ》出身の慈円《じえん》が著した『愚管抄《ぐかんしょう》』にも、「将軍ガ妻ニ可然人《しかるべきひと》ノムスメアハセラルベシト」と鎌倉から要請したとある。

坊門家は藤原北家《ほっけ》の道隆《みちたか》流であり、信清の父信隆《のぶたか》が坊門小路《こうじ》に邸宅を構えた。信清の姉殖子《たねこ》は平徳子《たいらのりこ》（高倉《たかくら》の中宮《ちゅうぐう》）に女房《にょうぼう》として出仕《しゅっし》したが、高倉天皇の典侍《ないしのすけ》（後宮《こうきゅう》の女官）となって守貞《もりさだ》と尊成《たかひら》を生んだ。寿永二年（一一八三）の平氏都落ち後に尊成が後鳥羽天皇として即位したため、殖子は国母となりのちに院号を宣下《せんげ》されて七条院《しちじょういん》となった［野口二〇一六］。信清は後鳥羽天

【西八条禅尼関係系図】

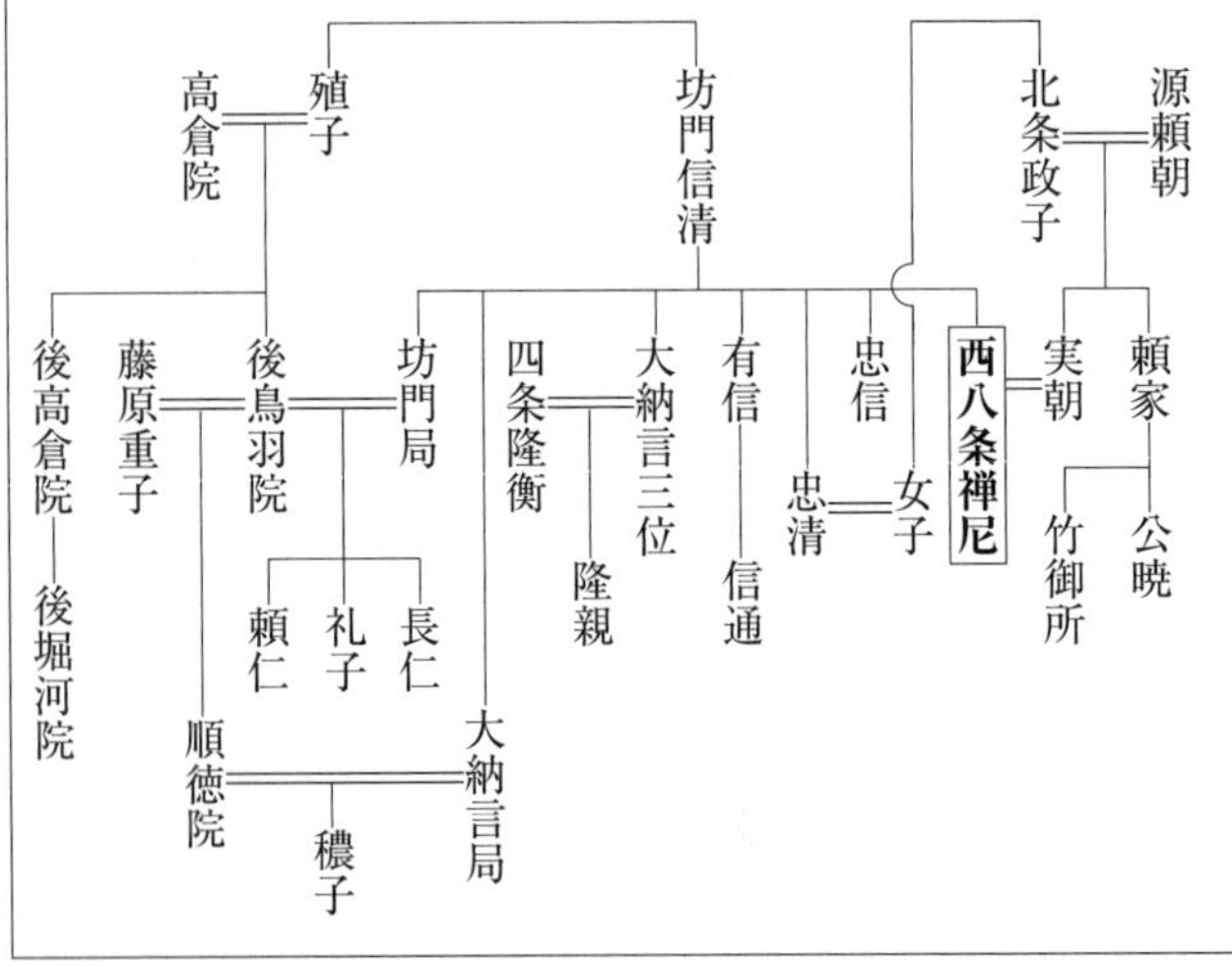

皇の外舅《がいきゅう》（母方のおじ）として内大臣《ないだいじん》まで昇進しており、天皇の側近として活動した。信清の子息忠信《ただのぶ》の生母は藤原定能《さだよし》の娘であり、実朝の妻は忠信の同母妹と考えられている［角田一九八四］。

実朝の妻には、大納言三位《だいなごんさんみ》（四条隆衡《しじょうたかひら》の妻）・坊門局《ぼうもんのつぼね》（後鳥羽院の女房）・源雅親《まさちか》の妻・九条良輔《くじょうよしすけ》の妻・大納言局《だいなごんのつぼね》（順徳院《じゅんとくいん》の女房）などの姉妹がいた（『尊卑分脈《そんぴぶんみゃく》』）。坊門局（西御方《にしのおんかた》）は後鳥羽院の女房となって寵愛《ちょうあい》を受けており長仁《ながひと》（道助《どうじょ》）・礼子《いやこ》（嘉陽門院《かようもんいん》）・頼仁《よりひと》を生んだ。坊門局所生の子女はいずれも親王宣下《しんのう》されている［曽我部二〇一九］。また、大納言局は後鳥羽院の嫡子《ちゃくし》である順徳天皇の女房となって穠子（永安門院）を生んでおり、信清と後鳥羽院は二重三重の姻戚関係で結ばれていた［佐藤一九八三］。後鳥羽院の側近として権勢を誇った藤原兼子は坊門局を養女としており、実朝の妻は兼子の邸宅より鎌倉へ出発していることから、兼子が実朝の結婚に尽力したと考えられている［上横手一九七〇］。また、信清の子息忠清は北条時政と牧の方の間に生まれた娘を妻としたが、忠清の結婚が実朝結婚の前後いずれであったかは不詳である。

実朝の結婚は鎌倉からの要請に京都が応えることにより実現したが、後鳥羽院の従兄妹であり義妹でもある信清の娘が選ばれたのは、後鳥羽院の実朝への厚遇を示すものであった［上横手一九七〇］。

●京都と鎌倉の交流

信清の娘が鎌倉に下向する際には、幕府が迎えのために上洛《じょうらく》させていた御家人たちが供奉《ぐぶ》している。『吾妻鏡』によれば、元久元年八月四日に「容儀花麗之壮士《ようぎかれいのそうし》」が供奉人に選定されており、同年十月十四日に北条政範《まさのり》（時政と牧の方の子息）・結城朝光《ゆうきともみつ》・千葉常秀《ちばつねひで》（常胤《つねたね》の孫）・畠山重保《はたけやましげやす》（重忠《しげただ》の子息）

らが上洛した。いずれも有力御家人の子弟であったが、政範は十一月五日に京都で急死した。『明月記』には、迎えの武士二十人のうち二人（政範と「兵衛尉《ひょうえのじょう》」）が死去したために、中原親能《なかはらのちかよし》の子息を加えたが一人は欠員となったとある。

また、『吾妻鏡』によれば、十一月四日に京都の平賀朝雅《ひらがともまさ》の邸宅で朝雅と重保が口論に及んだという。朝雅は北条時政の女婿であり京都守護《しゅご》として在京《ざいきょう》していたが、朝雅と畠山氏は武蔵国《むさしのくに》（東京都・埼玉県・神奈川県東部）の支配をめぐって対抗関係にあった。信清の娘が鎌倉に下向して御台所《みだいどころ》となった時期には、幕府内部でさまざまな対立が生じていたのである。なお、翌年六月には朝雅の讒言《ざんげん》が発端となって畠山重忠・重保父子が滅ぼされており、閏《うるう》七月には北条政子・義時《よしとき》姉弟が父時政を追放して伊豆《いず》国（静岡県南部）に隠退させている。

元久元年十二月二十二日に、実朝の妻に祇候《しこう》する男女の数人が地頭職《じとうしき》を拝領《はいりょう》した。実朝の妻には侍《さむらい》や女房が同行しており、幕府が所領《しょりょう》の給付をおこなったのである。承元《じょうげん》三年（一二〇九）十二月一日には、御台所に仕える諸大夫《しょだいぶ》と侍が将軍実朝の外出に供奉することが定められている。

ここで注目されるのは、実朝の妻に仕えた侍や女房が京都と鎌倉を往来していたことである。承元二年（一二〇八）五月二十九日には、御台所の侍である藤原清綱《きよつな》が京都から下向しており、実朝に拝謁して『古今和歌集《こきんわかしゅう》』と後鳥羽院が御幸《ごこう》した新日吉小五月会《いまひえこさつきえ》の流鏑馬の射手《いて》の記録を手渡している。

承元四年（一二一〇）六月十二日には、御台所女房の丹後局《たんごのつぼね》が京都から下向しており、駿河《するが》国宇津山《うつやま》（静岡県静岡市）で群盗《ぐんとう》によって所持していた財宝と坊門信清より下された装束《しょうぞく》を奪われたことを報告している。
また、建暦《けんりゃく》二年（一二一二）五月七日に、北条朝時《ともとき》は御台所の官女に恋文を送ったうえで誘い出したために父義時によって義絶《ぎぜつ》されたが、官女は佐渡守《さどのかみ》親康《ちかやす》の娘であり前年京都より下向していた。新たな女房を京都から呼び寄せていたのである。

将軍実朝の舅《しゅうと》となった坊門信清は、承元元年（一二〇七）六月に紀伊《きい》国（和歌山県・三重県南西部）・和泉《いずみ》国（大阪府南部）の守護代《しゅごだい》の高野山領《こうやさんりょう》への乱入についての仁和寺御室《にんなじおむろ》の訴えを鎌倉に取り次いでおり、関東申次《もうしつぎ》として朝廷と幕府の間の政治折衝を担うようになった［美川一九八四］。実朝の妻は鎌倉下向後も京都の坊門家と交流を続けており、建保《けんぽう》三年（一二一五）二月の信清出家《しゅっけ》に際しては、捧物《ささげもの》を進上するために御家人の加藤光員《かとうみつかず》を使者として派遣している。

また、建保三年七月には、坊門忠信（実朝妻の兄）が「仙洞歌合《せんとううたあわせ》」を実朝に送っている。坊門家との交流によって、京都の文化の鎌倉への流入は加速したのである［坂口一九九三・川合二〇〇九］。西八条禅尼は鎌倉と京都をつなぐ存在であったといえよう。

●御台所として

『吾妻鏡』にみえる実朝の妻についての記事は、寺社参詣や仏事への臨席に関するものが多い。建《けん》永《えい》二年（一二〇七）正月九日には、法華経供養《ほっけきょうくよう》にあわせて鶴岡八幡宮寺《つるがおかはちまんぐうじ》に参詣しており、承元二年三月三日にも一切経《いっさいきょう》供養にあわせて政子とともに鶴岡八幡宮寺に参詣している。承元二年七月十九日には、二十五三昧《にじゅうござんまい》を聴聞《ちょうもん》するために実朝と政子とともに永福寺阿弥陀堂《ようふくじあみだどう》を訪れている。

また、建暦元年（一二一一）七月八日には、政子とともに鎌倉を離れて日向薬師堂《ひなたやくしどう》（神奈川県伊勢原市）に参詣しており、北条時房《ときふさ》や大江親広《おおえのちかひろ》など十人の御家人が供奉している。こうした寺社参詣や仏事への臨席は、将軍の祭祀権を御台所として支える政治的意味をもったと評価されている［細川一九九四］。

なお、建保四年（一二一六）三月十四日に坊門信清が京都で死去すると、実朝の妻は鎌倉で父のために仏事を修している。同年四月十九日に三十五日の仏事を修しており、同年七月十五日には亡父追善《ついぜん》のために寿福寺《じゅふくじ》に参詣している。

実朝の妻が直接合戦に巻き込まれる経験をしたのが、建暦三年（一二一三）五月におこった和田《わだ》合戦《かっせん》である。有力御家人で侍所《さむらいどころ》別当《べっとう》であった和田義盛《よしもり》が執権《しっけん》北条義時を討《う》つために挙兵した。和田方の軍勢は将軍実朝の身柄をおさえるために将軍御所《ごしょ》に攻め寄せたが、実朝の妻は政子とともに将軍御所から鶴岡八幡宮寺の別当坊《べっとうぼう》へと避難した。合戦は和田方の敗北で終結したが、将軍御所が戦闘で焼失したために、合戦後に実朝夫妻は大江広元《ひろもと》の邸宅に移っている。和田合戦では鎌倉市中で大規模な戦闘がおこなわれており、実朝の妻も緊迫する状況のなかで将軍御所を脱出したのである。

実朝夫妻には子が生まれなかった。建保四年三月五日に実朝の妻は北条政子の計らいにより二代将軍頼家の遺児であり実朝の姪にあたる竹御所《たけのごしょ》を猶子《ゆうし》にしている。竹御所は政子によって養育されており、のちに源氏将軍家を継承して将軍藤原頼経《よりつね》の御台所となった人物である［金二〇〇二］。建保六年（一二一八）二月に政子は熊野詣《くまのもうで》を名目に上洛しており、京都で藤原兼子と会見した。政子と兼子は実朝後継として後鳥羽院の皇子頼仁を迎えることを話し合ったとされており（『愚管抄』）、実朝の生前から皇子を将軍後継とする計画がすすめられていた［上横手一九七〇］。頼仁は兼子に養育されていたが、生母は坊門局であり実朝の妻にとっては甥にあたる。実朝後継として皇子を迎える構想においても、実朝の妻の存在は大きかったのである。

建保五年（一二一七）三月十日に、実朝夫妻は桜の花を見るために永福寺を訪れている。夫妻は同車しており、礼仏《らいぶつ》ののち境内を逍遥《しょうよう》したという。参詣後には二階堂行村《にかいどうゆきむら》の邸宅で歌会《うたかい》が催された。実朝夫妻の関係は良好であり、御台所として穏やかな日々を過ごしたのである。

建保六年十二月二日に、将軍実朝は右大臣《うだいじん》に任官した。翌年正月二十三日には、坊門忠信が右大臣拝賀に参列するために鎌倉に到着している。翌日には実朝の妻は将軍御所で兄忠信と対面した。正月二十七日に、実朝は右大臣拝賀のために鶴岡八幡宮寺に参詣した。坊門忠信・西園寺実氏《さいおんじさねうじ》・平光盛《みつもり》といった公卿《くぎょう》が参列したが、実朝は拝賀をとげたのちに鶴岡八幡宮寺の別当である公暁《こうぎょう》によって殺害された。公暁は実朝の兄頼家の遺児であり、「ヲヤノ敵《かたき》ハカクウツゾ」と言って斬りつけたという（『愚管抄』）。

実朝暗殺の翌日に、実朝の妻が退耕行勇《たいこうぎょうゆう》を戒師《かいし》として落飾《らくしょく》した。北条政子は後鳥羽院に対して将軍後継として皇子を下向させることを要請したが拒否されたために、摂関家の九条道家《みちいえ》の子息三寅《みとら》（のちの藤原頼経）が将軍後継として鎌倉に迎えられた。幼少の三寅に代わって政子が実質的な将軍として幕府政治を主導することになった。その後、『吾妻鏡』の記事には実朝の妻は登場しなくなる。夫の非業《ひごう》の死により出家した実朝の妻は、まもなく京都に戻ったと考えられている。

●実朝後家として

西八条禅尼は、十五年ぶりに京都に戻って生活することになった。西八条禅尼が居住したのは実朝が所有していた西八条第《にしはちじょうてい》（京都市下京区・南区）であった。平清盛《きよもり》の西八条第が平家没官領《へいけもっかんりょう》として源頼朝《よりとも》に与えられており、それを実朝が継承していたのである［細川一九九四］。

後鳥羽院は実朝暗殺後に幕府への不信を募らせていったために、京都と鎌倉の協調関係は破綻した。承久《じょうきゅう》三年（一二二一）五月、後鳥羽院は北条義時追討《ついとう》の命令を出して挙兵し、承久の乱が勃発した。後鳥羽院は将軍不在の幕府権力を打倒しようとしたのである。挙兵に参画したのは坊門家や高倉家《たかくらけ》といった院の近臣であり［上横手一九七〇］、西八条禅尼の兄坊門忠信も院の計画に加わった。院は東国御家人が幕府から離反することを期待したが、北条政子は演説をおこない御家人を結束させたうえで速やかに大軍を上洛させた。京方の軍勢は尾張国《おわり》（愛知県西半部）や美濃国《みの》（岐阜県南部）の合戦で敗北した。幕府軍の攻勢に対して、京方は宇治《うじ》（京都府宇治市）や勢多《せた》（滋賀県大津市）に軍勢を配置し、忠信も軍勢を率いて淀渡《よどのわたり》（京都市伏見区）に出陣《しゅつじん》した（『吾妻鏡』）。宇治や勢多の合戦でも京方は敗北し、幕府軍が京都を制圧した。承久の乱は京方の敗北により終結した。

六波羅《ろくはら》の館に入った北条泰時《やすとき》と時房は、論功行賞や京方武士の捕縛などの戦後処理をおこなった。挙兵計画に参画した「合戦張本公卿《ちょうほんくぎょう》」も六波羅に連行され、六月二十五日には忠信も千葉胤綱《たねつな》に身柄を預けられた。捕縛された公卿たちは関東下向の途次で斬られることになり、忠信も遠江国《とおとうみ》（静岡県西部）まで連行されたが、西八条禅尼が北条政子に助命を要請したために宥免《ゆうめん》されて帰京した（『吾妻鏡』）。忠信は出家したのちに越後国《えちご》（新潟県）に流された（慈光寺本《じこうじぼん》『承久記《じょうきゅうき》』）。幕府は後鳥羽院の挙兵に参画した公卿を厳罰に処したが、政子は西八条禅尼に配慮して忠信を助命したのである。

後鳥羽院は出家したのちに隠岐国《おき》（島根県隠岐群島）へと流されたが、西八条禅尼の姉坊門局も院に同行して隠岐に赴いている。坊門局が生んだ頼仁も備前国《びぜん》児島《こじま》（岡山県倉敷市）に流された。坊門家は承久の乱により逼塞《ひっそく》したが、七条院殖子は乱後に擁立された後堀河《ごほりかわ》天皇の祖母にあたり、安貞《あんてい》二年（一二二八）九月まで健在であった。

西八条禅尼は実朝の邸宅であった西八条第をそのまま寺院として遍照心院《へんじょうしんいん》を建立した［細川一九九四］。遍照心院は廻心房真空《かいしんぼうしんくう》を開山《かいざん》とする唐招提寺《とうしょうだいじ》派の律宗《りっしゅう》寺院であり、三論《さんろん》・真言《しんごん》・念仏《ねんぶつ》が兼学された［細川一九九四・苅米一九九七］。寛喜《かんぎ》三年（一二三一）正月二十二日には、実朝十三年追善のために堂供養がおこなわれており、西八条禅尼の従兄妹《いとこ》である源師季《もろすえ》が奉行《ぶぎょう》をつとめている。藤原経光《つねみつ》の日記『民経記《みんけいき》』によれば、堂供養には源雅親や四条隆親《たかちか》（母は西八条禅尼の姉妹）といった公卿とともに、嘉陽門院礼子が出席している。また、仁和寺御室の道助が曼荼羅供《まんだらく》を修した。道助と礼子の生母は坊門局であり、四条隆親・道助・礼子といった西八条禅尼の姉妹の子どもたちが堂供養に参列したのである。

延応《えんおう》二年（一二四〇）正月二十七日に、平経高《つねたか》は「彼相府《かのしょうふ》〈実朝公〉遠忌《おんき》」の「恒例《こうれい》之《の》勤行《ごんぎょう》一日八講《はっこう》」にあわせて「西八条故右大臣後家尼公堂《ごけあまぎみどう》」に赴いている（『平戸記』）。西八条禅尼は遍照心院に居住して実朝の忌日である正月二十七日に仏事を修したのであり、文永《ぶんえい》九年（一二七二）八月に作成した置文《おきぶみ》でも「御忌日」に「御八講」を修するように述べている。

鎌倉幕府は在京御家人である紀伊国の湯浅氏《ゆあさし》に命じて西八条第（遍照心院）の警固《けいご》をおこなわせた［細川一九九四］。文永九年八月の置文では、「守護の御家人あるへき事」について「右府将軍御影《みえい》おハしませは、武家《ぶけ》いかてかたやすくおもひたてまつらるへき」とある。遍照心院には実朝の肖像が掲げられていたのであり、西八条禅尼は実朝の肖像があるゆえに御家人による守護が継続していくことを期待している。

遍照心院は江戸時代に大通寺《だいつうじ》と称するようになったが、現在大通寺には等身大とされる実朝の木像が伝わっている。現存する実朝の木像は江戸時代の作品であるが、十三世紀前半の造像とされる甲斐《かい》善光寺《ぜんこうじ》（山梨県甲府市）の実朝像との肖似性が注目されており、西八条禅尼が造像した実朝像の再興像である可能性が指摘されている［黒田二〇一一］。西八条禅尼は実朝の肖像（木像）を制作して亡夫の菩提《ぼだい》を弔ったのである。

遍照心院には幕府から寺領として伊予国《いよ》新居荘《にいのしょう》（愛媛県新居浜市）が寄進《きしん》された。文永九年八月の置文では、「鎌倉の二位家《にいけ》の自筆御文」を寺に置くと述べられている。北条政子は寺領を寄進する際に自筆の書状を送ったのであり、帰京後の西八条禅尼の生活に配慮して経済的保障を講じたのであると［細川一九九四］。西八条禅尼は京都に戻ったのちも鎌倉の政子と良好な関係を維持していたといえよう。

●西八条禅尼のネットワーク

前述したように、寛喜三年正月の堂供養には四条隆親・道助・礼子といった西八条禅尼の姉妹の子どもたちが参列しており、西八条禅尼が甥や姪と結びつきをもっていたことがうかがえる。西八条禅尼の姉坊門局は、延応《えんおう》元年（一二三九）二月の後鳥羽院の死去後に京都に戻っており、寛元《かんげん》三年（一二四五）には健在であった［角田一九八四］。坊門局が生んだ礼子は後鳥羽院の配流後も京都で生活を続けており、文永十年（一二七三）八月に死去した［所一九九七］。四条隆親の生母大納言三位（四条隆衡の妻）も西八条禅尼の姉妹であり、寛喜三年二月の後堀河天皇の皇子（のちの四条天皇）の誕生時には、御湯殿《おゆどの》始めに奉仕している［日下二〇〇二］。承久の乱後の坊門家は没落したが、西八条禅尼はこうした姉妹や姪と日常的に交流していたと考えられよう。

承久の乱後も坊門家の周辺は鎌倉との結びつきをもっている。西八条禅尼の甥である四条隆親は足利義氏《よしうじ》の娘と結婚した。義氏は源氏一門であり北条政子の甥である。仁治《にんじ》三年（一二四二）に後《ご》嵯峨《さが》天皇は隆親の邸宅で即位の儀式をおこなっており、隆親夫妻がそれぞれ役目を勤めている［日下二〇〇二］。また、西八条禅尼の兄弟である有信《ありのぶ》の子信通《のぶみち》は鎌倉に下向して将軍宗尊親王《むねたかしんのう》に仕えた［大島二〇一四］。坊門家の周辺と鎌倉の関係は西八条禅尼の存在によって生じた可能性が想定できよう。

西八条禅尼は、文永九年八月の置文において「我すてに春秋《しゅんじゅう》を〻くる事八十年ニミてり、人間の無常《むじょう》いくはくか眼ニさへきるおりにふる〻、あハれことに、身をかへりミるおもひふかし」と人生を振り返っている。十二歳で京都から鎌倉に下向して将軍実朝の妻となり、夫の暗殺により二十七歳で出家して京都に戻った。承久の乱では弟忠信は助命されたが坊門家も逼塞した。西八条禅尼は京都と鎌倉をつなぐ存在であったが、実朝の横死により源氏将軍は断絶し、承久の乱により坊門家は没落した。また、西八条禅尼は京都に戻ってから半世紀以上を過ごしたが、京都では四条天皇の早世により後嵯峨天皇が践祚して皇統が変化し、鎌倉では寛元四年の政変を経たのちに摂家将軍に代わって親王将軍が擁立された。西八条禅尼は亡夫の菩提を弔いながら公武権力の変容を見つめていたのである。

西八条禅尼は文永九年八月の置文で遍照心院について「代々将軍家をいのりたてまつる寺なるへし」と述べており、将軍家の御祈禱所《ごきとうじょ》として永続することを願った。文永九年十二月の置文では遍照心院で問題が生じた際には安達泰盛《あだちやすもり》を頼るようにと述べている。泰盛は執権北条時宗《ときむね》の義兄として幕府政治の中枢におり、西八条禅尼は泰盛の祖父景盛《かげもり》と実朝の関係を強調することで泰盛の保護を得ることをはかったと考えられている［細川一九九四］。西八条禅尼は終生鎌倉との関係を維持していたのである。置文を作成してから二年後の文永十一年(一二七四)九月に、西八条禅尼は八十二歳で死去した。

遍照心院は江戸時代に大通寺とも称するようになり、明治四十五年（一九一二）には鉄道建設のために現在地である京都市南区西九条比永城町に移転した。前述したように、江戸時代制作の源実朝の木像が伝来している。また、西八条禅尼が造像させた本尊の阿弥陀如来像は、明治時代に専長寺《せんちょうじ》（愛知県西尾市）の本尊となり、昭和五十七年（一九八二）に国の重要文化財に指定されている［角田一九八三］。

（田辺　旬）

【参考文献】

上横手雅敬『日本中世政治史研究』（塙書房、一九七〇年）
大島創「最勝光院領備中国新見荘領家職相論の再検討」（海老澤衷・高橋敏子編『中世荘園の環境・構造と地域社会』勉誠出版、二〇一四年）
苅米一志「遁世僧における顕密教の意義」（『年報中世史研究』二二号、一九九七年）
川合康『源平の内乱と公武政権』（吉川弘文館、二〇〇九年）
金永「摂家将軍期における源氏将軍観と北条氏」（『ヒストリア』一七四号、二〇〇一年）
日下力「平氏ゆかりの人びとと『平家物語』」（『中世日本文学の探求』汲古書院、二〇一九年、初出二〇〇二年）
黒田日出男『源頼朝の真像』（角川学芸出版、二〇一一年）
坂井孝一『源実朝』（講談社、二〇一四年）
坂口恵美子「源実朝室・本覚尼」（『橘史学』八号、一九九三年）
佐藤進一『日本の中世国家』（岩波書店、一九八三年）
曽我部愛「後宮からみた後鳥羽王家の構造」（『中世王家の政治と構造』同成社、二〇二一年、初出二〇一九年）
角田文衛「実朝の首」（『平安の春』講談社学術文庫、一九九九年、初出一九八三年）
角田文衛「右府将軍実朝の妻」（『王朝の残映』東京堂出版、一九九二年、初出一九八四年）
所京子「最後の斎院禮子の生涯」（『斎王の歴史と文学』国書刊行会、二〇〇〇年、初出一九九七年）
野口華世「鎌倉時代の女院と女院領」（細川涼一編『生・成長・老い・死』竹林舎、二〇一六年）
細川涼一「源実朝室西八条禅尼と遍照心院」（『中世寺院の風景』法蔵館文庫、二〇二四年、初出一九九四年）
美川圭「関東申次と院伝奏の成立と展開」（『院政の研究』臨川書店、一九九六年、初出一九八四年）

7　飛鳥井雅経──鎌倉で成り上がった公家──

●「成あがり」の飛鳥井雅経

飛鳥井雅経《あすかいまさつね》は、鎌倉時代前期の公卿《くぎょう》で、和歌・蹴鞠《けまり》両道の家として知られる飛鳥井家の祖となる人物である。嘉応《かおう》二年（一一七〇）に刑部卿《ぎょうぶきょう》藤原頼経《ふじわらのよりつね》の次男として生まれた。父頼経は、文治《ぶんじ》元年（一一八五）に源義経《みなもとのよしつね》の「腹心」であることが露顕し、安房国《あわのくに》（千葉県南部）への配流が決まったが、文治二年（一一八六）三月に配流が中止となり、帰京した。しかし文治五年（一一八九）二月に再び義経と通じていることが発覚し、三月には伊豆《いず》国（静岡県南部）に配流された。雅経の兄宗長《むねなが》は連座して解官《げかん》されている。雅経自身が解官されたという記事は見当たらないが、どうもこの若かりし時期に不遇をかこっていたようである。『古今著聞集《ここんちょもんじゅう》』巻第一「二條宰相《にじょうさいしょう》雅経賀茂社《かもしゃ》に日参して利生を蒙る事」の条には、思いがけなくもしっかりとした家を持てず、「花山院《かざんいん》の釣殿《つりどの》に宿して」いた雅経が、「ふるにも照るにも」賀茂社へ参詣していた、という話があり、建久《けんきゅう》八年（一一九七）年以降は順調に官職を上げていることから、建久八年以前のこのころのことと考えられる。その後、「大明神の利生」のおかげで「次第に成あがりて、二位《にい》宰相までのぼりて侍り」とある雅経だが、最高位は三位《さんみ》である。

花山院の釣殿に宿していた雅経は、いつしか鎌倉に下向し居住していたようである。雅経の日記である『革匊別記《かっきくべっき》』建久八年（一一九七）正月七日条によると、後鳥羽《ごとば》天皇から上洛すべしとの御教書《みぎょうしょ》が届き、将軍源頼朝《よりとも》も参るべき由を伝えている。「懐土《かいど》の心更に目を驚かす」とあることから、京都を懐かしいと感じるほど長い間、鎌倉に在ったものと考えられる。二月に鎌倉を立ったが、その前に頼朝より「龍蹄《りょうてい》」（すぐれた馬のこと）十二疋や「韈革」（蹴鞠の際に使われる革製の韈《しとうず》。韈とは足袋《たび》の原型となったとされる、親指の分かれていない履物のことである）十枚などを贈られている。鎌倉にいる間に、頼朝の猶子《ゆうし》（養育の有無にかかわりなく形成された擬制的親子関係のこと）となっていたようで、京都に戻っても一条高能《いちじょうたかよし》を通じて将軍家の「猶子」という理由で何かと助けられている（『革匊別記』建久八年二月二十五日条。ちなみに『革匊別記』はいくつかの写本があるが、建久八年正月～三月までの記事しか残っていない）。

京都に着いた雅経はすぐに昇殿《しょうでん》を許され、後鳥羽天皇より蹴鞠に参るよう命じられた。しばらくは、旅の疲労を理由に猶予をもらっていたが、二月二十五日に蹴鞠に参加し、その技を賞賛されている。その後、度々蹴鞠のために参内《さんだい》している。建久九年（一一九八）一月に後鳥羽天皇が譲位すると、院殿上人《いんのてんじょうびと》に名を連ねるようになった。建仁《けんにん》元年（一二〇一）七月には新設された和歌所《わかどころ》の寄人《よりうど》となり、十一月には『新古今和歌集《しんこきんわかしゅう》』の撰進の命が下された。『新古今和歌集』は元久《げんきゅう》二年（一二〇四）三月に完成している。

その後も数々の歌会や蹴鞠の会に参加し、時には鎌倉に下向し、承久《じょうきゅう》三年（一二二一）三月十一日に亡くなるまで、京都と鎌倉を股にかけた活躍を続けた。

●歌人としての飛鳥井雅経

飛鳥井雅経というと、まず歌人として知られているようである。歌人雅経の研究は、国文学の分野でいくつか見られる（［武藤一九八四］など。雅経の事績については、これに依るところが大きい）。『新古今和歌集』の撰者になるほど和歌にすぐれていた雅経は、「参議雅経」という名でも知られている。藤原定家《さだいえ》の撰である「小倉百人一首《おぐらひゃくにんいっしゅ》」には、九十四番に「参議雅経」の名で、『新古今和歌集』秋所収の「み吉野《よしの》の山の秋風さ夜ふけてふるさと寒く衣うつなり」の歌が選ばれている。雅経は定家の門弟で、かなり親交が深かったようである。定家の日記である『明月記《めいげつき》』にはたびたび雅経が登場する。前出の『古今著聞集』の話にも、信仰心の深さのみならず、賀茂社に足しげく通っていた頃に詠んだ歌が大明神の心を掴んだとあり、和歌の才は大明神も〝お墨付き〟のものであったようである。『後《ご》鳥羽院口伝《とばいんくでん》』では、「雅経はかなり工夫を凝らして歌を詠む者で腕がある」と評されている。家集に『明日香井集《あすかいしゅう》』があり、雅経の孫である雅有《まさあり》の撰と推定されている（『私家集大成《しかしゅうたいせい》』解題）。

●蹴鞠の長者

雅経は蹴鞠の長者としても名を馳せていた。鎌倉では源頼家《よりいえ》の蹴鞠の師となっており、頼朝の猶子になったのも蹴鞠の才があったからこそであろう。そして、後鳥羽天皇に帰洛するよう命じられたのも、蹴鞠の才ゆえであろう。『遊庭秘抄《ゆうていひしょう》』には、後鳥羽上皇の御時に三位僧坊《そうぼう》にて鞠会があり、遅刻してやってきた雅経が、延足《のびあし》という高度な技を繰り出し、上皇も笑みを浮かべたのみならず感動し、見る者はすべて目を驚かせた、という逸話が載せられている（雅経は遅刻癖があったようで、『明月記』

にもたびたび雅経が会に遅参したことが書かれている）。後鳥羽上皇自身も蹴鞠の才能があり、承元《じょうげん》二年（一二〇八）には雅経と兄宗長より蹴鞠の長者号を奉呈されている。兄宗長は、蹴鞠の家として飛鳥井家と並び称される難波家《なんばけ》の祖となった。雅経の著書には『蹴鞠略記《けまりりゃくき》』があり、『群書類従《ぐんしょるいじゅう》』蹴鞠部に収められている。また、雅経の日記『革匊別記』は、そのタイトルから、蹴鞠についての記録が中心の日記であると考えられる。帰洛以降は鞠会の記事が多く、参加者や装束《しょうぞく》、襪の色などが事細かに記されていることからもうかがえる。

ちなみに雅経は篳篥《ひちりき》も嗜んだようである。『明月記』にたびたび雅経が篳篥を所作したという記録が見える。篳篥の師は安倍季遠《あべのすえとう》で、『明日香井集』に、「建暦《けんりゃく》二年（一二一二）七月六日、篳篥の師である季遠の追善の帰路にて、こころの中で思い続けていた」という詞書《ことばがき》を持つ歌が収められている。

●関東祇候廷臣

そして、雅経の経歴を見る上で欠かせない視点が、関東祇候廷臣《かんとうしこうていしん》としての姿である。関東祇候廷臣とは、関東（＝鎌倉）に下向し、幕府（将軍家）への奉公（＝祇候）がみられる公家（＝廷臣）のことである。奉公の内容としては、主に幕府儀礼への参加、参詣等への供奉《ぐぶ》、仏事における布施《ふせ》取役《とりやく》、文化的行為（和歌・蹴鞠・文筆など）の指導、が挙げられる。一般御家人《ごけにん》の行う主従制確認儀礼への参加はなく、また幕府の政治運営に関わることもなく、明らかに御家人や京下《きょうくだ》り官人《かんじん》とは異っている。あくまでも「公家」の立場のまま、幕府に特定の役割でのみ奉公している特殊な存在が、関東祇候廷臣なのである。関東祇候廷臣については、高島哲彦氏、湯山学氏の専論があるが［高島一九八七］［湯山一九八八〕、将軍家の変遷による関東祗候廷臣の人数や家柄などの変化、奉公に対する〝御恩〟の内容など、両氏の研究成果をもとにさらに検討すべき点は多い。関東祗候廷臣は管見の限り、鎌倉時代を通じて一五〇人近く存在する。その実態と果たした役割について考える上で、鎌倉時代初期、源家将軍期の代表的な関東祗候廷臣である飛鳥井雅経について詳細に検討を加えることは、大いに意義のあることだと考えられる。

では、雅経の鎌倉への下向の時期や回数、鎌倉での活動内容を見ていこう。史料上確認できる雅経の下向の時期は、次の通りである。

①建久八年（一一九七）一月以前～同年二月（『革匊別記』）
②建仁元年（一二〇一）二月中旬頃～三月（『明月記』）
③建保《けんぽう》元年（一二一三）十月～同年内（『明日香井集』、『順徳院御集《じゅんとくいんぎょしゅう》』）

三回の関東下向の様子について、詳しく見ていきたい。①については、前述の通りである。ここで付け加えておきたいのは、この鎌倉滞在時に、鎌倉幕府の公文所《くもんじょ》（のちの政所《まんどころ》）の初代別当《べっとう》を務めた大江広元《おおえのひろもと》の娘と結婚しているのである（時期の推定は〔武藤一九八四〕による。武藤氏は建久六年〈一一九五〉としている）。『尊卑分脈《そんぴぶんみゃく》』によると、雅経の子のうち、教雅《のりまさ》と教定《のりさだ》には母が大江広元の娘と記されている。さらに、この雅経の妻は、後鳥羽上皇の乳母《めのと》として京都で権力を持った藤原兼子《けんし》の近習《きんじゅう》として権勢をふるっており、「関東三条」と呼ばれていたという〔村山一九六二〕。なかなか癖の強い人物だったようである。この二人の婚姻は、源頼朝が仲介して成立したと考えられる。蹴鞠の才があり、猶子にするほどお気に入りであった雅経と鎌倉幕府との関係を深めるためでもあっただろう。

　次に、②についてである。この時の下向については、『明月記』建仁元年（一二〇一）三月二十日条に「今夜雅経少将《しょうしょう》関東より帰洛す」と記述があるのみで、いつから、何のために鎌倉へ下向したかは分からない。『明日香井集』に二月十二日に京都での歌合に参加した際の歌があることから、二月十二日以降に鎌倉に向かったと考えられる。ごく短期間の鎌倉滞在だったであろう。

　③については、順徳上皇の歌集である『順徳院御集』に「同（建保元年）十月比《ころ》、雅経朝臣、東国のかた（方）へまいるとて、道より女房《にょうぼう》中に申ける」という詞書を持つ歌があり、また『明日香井集』にも同じ歌が「関東へくたりつきて、仙洞《せんどう》へ奏《そう》せさせ侍ける」という詞書で収録されている。鎌倉へ向かう道中で詠んだ歌なのか、着いてから詠んだ歌なのかの異同があるが、この頃に鎌倉へ向かったことは間違いないであろう。いつ帰洛したかは分からないが、翌年一月の臨時御会で篳篥を所作している記録が『御遊抄《ぎょゆうしょう》』にあることから、年内には帰洛したと考えられる。

【飛鳥井雅経関係系図】　□は関東祇候廷臣

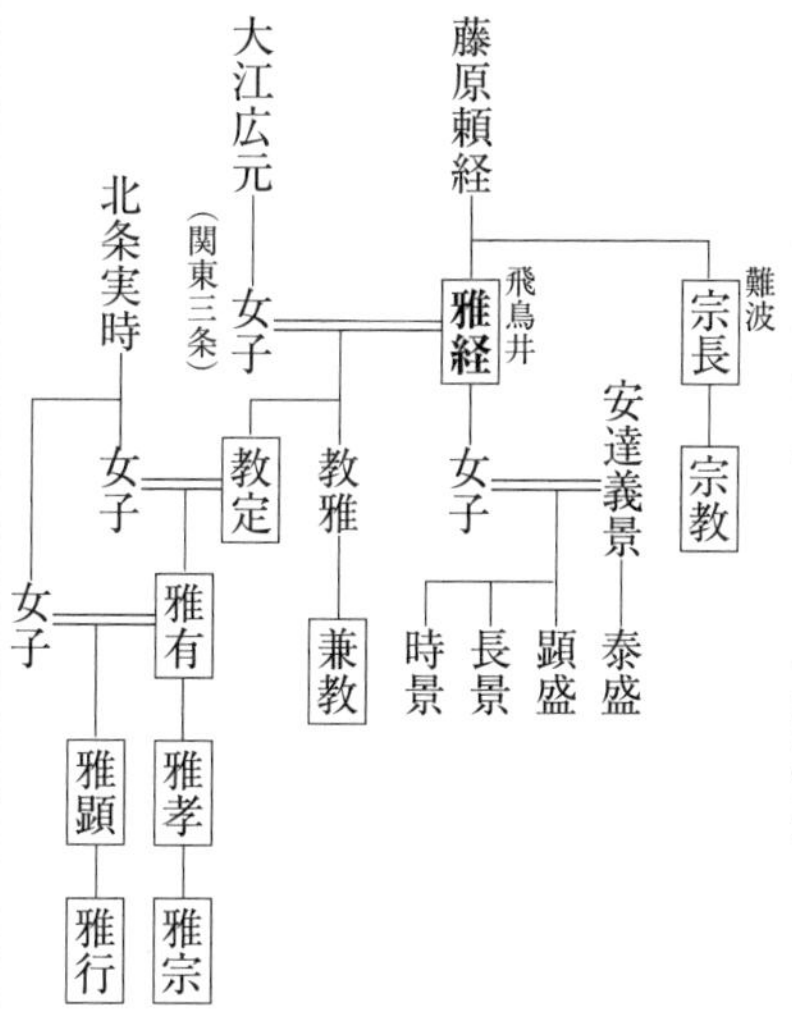

以上①〜③の分析から、雅経が鎌倉でどのような活動を行っていたかは、明確には分からないが、源頼朝の猶子となり、頼家の蹴鞠の師となり、大江広元とは姻戚関係になり、さらには帰洛したあとも複数回下向するという、鎌倉幕府との強固なつながりを見出すことができた。

●関東祗候廷臣・雅経の京都での活動

雅経は、鎌倉に下向しなくとも、幕府や将軍のために京都で活動していたようである。史料で確認できるのは、次の通りである。

①建暦元年（一二一一）十月より以前に、鴨長明《かものちょうめい》を将軍源実朝《さねとも》に推挙（『吾妻鏡《あづまかがみ》』）

②建暦三年（一二一三）七月〜八月の間に、実朝より要請のあった「和歌文書等」を藤原定家に依頼し鎌倉に届ける（『明月記』『吾妻鏡』）

③建保元年（一二一三）十一月に定家が「相伝の秘蔵万葉集」を実朝に送るのを取り次ぐ（『明月記』『吾妻鏡』）

④建保二年（一二一四）九月に「仙洞秋十首歌合」を写して実朝に送る（『吾妻鏡』）

これらについて詳しく見ていこう。まず①であるが、『方丈記《ほうじょうき》』の作者として有名な鴨長明を実朝に推薦したのは雅経であった。長明は歌人としても有名で、雅経と同じく建仁元年（一二〇一）に後鳥羽上皇の設けた和歌所の寄人になっている。和歌に熱心であった実朝のために、和歌の師として推薦したのであろう。実朝と雅経は、蹴鞠ではなく和歌のほうでのつながりが強かったようである。なお、長明が鎌倉に下った際に、雅経も一緒に関東に下向したという説もあるが［高島一九八七］、その前後の時期に京都にいることが確認できるため、誤りであろう。

次に②である。『明月記』建暦三年（一二一三）七月二十四日条に、雅経がやってきて、幕府より依頼された「草子」のことなどを話したとある。『吾妻鏡』建保元年八月十七日条には、雅経経由で定家に依頼した「和歌の文書」が実朝に届いたとあることから、この「和歌の文書」が「草子」にあたると考えられる。この文書は、大江広元のもとに届き、広元から実朝に届けられたとあり、「定家↓雅経↓広元↓実朝」というルートが見てとれる。雅経と、義父である広元の、強いつながりが見えてくる。

③でも同様のルートで、定家の相伝秘蔵の万葉集が実朝の元に届けられた。ただこの時は、万葉集だけでなく、定家の訴えも広元のもとに届けられている。定家の家領である伊勢《いせ》国の小阿射賀御厨《こあざかみくりや》（現在の三重県松坂市内）で、地頭《じとう》である渋谷左衛門尉《しぶやさえもんのじょう》なる者が非法をはたらいており、何とかしてほしいという訴えを、広元経由で実朝に届けたのである。定家秘蔵の万葉集にたいへん喜んだ実朝は、非法を停止させた。これに対し定家は、和歌の道を評価されたからであって、一般人のように権力者にいたずらにおもねって解決したわけではない、と自負したようである［村山一九六二］。ともかく、定家は政治的な訴えもやはり「定家↓雅経↓広元↓実朝」ルートを用いて幕府に届けたのである。

④については、『吾妻鏡』建保二年（一二一四）八月二十九日条に、雅経の写したものが実朝に届けられた、とだけ書かれているが、やはりまず広元のもとに届けられ、広元から実朝に届けられている可能性が高い。

以上、京都にいながら幕府、将軍のために動いた事例を分析した。雅経は、頼朝や頼家とは蹴鞠を通じて、そして実朝とは和歌を通じてのつながりがあったことは明白である。蹴鞠は単なる遊戯を超えた、時には政治のツールともなる重要な芸能、教養であった［坂井二〇一二］。将軍は幕府のトップとして、朝廷のトップ、それも蹴鞠に抜群の才があったという後鳥羽上皇と渡り合う上で、蹴鞠を嗜むのは必須であった。和歌も同じくであろう。幕府は、将軍の芸能、教養レベルを上げるために、公家の指導を必要としたのである。そんななかで、何らかのきっかけで鎌倉に滞在した蹴鞠、和歌ともにトップレベルの才能を持つ雅経が、将軍の目にとまり、芸能の指導のみならず、将軍の猶子になり有力御家人と姻戚関係を持ったのも無理はない。雅経の働きは、まさに、源家将軍と個人的なつながりの強い人物が多い、源家将軍期の関東祗候廷臣の奉公の姿をよく表しているといえる。

〝御恩〟と雅経

鎌倉幕府の御家人は、奉公を行う見返りに、御恩（恩賞《おんしょう》）をいただく。この御恩―奉公の関係が、将軍と御家人の主従関係をなしている。では、関東祗候廷臣の奉公に対する〝御恩〟は、どのようなものだったのだろうか。鎌倉時代を通じて見られるのが、官職への吹挙《すいきょ》と、所領の給与・安堵《あんど》である。特に所領については、関東祗候廷臣の関東御領《かんとうごりょう》の地頭職《じとうしき》・領家職《りょうけしき》所持例から、幕府の主従制を考える上でも注目されている［筧一九八八］。しかし関東祗候廷臣の恩賞については史料上に表れにくいため、今後さらに追究していく必要がある。

では、飛鳥井雅経はどのような〝御恩〟をいただいていたのだろうか。残念ながら、恩賞の内容についてはっきりと見てとれる史料は、管見の限り見当たらないが、推測が可能な史料は存在する。雅経の息子教定が作成した地頭職の譲状《ゆずりじょう》が、『鎌倉遺文《かまくらいぶん》』に収録されているのである。文永《ぶんえい》三年（一二六六）四月六日付のその譲状には、「つのくに（摂津国《せっつのくに》）くうけのかうならひニ、こあまけの地頭職」を、女子に譲ると記されている。正確な場所は不明だが、教定が地頭職を所持していたことがわかる。地頭職など所領は、代々相伝することが多い。そう考えると、この地頭職は、雅経が将軍から〝御恩〟として拝領《はいりょう》し、息子教定に相伝した可能性もあろう。なお、『鎌倉遺文』では、「くうけのかう」の横に「菟原郡《うはらぐん》」と補注がある。「くうけのかう」は、現在の兵庫県神戸《こうべ》市東灘《ひがしなだ》区のどこかにあるようで、阪急《はんきゅう》電車御影《みかげ》駅近くに「郡家《ぐんげ》」という地名が残っていることから、そのあたりにあった「郡家《ぐうけ》（の）郷《ごう》」なのではないかと推定される。

●飛鳥井家と鎌倉幕府

関東祗候廷臣について考える上で、注目すべき点のひとつに、譜代性《ふだいせい》がある。源家将軍期に関東に下向し祗候した公家は、雅経と同じく将軍家と個人的なつながりがあった人物が多い。そのため、実朝が暗殺され源家将軍が途絶え、さらに幕府と朝廷（後鳥羽上皇）との対立が決定的となり承久の乱が勃発すると、関東とのつながりも途絶えてしまうことが多くあった。摂家《せっけ》将軍の代になると、出身の九条家《くじょうけ》とのつながりから、新たに関東に下向し祗候する公家が見られるようになる。親王《しんのう》将軍の代になると、さらに多くの公家が関東にやってきて、「親王」に祗候し親王の権威を荘厳するようになる。摂家将軍期と親王将軍期の間での断絶はあまり見られず、むしろ代々関東に祗候する家が多く見られるようになる。譜代性が生まれてくるのである。

しかし、飛鳥井家は、三つの将軍家を跨ぎ、鎌倉時代全体を通じて関東に祗候した、例外的な一族であった。雅経の長男教雅は早世したため鎌倉に行くことはなかったが、その子の兼教《かねのり》は建長年間（一二四九～一二五六）に在鎌倉の様子が見られる（『吾妻鏡』）。雅経の跡継ぎとなった教定は、『吾妻鏡』や『明月記』などから、かなり頻繁に鎌倉で活動する様子が見られ、その跡を継いだ雅有も、何度も鎌倉に下向している。「春のみやまぢ」「みやこぢの別れ」などの名称で知られる、関東下向の際の記録（『飛鳥井雅有日記』）も多く残している。そして、雅有の兄弟である基長《もとなが》、雅有の子の雅顕《まさあき》、雅孝《まさたか》、雅顕の子雅行《まさゆき》に、雅孝の子雅宗《まさむね》も、関東での活動が見られる（『円覚寺文書《えんがくじもんじょ》』など）。ちなみに、雅経の兄宗長は、建保七年（一二一九）一月二十七日の実朝の鶴岡八幡宮《つるがおかはちまんぐう》参詣に供奉しており（この時に実朝は甥の公暁《こうぎょう》に殺害されている）、子の宗教《むねのり》は北条時頼《ほうじょうときより》の蹴鞠の師になるなどしており、宗長からはじまる難波家も代々関東祗候廷臣としての活動が見られる（『吾妻鏡』など）。

飛鳥井家が代々関東祗候廷臣として幕府に祗候したのは、将軍家が変わっても、つながりが途絶えなかったからであろう。具体的には、公武婚により幕府の御家人と姻戚関係があったこと、相伝の所領を介した御恩―奉公の関係ができていたことだと考えられる。公武婚については、雅経が大江広元の娘を妻としていたのみならず、息子教定、孫の雅有はともに北条実時《さねとき》の娘を妻としている（『尊卑文脈』、［鈴木二〇〇四］）。また、雅経の女子の一人は、有力御家人の安達義景《あだちよしかげ》に嫁いでおり、飛鳥井家と鎌倉幕府の御家人たちとの関係は、かなり深いものであったと言える。所領については、前項で述べた通り、〝御恩〟として雅経が拝領した地頭職を、代々相伝していた可能性がある。〝御恩〟には奉公でこたえなくてはならない。それもあり、代々鎌倉幕府に祇候していたのではないだろうか。関東祇候廷臣が鎌倉に祇候しないと、何らかの咎《とが》があったことがうかがえる史料もあり（『飛鳥井雅有日記』「春のみやまぢ」弘安《こうあん》三年（一二八〇）十月二十六日条など）、咎とは所領の召し上げであると考えると、雅有など飛鳥井家の人たちは、飛鳥井家相伝の所領を守るために、関東に下向したのであろう。

飛鳥井雅経の事績、特に鎌倉幕府とのつながりを見ていくことによって、関東祇候廷臣の実態や、関東祇候廷臣を必要とした鎌倉幕府の実情、そして公武関係の新たな視角が見えてくる。特に、雅経のような和歌や蹴鞠の才のあった人物が、鎌倉幕府成立期～源家将軍期にかけて、代々の将軍にその才能をもって祇候しているという事実は、鎌倉幕府の将軍の権威の在り方を考える上で重要な視点となるのである。

（金谷　蕗）

【参考文献】

筧雅博「続・関東御領考」（石井進編『中世の人と政治』吉川弘文館、一九八八年）
坂井孝一『源氏将軍断絶』（ＰＨＰ新書、二〇二一年）
鈴木芳道「鎌倉時代の公武婚」（『鷹陵史学』三〇、二〇〇四年）

高島哲彦「鎌倉時代の貴族の一側面―「関東祇候廷臣」についての一考察―」（『史友』十九、一九八七年）
武藤康史「藤原雅経年譜」（『三田國文』二、一九八四年）
村山修一『藤原定家』（吉川弘文館、一九六二年）
湯山学「関東祇候の廷臣―宮将軍家近臣層に関する覚書―」（同『相模国の中世史〔増補版〕』岩田書院、二〇一三年、初出一九八八年）

8　安倍泰貞――鎌倉殿・幕府に仕えた陰陽師――

●鎌倉幕府と陰陽師

藤原道長《ふじわらのみちなが》に仕えた安倍晴明《あべのはるあきら》に代表されるように、陰陽師《おんようじ》は平安貴族社会で活躍したイメージが強いが、鎌倉幕府でも積極的に陰陽道《おんようどう》を用い、幕府の史書『吾妻鏡《あづまかがみ》』には数多くの陰陽師が登場する。様々な儀式の日次勘申《にちじかんしん》、鎌倉殿の日常生活における禁忌の取り扱いや身体を護るための呪術、東国の災害や怪異に対する危機管理など、鎌倉殿や幕府にとって陰陽師の持つ技術や知識は不可欠であり、幕府が専属の陰陽師を求めるのは必然だったといえよう。鎌倉幕府に仕えた陰陽師を以下「鎌倉陰陽師」と呼ぶが、『吾妻鏡』には記事が途絶える文永《ぶんえい》三年（一二六六）までの間で七十四人も登場する［赤澤二〇一一］。『吾妻鏡』後も諸史料に彼らの子孫が鎌倉で活動していることが見てとれ、その中には鎌倉にいながら陰陽頭《おんようのかみ》に任ぜられる者も現れる［赤澤二〇一〇、山口二〇二二］。このように鎌倉は官人陰陽師にとって京に匹敵する一大拠点へと発展するのである。

ただし、幕府の成立当初から官人陰陽師が鎌倉に定住していたわけではない。むしろ源頼朝《みなもとのよりとも》・頼家《よりいえ》期は陰陽師の姿はほとんど見られない。頼朝が挙兵した際、佐伯昌長《さえきまさなが》なる人物が日次勘申と天曹《てんそう》地府祭《ちふさい》（天帝・冥道神を祀る陰陽道祭）を行っているが、彼は筑前国住吉社《ちくぜんのくにすみよししゃ》の神官の弟であり、陰陽師の代わりを務めたにすぎなかった。頼家期には安倍氏の有力陰陽師である安倍資元《すけもと》が頼家のために毎月の当年星祭《とうねんせいさい》（対象とする人がその年に当たる北斗七星を祀る陰陽道）を行ったり、天変の勘文《かんもん》を注進しているが、在京したままで鎌倉に下向したわけではなかった。護持僧や他の文筆系の官人が鎌倉に下向し、定住するようになっていたにもかかわらず、なぜ陰陽師は鎌倉に下って来なかったのだろうか。それは官人陰陽師にとってメリットがなかったからである。京から離れることは昇進ルートから外れることを意味し、何より新たな技術や知識、陰陽道をめぐる解釈の場から離れてしまう。

こうした状況のなかで、鎌倉に初めて定住した官人陰陽師が安倍泰貞《やすさだ》であった。そして続いて安倍親職《ちかもと》、安倍宣賢《のぶかた》が鎌倉に姿を現し、彼らは鎌倉陰陽師の祖となる。それではなぜ泰貞・親職・宣賢は鎌倉に下り、定住する道を選んだのだろうか。陰陽師は鎌倉に何をもたらしたのだろうか。陰陽師という視点から京と鎌倉との関係について考えてみたい。

●安倍泰貞、鎌倉に下る

承元《じょうげん》四年（一二一〇）十月十六日の晩、安倍泰貞が彗星の祈禱として御所で属星祭《ぞくしょうさい》（生年月日の干支により配当された北斗七星を祀った陰陽道祭、「ぞくせいさい」ともいう）を行った。これが『吾妻鏡』における泰貞の初見である。九月三十日に鎌倉に出現した彗星について、十月十二日に京から安倍資元の勘文が参着した。泰貞の祈禱はこれに対するものであった。資元は前将軍頼家の頃から天変の勘文や息災の祈禱を京で行っており、実朝《さねとも》に代替わりした当初は鎌倉殿との関係を引き継ぎ、建《けん》永《えい》元年（一二〇六）六月には子息維範《これのり》を鎌倉に遣わして実朝の祈禱を行わせている。ただし、維範はすぐに帰京し、資元も泰貞が鎌倉に姿を現してからほとんどやりとりをしなくなる。泰貞下向の翌年に安倍親職、三年後の建暦《けんりゃく》三年（一二一三）に安倍宣賢が登場するが、宣賢は資元の子でおそらく父の命を受けて鎌倉に下ってきたと考えられる。このように泰貞・親職・宣賢の下向によって「在京の陰陽師が京にいながら鎌倉殿に奉仕する」あり方から「鎌倉に在住する陰陽師が鎌倉殿に奉仕する」あり方へ変容したのである。

なぜ、泰貞・親職・宣賢は鎌倉に下向してきたのか。その理由は大きく二つある。一つは実朝の要請、もう一つは陰陽師側の事情である。まず、陰陽師側の事情を見よう。

泰貞・親職・宣賢は同じ安倍氏だが系統が異なる。安倍氏は晴明以前は陰陽道とほとんど接点がない氏族であった。系図に異同も見られ、八・九世紀に安倍朝臣改姓を認められた地方豪族出身だったという見解もある［細井二〇一二］。晴明は五十一歳でようやく天文博士《てんもんのはかせ》に任ぜられた遅咲きの陰陽師であったが、一条《いちじょう》天皇や藤原道長らの信任を得て賀茂《かも》氏に並ぶ陰陽師として認められた［斎藤二〇〇四、繁田二〇〇六］。晴明の子吉平《よしひら》と吉昌《よしまさ》も道長らに重用され、吉昌は安倍氏で初めて陰陽頭に昇る。吉昌には子がなく吉平の子息らが安倍氏を継承するが、分流するのはここからである。十一世紀にはそれぞれ代表する陰陽師の名を冠して泰親流《やすちかりゅう》、宗明流《むねあきらりゅう》、晴道党《はるみちとう》の三流に分かれていた。このうち嫡流は泰親流であるが、当主の早世などにより宗明流と晴道党の台頭を許し、三流の勢力が拮抗していたのがちょうど泰貞らが下向した当時の安倍氏の内情だった。泰親流から泰貞、晴道党から親職、宗明流から宣賢と三流から一人ずつ鎌倉に下っているが、これは偶然ではないだろう。おそらく実朝《さねとも》が朝廷に陰陽師の派遣を要請し、安倍氏がこれに応えて嫡流泰親流から泰貞を出した結果、競合する晴道党・宗明流からも陰陽師を遣わしたと考えるのが自然だろう。それではなぜ賀茂氏から鎌倉に行く者がいなかったのだろうか。おそらく官人陰陽師の世界で安倍氏よりも優位に立つ賀茂氏は、わざわざ鎌倉に赴くメリットを感じなかったのだろう。なお、安倍氏も必ずしも積極的だったわけではない。それは泰貞らの出自を見れば理解できる。

●泰貞・親職・宣賢の出自

泰貞は晴明から八代後胤にあたる。泰貞の曾祖父にあたる泰親は「指《さ》すの神《み》子《こ》」と呼ばれた抜群の的中率を誇る占いの名手で後白河法皇《ごしらかわほうおう》や藤原頼長《よりなが》・九《く》条《じょう》兼実《かねざね》らに重用され、最終的に陰陽道のトップに昇りつめた［赤澤二〇一一、二〇一一b］。泰親には複数の子がおり、長子季弘《すえひろ》、次子業俊《なりとし》、三子泰茂《やすしげ》は天文道を伝授され、それぞれ陰陽寮《おんようりょう》の要職につき、祈禱料として拝領した荘園所《しょうえんしょ》職《しき》を分与された。泰貞の父泰成《やすなり》は系図上では泰親の四子で仁安《にんあん》元年（一一六六）

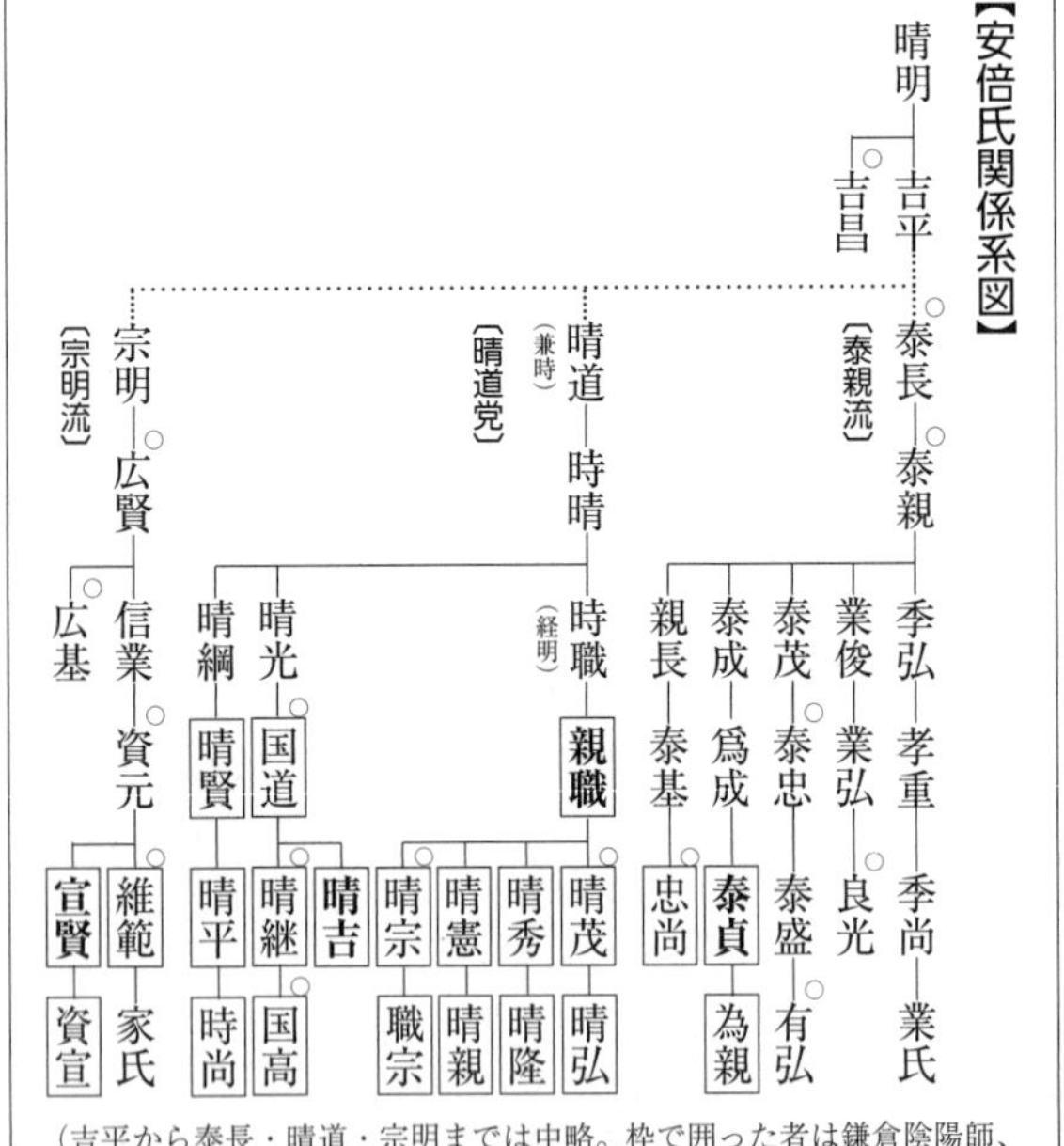

（吉平から泰長・晴道・宗明までは中略。枠で囲った者は鎌倉陰陽師、うち太字は承久の乱以前に下向してきた者。右肩の○は陰陽頭。破線は中略を示す。）

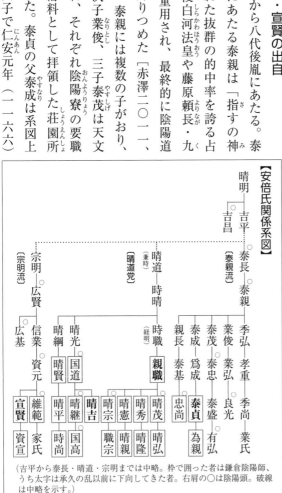

に従五位下《じゅごいのげ》大蔵少輔《おおくらのしょう》と見え（『山槐記《さんかいき》』）、建春門院《けんしゅんもんいん》の千度祓《せんどのはらい》や東宮《とうぐう》の七瀬祓《ななせのはらい》、また近衛家実《このえいえざね》の命により多武峰《とうのみね》御影《みえい》（現在の談山神社に納められていた藤原鎌足の肖像ヵ）の焼失を占うなどの活動が確認できる。壇ノ浦の合戦で宝剣が行方不明になった際には発見祈念のための勅使として前安芸守《さきのあきのかみ》佐《さ》伯景弘《えきかげひろ》のもとに遣わされている（『玉葉《ぎょくよう》』文治《ぶんち》三年七月二十日条）。ただし、泰成には天文道を伝授された形跡がなく、陰陽寮官職にもついていない。また、泰貞は系図では泰成の孫となっているが、父為成《ためなり》は古記録に確認できず、早世したものと思われる。このように泰貞は泰親流の中でも傍流の陰陽師であった。それを示すように貴族の日記など京の記録類に泰貞の名前を見出すことはできない。

　親職は晴道党時晴《ときはる》の孫、時職《ときもと》の子である。祖父時晴は泰親と同時代に活躍した陰陽師で院や九条兼実に仕えた。父時職はもとは経明《つねあきら》を名乗り（この初名から養子または猶子の可能性もある）、時晴とともに軒廊御卜《こんろうのみうら》に参仕し、複数の日次連署勘文にも名が見られる。寮官は漏刻博士《ろうこくのはかせ》にすぎなかったが、天文密奏《てんもんみつそう》宣旨《のせんじ》も蒙り、朝廷で活躍した陰陽師の一人であった。しかし、養和《ようわ》二年（一一八二）を最後に記録から姿を消すことから死去したと思われる。おそらく親職が成長する前に早世したのだろう。これにより時晴の跡は時職の弟晴光《はるみつ》が継ぐことになる（なお、時職が養子であればもともと嫡子晴光が継ぐことになっていたと思われる）。晴光は親職が鎌倉に下向した建暦元年（一二一一）の段階で従四位上《じゅしいのじょう》陰陽権助《おんようのごんのすけ》につく有力陰陽師となっており、その嫡子国道《くにみち》も父から陰陽大允《おんようのだいじょう》を譲られ、着々と地位を固めていた。そして親職もまた泰貞と同様に『吾妻鏡』以前に京で活動した形跡を見出せず、傍流に位置する者だったのである。ちなみに親職は鎌倉陰陽師で唯一、死去の記事が載る者で、位職は正四位下前陰陽権助に達した（仁治《にんじ》元年（一二四〇）閏十月二十三日）。

最後に宣賢であるが、先に述べたように彼は宗明流の嫡流資元の子である。宗明流は天文道に優れ、多くの天文博士を輩出し、嫡流泰親の死後、勢力を強めた系統である。資元の叔父広基《ひろもと》は建保《けんぽう》五年（一二一七）から七年まで陰陽頭を務め、資元も承久《じょうきゅう》元年（一二一九）に陰陽頭に昇った。資元の子には維範、宣賢、資俊《すけとし》、業元《なりもと》、そして宿曜師《すくようし》となった勝尊《しょうそん》がいたが、維範と宣賢の生年が史料から判明する。維範は寿永《じゅえい》二年（一一八三）、宣賢が治承《じしょう》四年（一一八〇）生まれで、建暦三年当時宣賢は三十四歳であった（国立歴史民俗博物館所蔵「安倍良光言上状残闕《あべのよしみつごんじょうじょうざんけつ》」、『吾妻鏡』弘長《こうちょう》三年五月九日条）。維範は承久元年に父資元から天文博士を譲られており、宣賢は天文密奏宣旨すら蒙っていなかったことから、嫡子は維範で宣賢は庶兄だったのだろう。そして宣賢も泰貞・親職と同様に鎌倉下向以前に京での活動がまったく確認できない。

以上、三人の出自を見るに、共通するのはいずれも傍流に属し、鎌倉下向以前は一切活動が見出せない点である。この時期の賀茂氏・安倍氏は庶流に属する者でも貴族の日記に確認できる者が多い。しかし、泰貞らがまったく確認できないということは、朝廷の陰陽道に関わる公事に携われず、摂関家や他の貴族と私的な関係を結ぶこともできない、いわば表舞台に出られない陰陽師であった。ただし、泰貞らの陰陽師としての能力はけして低かったわけではない。それは鎌倉下向後の彼らの活動からうかがえる。つまり泰貞・親職は実力はあるが出世の芽がほとんどない傍流の陰陽師、宣賢は庶子がゆえに鎌倉殿との関係を強化したい父資元の代理として鎌倉に遣わされた者だったのである。

●実朝と鎌倉陰陽師

それでは泰貞・親職・宣賢が鎌倉に下向してきた直接的な理由は何だろうか。明記した史料はないが将軍実朝の要請があったからだと思われる。そして実朝の要請を受けた後鳥羽上皇《ごとばじょうこう》が安倍氏に命じて遣わしたことはほぼ間違いない。詳しくは後述するが、実朝の暗殺直後、後鳥羽から泰貞らの所職を停止《ちょうじ》する沙汰《さた》が下されたことがそれを証明する。泰貞らは実朝を護持する命を受けて鎌倉に派遣されたが、それを果たせなかった責を問われたのである。つまり、泰貞らの下向は、実朝と後鳥羽の連携に基づいた実朝の身辺強化と政治を円滑に遂行するための技術官僚の派遣と理解することができよう。実朝はかつては文弱な将軍というイメージがついていたが、近年では和歌などを通じて京と積極的に交流し、御家人からの訴訟にも理非をもって判断し、鎌倉の発展に努めた将軍という評価に変わってきている［坂井二〇一四］。とするならば、実朝が陰陽師を招いたことも「京の文化に傾倒した実朝の文弱政治による弊害」ではなく、「実朝による政治や都市の環境を整備する政策の一環」として積極的な評価を与えるべきだろう。事実、実朝の時代は頼朝・頼家期と比べて飛躍的に陰陽道関係の記事が増えているのである。

下表は頼朝・頼家・実朝期における陰陽道関係記事を整理したものである。それぞれ陰陽師の主要な職務である勘申（日次、方角、禁忌など）、占術、呪術

【『吾妻鏡』陰陽道関係記事数】

	勘申	占術	呪術	天変	怪異	合計
頼朝期	7	3	3	9	14	36
頼家期		1	2	3	4	10
実朝期	10	5	27	26	12	80

＊鎌倉および東国で起きたものに限り、京での伝聞は除く。

(陰陽道祭祀《おんようどうさいし》、反閇《へんばい》など)、そしてその原因である天変、怪異にわけた。なお、同日条に怪異発生の報告と陰陽道祭祀の執行が併記されている場合はそれぞれカウントした。一瞥して明らかに実朝期が多いことが見て取れる。特に呪術が格段に増えている。これは様々な陰陽道祭祀を執行できる泰貞ら「正規」の官人陰陽師が祗候《しこう》するようになったからである。

泰貞は下向後、実朝の祈禱を行い、建暦元年六月二日に実朝が病に倒れた際、属星祭を執行し、たちまち快癒した。翌日、その賞として馬一疋が下賜され、実朝の篤い信頼を得ることに成功した。また、翌年実朝が太一定分《たいいつじょうぶん》(北斗七星の一つにまつわる厄年)に当たるため、栄西《ようさい》・定豪《じょうごう》の祈禱とともに泰貞と親職が天曹地府祭を行った。そして泰貞らは実朝の身辺護持の役割だけでなく、幕府の危機管理や政策にも関わりを持つようになる。

朝廷では瑞兆や怪異、天変地異、天皇の病などが発生した場合、軒廊御卜という最高位の占いを行わせて天からのメッセージを読み解こうとした[西岡二〇〇二]。この他、蔵人所《くろうどどころ》の陰陽師が行う蔵《くろ》人所御占《うどどころのみうら》、摂関家《せっかんけ》で行う摂関家蔵人所占《くろうどどころのうら》など私的に関係を持つ陰陽師に占いをさせていた。軒廊御卜は神祇官《じんぎかん》と陰陽寮の官人によって行われたが、鎌倉には神祇官の官人はいなかったので摂関家と同様に陰陽師に占わせていた。幕府の成立後、朝廷の軒廊御卜では東国で発生した怪異は扱われず、幕府で占われるようになる。東国の危機管理は幕府に委ねられたのである[赤澤二〇二一a]。

天変の記事も頼朝期九件、頼家期三件、実朝期二十六件と大きな差があるが、単に増加しただけでなく、記事の内容がより詳細になっている。例えば、日月蝕《にちげつしょく》では頼朝期は単に「戌刻月蝕」(文治五年十二月十六日条）だったのが、実朝期は「戌刻月蝕、七分《しちぶ》正見《しょうけん》」（建保二年二月十五日条）など観測結果も併記されており、鎌倉でも京と同じく陰陽師による天文観測が日常的に行われ、幕府に報告されるようになったことを示している。このように泰貞らが鎌倉に定住したことで怪異や天変に即応することが可能となり、鎌倉幕府による東国の危機管理体制が大幅に整備されたのである。

　次に幕府の政策に関与するようになった点だが、政策の立案や実行に際して専門家として助言し、実朝の判断に役立てられた。建暦二年四月十八日、実朝の御願によって大倉《おおくら》の地に大慈寺《だいじじ》創建の立《りっ》柱《ちゅう》・上棟《じょうとう》の儀が行われたが、この地を選び、吉日を勘申し、水神祭《すいじんさい》（水神を祀る陰陽道祭）と土公《どこう》祭《さい》（土公神を祀る陰陽道祭。どくうさいともいう）を行った。また、幕府は和田合戦《わだがっせん》の三日前には世上を鎮めるため鶴岡八幡宮《つるがおかはちまんぐう》に大般若経《だいはんにゃきょう》の転読《てんどく》を、定豪に大威徳法《だいいとくほう》を、忠快《ちゅうかい》に不動法《ふどうほう》を、浄遍《じょうへん》に金剛《こんごう》童子法《どうじほう》を命じたが、同時に陰陽師も親職が天地災変祭《てんちさいへんさい》（天地災変を鎮める陰陽道祭）、泰貞が天曹地府祭、宣賢が属星祭を行った（建暦三年四月二十八日条）。さらに和田合戦によって焼失した御所を再建するために北条義時《ほうじょうよしとき》、同時房《ときふさ》、中原《なかはら》（大江《おおえの》）広元《ひろもと》らが評定を開いた際には親職・泰貞・宣賢が連署勘文を進上している（六月二十六日条）。そして八月二十日に実朝が新御所に移徙する際、親職が反閇を執行し、泰貞が鎮宅呪符《ちんたくじゅふ》を寝殿の天井に置いた。

　また、同年九月十二日に実朝が駒御覧《こまごらん》に臨んだ際、当番の陰陽師が赤葦毛《あかあしげ》の馬を拝領しており、この時までには鎌倉殿に陰陽師が当番で近侍していたことがわかる。陰陽師が鎌倉殿に結番するのは四代頼経《よりつね》期の将軍護持陰陽師《しょうぐんごじおんようじ》からだと理解してきたが［赤澤二〇一一］、実朝期に遡ると考えた方がよい。このように幕府における儀式遂行や政権運営、危機管理のために陰陽師は欠かせぬ存在となり、実朝にとって自身の政治を推し進めるために重要な人材となったのである。そして泰貞らにとってもこれは大きな好機であった。先述のように彼らは京にいたままでは容易に出世を望めない立場であり、ある意味で実朝と泰貞らの利害は一致したのである。しかし、この関係は突如崩れることになる。

●実朝の暗殺と「鎌倉陰陽師」の誕生

建保七年（一二一九）正月七日、右大臣《うだいじん》に任じられた実朝は、拝賀《はいが》のため鶴岡八幡宮に参拝したところを甥の公暁《こうぎょう》に殺された。この出来事に北条氏や御家人たちは大きく動揺するが、それ以上に激怒したのが後鳥羽上皇だった。二月二十日、京都のとある公卿から北条政子《まさこ》のもとに書状が届けられたが、そこには二月六日に上皇の命によって実朝に仕えていた陰陽師たち（泰貞、親職、宣賢）の所職が解任されたことが記されていた。実朝護持の責務を果たせなかった泰貞らに対する後鳥羽の怒りは峻烈だった。

後鳥羽の沙汰に対して泰貞らはある決断を下さざるをえなくなる。繰り返して述べてきたように泰貞らは安倍氏の中でも傍流の者たちである。このまま帰京したところで前途を望めるはずもないことは明らかである。そこで彼らが選んだのは、鎌倉に残り、幕府専属の陰陽師となる道だった。そしてそれは泰貞らに救いの手を差し伸べた義時を中心とする幕府首脳にとっても好都合だった。

実朝殺害後、幕府は次期将軍候補の選定に奔走する。当初は後鳥羽上皇の皇子を望むものの、後鳥羽に拒否され、源氏の血縁をたどって九条道家《みちいえ》の子息三寅《みとら》（後の頼経）を鎌倉に迎えることで落ち着いた。七月十九日に三寅は鎌倉に下向したが、この時、医師の権侍医《ごんのじい》丹波頼経《たんばのよりつね》、陰陽師の大学助《だいがくのすけ》安倍晴吉《はるよし》が供奉した。晴吉は晴道党の陰陽師で親職の従兄弟国道の子である。晴吉は鎌倉に到着すると早速三寅のために七瀬祓を行った。晴吉と泰貞らとの関係は、特に対立した記事もなく、ともに祭祀を執行していることから協調的だったと思われる。

頼経の下向は鎌倉陰陽師の立場に大きな画期をもたらすことになった。幕府では頼経の下向にともない鎌倉殿の警備体制を大きく見直すことにした。これまで御所の警備や外出する鎌倉殿の供奉《ぐぶ》は侍所《さむらいどころ》が管轄していたが、鎌倉殿の殺害といった凶事を繰り返さないためにも身辺の警固を強化することは喫緊の課題だった。また、わずか二才に過ぎない三寅が健やかに成長するためにも宗教的な護持は必須であった。そこで新たに小侍所《こさむらいどころ》という部署を設け、そのメンバーに陰陽師も加えたのである。後鳥羽によって追い詰められた泰貞たちは幕府側の提案を受け入れ、彼らは正式に幕府の職員として名を連ねることになり、「鎌倉陰陽師」が誕生することになったのである。

●承久の乱と鎌倉陰陽師

承久三年（一二二一）五月十九日、後鳥羽上皇が義時追討の宣旨を下し、挙兵したとの知らせが鎌倉に届いた。幕府存続の危機に対して、北条政子は動揺する御家人たちを集めて檄を飛ばし、御家人たちは涙を流して応戦する決意を固めたというのは有名な話であるが、その直前に義時は泰貞、親職、宣賢、晴吉の四名を召して占わせている。泰貞らは最初の飛脚が到着した午の刻をもとに占い、そろって「関東太平《かんとうたいへい》」を申し上げた。

さらに翌二十日、幕府は鶴岡八幡宮に戦勝祈願の祈禱を命じるとともに、陰陽師たちにも祭祀を行わせた。なおも祈禱は行われ、二十六日には鶴岡八幡宮で百名の僧を動員する仁王百講《にんのうひゃっこう》に加え、鎌倉陰陽師に属星祭と百日に及ぶ天曹地府祭を行わせた。特に百日の天曹地府祭は天皇の祈禱に匹敵する規模であり、鎌倉陰陽師への期待の高さがうかがえる。まさに仏教祈禱（内法《ないほう》）と陰陽道祭祀（外典《げてん》）を車の両輪のごとく配置して万全の祈禱体制を敷いたのである。

また、合戦の最中の六月八日、鎌倉の義時邸の釜殿《かまどの》に雷が落ちる怪異が発生した。義時は大江広元を招いて相談したところ、広元は頼朝が奥州合戦に出陣したときにも陣営に落雷があったことを先例に関東では吉例であると申し、念のため陰陽師に占わせるよう進言した。そして泰貞・親職・宣賢が召され、三人は鎌倉方にとって最吉であることを告げ、義時を安堵させた。

六月十五日、関東勝利の記事が『吾妻鏡』に載るが、最後の一文にはこう記されている。

本日、関東で行っていた祈禱が結願した。属星祭の祭文《さいもん》は民部大夫《みんぶだいぶ》二階堂行盛《にかいどうゆきもり》が起草して清書も兼ねた。まさに結願《けちがん》したその日に官軍が敗北したのである。仏神の力がいまだ地に落ちていないということである。

泰貞らが行った陰陽道祭祀は、鎌倉の鎮守鶴岡八幡宮とともに幕府を守護する役割を果たし、合戦の後、彼らには多大な恩賞が与えられた。

承久の乱は京の官人陰陽師にも多大な影響を与え、続々と下向してくることになった。その中には現職の陰陽助安倍国道ら有力陰陽師もいた。鎌倉殿頼経に仕えることはその父九条道家との関係を強化することも意味しており、九条道家政権下では鎌倉と縁を持つ安倍国道、忠尚、維範が陰陽頭に昇っている。鎌倉陰陽師は御家人とは異なり、自由任官が許されていた。官人の身分秩序に包摂された存在であったがゆえに、鎌倉殿への奉仕は官人としての昇進ルートの一つとなったのである。このように陰陽師の視点から見れば、鎌倉陰陽師の成立は官人陰陽師が最盛期を迎える最も重要な要因の一つとなった。さらに初期室町幕府における陰陽道政策が鎌倉幕府のそれを踏襲していたことに鑑みれば、承元四年にはじまる鎌倉幕府と安倍泰貞・親職・宣賢らとの接触は、これから長きにわたって付き合うことになる武家と陰陽道との本格的な関係の記念すべき第一歩だったのである。

（赤澤春彦）

【参考文献】

赤澤春彦「鎌倉後期～末期の鎌倉陰陽師―『吾妻鏡』以降の鎌倉陰陽師―」（阿部猛編『中世政治史の研究』日本史資料研究会、二〇一〇年）
赤澤春彦『鎌倉期官人陰陽師の研究』（吉川弘文館、二〇一一年）
赤澤春彦「鎌倉幕府と怪異―『吾妻鏡』の怪異を読む―」（東アジア恠異学会編『怪異学講義―王権・信仰・いとなみ―』勉誠出版、二〇二一年a）
赤澤春彦「中世における晴明像の展開」（林淳編『新陰陽道叢書　第五巻特論』名著出版、二〇二一年b）
斎藤英喜『安倍晴明―陰陽の達者なり―』（ミネルヴァ書房、二〇〇四年）
坂井孝一『源実朝』（講談社、二〇一四年）

繁田信一『安倍晴明─陰陽師たちの平安時代─』（吉川弘文館、二〇〇六年）
西岡芳文「六壬式占と軒廊御卜」（赤澤春彦編『新陰陽道叢書　第二巻中世』（名著出版、二〇二一年、初出二〇〇二年）
細井浩志「古代における晴明像の形成」（林淳編『新陰陽道叢書　第五巻特論』（名著出版、二〇二一年）
山口啄実「鎌倉後期～南北朝期の官人陰陽師」（赤澤編「新陰陽道叢書　第二巻中世」（名著出版、二〇二一年、初出二〇一七年）

9 源頼茂―内裏を焼いた源氏―

●内裏炎上

承久《じょうきゅう》元年（一二一九）七月十三日、炎に包まれる平安京内裏の中で、その生涯を終える者がいた。源《みなもとのよりみつ》頼光を祖とする摂津《せっつ》源氏頼政《よりまさ》の孫の頼茂《よりもち》である。

この日、頼茂は父祖から受け継いだ大内守護《おおうち》（大内裏《だいだいり》を守護する職務）の務めを果たすべく内裏にいたところ、謀反《むほん》を企てた疑いにより後鳥羽《ごとば》院から召喚を受けた。しかし、それに応じなかったため、院から追討軍（官軍）が内裏に派遣されることとなり、頼茂は交戦するもあえなく敗れた。平宗城に討たれたとも、左衛門尉盛時《さえもんのじょうもりとき》に首を取られたとも、あるいは郎等らと仁寿殿《じじゅうでん》に籠《こ》もり自害したとも伝わる（『吾妻鏡《あづまかがみ》』『愚管抄《ぐかんしょう》』「仁和寺日次記《にんなじひなみき》」）。頼茂らは合戦に際して内裏に火を放ち、大内裏全体に及んだ炎は、門や官舎だけでなく、仁寿殿の観音像・応神《おうじん》天皇の神輿などの神宝までをも焼き尽くした。

この事件が起こる半年前の正月には、三代将軍源実朝《さねとも》が鎌倉で暗殺されており、六月には新将軍候補として幕府に迎えられた摂関家の三寅《みとら》（のちの藤原頼経《ふじわらのよりつね》。九条道家《くじょうみちいえ》の子）が鎌倉に下向している。頼茂はそうした状況下で、後鳥羽院に討たれたのである。

●事件の真相

頼茂が討たれた理由について『愚管抄』は、頼茂が「将軍にならんと思」い謀反に至ったためとするが、その真相はわからない。また、事件の発生が承久の乱の三年前というタイミングであることから、これまで様々な説が提起されてきた。

それらは、『愚管抄』のように将軍就任の野望が露顕したためとする説の他にも、三寅の鎌倉下向に対する院の不満爆発と幕府への示威行動、頼茂の勢力伸長を警戒した院の先制攻撃など、承久の乱の前提となる公武対立の一過程とみる傾向が強い。

しかし、近年では三寅の外祖父である西園寺公経《さいおんじきんつね》と、後鳥羽院の乳母の卿二位兼子《けんし》・大炊御門家《おおいみかど》（兼子は大炊御門頼実《よりざね》の後妻）との政治的対立にからんだ、院をとりまく近臣同士の権力闘争の一環であったという見解が出されている。当時、西園寺家と卿二位兼子・大炊御門家は実朝の後継将軍をめぐって対立しており、頼茂は公経に対抗しようとする兼子一派の藤原忠綱《ただつな》（後鳥羽院近臣）と何らかの共謀関係にあったことで討たれることになったというのである［佐々木二〇〇四、野口二〇二〇］。

このように、頼茂の誅殺は承久の乱と直接関わりのない事件とみる理解が定着しつつある。だが、はたして頼茂の死は、その後の公武関係や幕府政治に何も影響を残さなかったのであろうか。そもそも源頼茂とは、いかなる存在だったのか。本稿では、開創期鎌倉幕府における源頼政の子孫たち（摂津源氏頼政流）の実態に焦点をあてながら、頼茂の歴史的位置を追究していきたい。

●摂津源氏頼政流

治承《じしょう》・寿永《じゅえい》の内乱期から鎌倉幕府草創期にかけて、源頼朝の兄弟の義経《よしつね》・範頼《のりより》たちや、甲斐《かい》源氏の安田義定《やすだよしさだ》、摂津《せっつ》源氏の多田行綱《ただゆきつな》など、源氏一門の多くが幕府内の政争により粛清された。そうした中、治承《じしょう》四年（一一八〇）五月の以仁王《もちひとおう》の乱で戦死した源頼政の子孫たちは、内乱期に義経の娘婿として終始彼に従い、最後は頼朝に討たれた有綱《ありつな》（頼政の孫、仲綱《なかつな》の子）を除くと、頼朝から厚遇されていた。

頼政には、以仁王の乱で戦死した仲綱の他にも養子を含む多くの子がいた。その中でも、幕府との関係からその具体的な活動が知られるのは、広綱《ひろつな》と頼兼《よりかね》の二人である。

【摂津源氏関係系図】

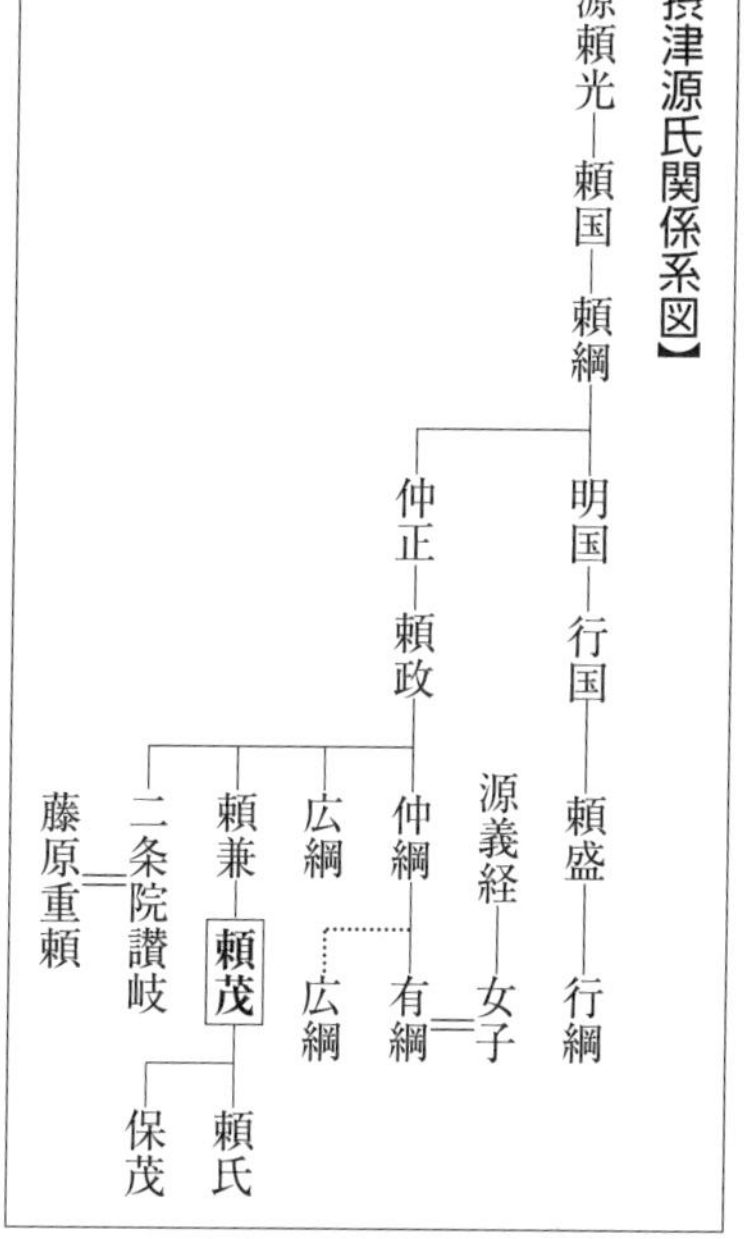

●源広綱

頼政の嫡男仲綱の養子となっていた広綱は、内乱の早い段階で頼朝に仕えており、元暦《げんりゃく》元年（一一八四）八月には源氏一門の一人として源範頼・武田信義《たけだのぶよし》らとともに、頼朝から国司任官の推挙を受けていた（『吾妻鏡』二十一日条）。また、頼朝が鶴岡八幡宮《つるがおかはちまんぐう》や京都の六条若宮《ろくじょうわかみや》・石清水八幡宮《いわしみずはちまんぐう》に参詣する際、それに従う行列の上位に列するなど、将軍近臣の御家人として位置づけられていた［青山一九八五］。

しかし、建久《けんきゅう》元年（一一九〇）十二月、頼朝に随行して京都にいた広綱は、同年十一月の頼朝の右大将拝賀の供奉人に選ばれなかったことと、駿河国《するがのくに》（静岡県）の国務を認められなかったことを理由に頼朝のもとから逐電する（『吾妻鏡』建久二年十一月二十七日条）。以後、広綱が御家人に復帰することはなかった。

●源頼兼

頼政の後継者は広綱ではなく、その兄弟の頼兼（頼茂の父）であった。頼兼は安元《あんげん》二年（一一七六）六月の時点で九条院《くじょういん》（近衛天皇の皇后）の非蔵人かつ五位（『玉葉《ぎょくよう》』二十九日条）、元暦二年（一一八五）六月に後鳥羽天皇の蔵人かつ五位の位階を持っていたことが知られる（『吉記《きっき》』二十三日条）。つまり、父頼政のように国司の官途を得てはいなかったが、幕府成立以前から比較的高い地位にあったわけである。それは父が公卿の地位に到達していたことの恩恵に浴したものであっただろう。

このように頼兼は、公家政権との結び付きを持ちながら、鎌倉では広綱と同じく頼朝近臣の一人として位置づけられていた。また、広綱がほぼ一貫して鎌倉の頼朝のもとで仕えていたのに対して、頼兼は京都と鎌倉を往来していた。それは、父から受け継いだ大内守護の職務を果たすためである。

●摂津源氏頼政流の所領

大内守護を務めるには、当然ながら京都に常駐する必要があり、京都の屋地や京近郊の本拠地を拠点に活動せねばならない。頼兼は父頼政の旧領も継承していたが、実のところ頼政流摂津源氏の本拠がどこにあったかはわかっていない。

そもそも頼政流は摂津源氏の嫡流ではない。嫡流は、武門清和源氏の祖満仲《みつなか》以来の本拠である摂津（大阪府・兵庫県）の多田《ただ》（兵庫県川西市）の地を継承していた多田源氏である。頼政の父仲正《なかまさ》の時代には、嫡流の兄の明国《あきくに》と共に多田に居住していたと考えられ、仲正が受領を務めるなどして本流から独立して以降、多田に近い摂津北部の小規模な所領を基盤としていたと推測される［生駒二〇一四］。

その一方で、頼政は、丹波《たんば》国（京都府・兵庫県）五箇荘《ごかのしょう》（京都府南丹市）と若狭《わかさ》国（福井県小浜市）の二箇所を家領としていた（『延慶本平家物語《えんぎょうぼんへいけものがたり》』第二中）。文治《ぶんじ》二年（一一八六）三月、頼兼は、以仁王の乱で頼政が没したあと、平宗盛《たいらのむねもり》の所領となっていた「入道源三位卿〈頼政、〉家領」の丹波国五箇荘について、平家滅亡後に頼兼に返付されるはずであったが、後白河《ごしらかわ》院領に組み込まれてしまったため、その返還を頼朝に訴え出ている（『吾妻鏡』八日条）。

宮河保《みやがわのほ》（福井県小浜市）宮河保は、頼政の娘の二条院讃岐《にじょういんさぬき》（歌人として著名）の夫である藤原重頼《しげより》が地頭を務めていた（『吾妻鏡』文治四年九月三日条）。重頼は頼兼らと同様に頼朝近臣の上位に位置する御家人として位置づけられており［青山一九八五］、頼兼とともに摂津源氏頼政流の一門として活動していたとみられる。宮河保は重頼の死後、二条院讃岐が知行することになる（『鎌倉遺文《かまくらいぶん》』四七六九）。これら五箇荘と宮河保は、頼兼の訴えにより返付され、後者は頼兼が一門である重頼に管理を託したのであろう。

なお、京都における頼兼の屋地がどこだったかは不明だが、息子の頼茂が大内守護を務める際、内裏の昭陽舎《しょうようしゃ》を宿所としていたことから（『吾妻鏡』承久元年七月二十五日条）、頼兼も同じくそこに居住していたとみてよかろう。

こうして頼兼は、父の遺領と大内守護の職務を継承し、幕府御家人としても比較的高い地位にあった一方で、内乱期における父・兄の戦死により家領の没収に留まらない影響を強く受けていた。

●大内守護

頼政の時代には、摂津の渡辺党渡辺氏や知行国伊豆《いず》（静岡県）の工藤《くどう》氏、下総《しもうさ》（東京都・千葉県）の下河辺《しもこうべ》氏など、規模こそ大きくはないものの、列島各地の武士団がその傘下に加わっていた。しかし、以仁王の乱において、頼政と共にそれらの多くが討死・没落したことで、頼兼のもとにはごくわずかな郎等しか継承されなかったとみられる。それは家職の大内守護の勤仕にも響いていた。

頼兼は、元暦二年（一一八五）五月には大内守護を務めており、内裏の昼御座《ひのおまし》の御剣を盗んだ犯人を家人の武者所久実が捕らえたことを鎌倉に報告し、頼朝から褒賞されている（『吾妻鏡』二十七日条）。ところが、それから三年後の文治四年（一一八八）に、頼兼は単独での大内守護の勤仕の困難さから、他の御家人との結番（交替勤務）を頼朝に訴え出ている。治承・寿永の内乱終結後、直ちに父の跡を継いだものの、郎等の数が大幅に減少していた影響が徐々に出はじめ、年々大内裏全体を守護するのが難しくなったのであろう。頼兼の訴えにより、「北国御家人」らがサポートにあてられることになった。だが、それでも叶わないことを再度訴えたため、建久二年（一一九一）には安田義定が交替要員として配置されることとなった。

最終的に、建久四年頃には義定が更迭されると、翌年の四月に、頼兼が前月二十八日に仁寿殿前で内裏に放火しようとした犯人を捕らえて処刑したことを鎌倉に報告しているように（『吾妻鏡』七日条）、安定した勤仕が可能となったようである。よもやこの七年後に自分の息子が、放火未遂犯と同じことを実現し、大内裏を焼き尽くすことなど想像さえしなかったであろう。

　ともあれ、頼兼が大内守護を継続できるようになったのは、頼朝の梃子入れ以降、他の御家人たちの支援や、一門の藤原重頼のサポートによる郎等の拡大などがその背景にあったと想定できる。また、頼兼が若い頃から九条院非蔵人や後鳥羽天皇蔵人を務めていたように、公家政権の中枢との繋がりを有していたことも、京都において円滑に大内守護の職務を遂行できた要因であったに違いない。

　このように、頼政の跡を継いだ頼兼は、公家政権との紐帯を持ち、鎌倉幕府御家人としては源氏一門に連なる上位の御家人であった。開創期の幕府が、広綱や頼兼、そして一門の藤原重頼を含む頼政流を厚遇した具体的な理由は不明である。だが、広綱が「幼稚より洛陽に住む」存在であったり、頼兼が公家政権との繋がりを持ちながら父祖以来の大内守護を担っていたりしたことは、公武協調を維持する幕府にとって、その橋渡しとなる存在として重視される要因となったであろう。頼茂はそうした父頼兼たちが公武両政権において培った地位を全て受け継ぐことになる。

●京武者としての頼茂

　頼茂も父と同じく京都と鎌倉を往来する日々を送っていた。京都では大内守護の職務に加えて、後鳥羽院の主導による治安維持活動に従事していた。同時に官位・官職等、父を超える出世を遂げることになるのだが、それは京都での後鳥羽院との関係の賜物であった。

　建暦《けんりゃく》二年（一二一二）五月二十日、頼茂は相博《そうはく》（交換すること）によって前官の安房《あわ》守から近江《おうみ》守に遷任しており、藤原定家《さだいえ》はその理由について「大嘗会《だいじょうえ》の事によるか」と日記に記している

（『明月記《めいげつき》』）。また、半年後に実施された順徳《じゅんとく》天皇の大嘗会に伴う叙位では正五位下に叙されており、大嘗会に関連する費用を負担したことで、近江守への任官と正五位下の叙任がなされたとみられる。さらに頼茂は、院と内裏双方の昇殿を許されていた。これらは、大嘗会への費用負担と合わせて、頼茂が後鳥羽院に近い位置にあったことを示している。

前記した源広綱たちのように、御家人は幕府（将軍）の推挙がなければ朝廷の官職に就くことはできず、国司に任じられる者も源氏一門などに限られていた。しかし、後鳥羽院政期の御家人には、将軍の推挙を受けずに国司等の官職に任じられた者が何人も存在しており、頼茂もその一人であった。近江守に替わる前の安房守就任の時期がいつの頃かは不明だが、頼茂は院から直接官職を与えられる存在であった。のちに正五位・殿上人・諸大夫（公卿・殿上人を除く地下の四位・五位の廷臣）の者が任じられる右馬権頭《うまごんのかみ》の官職を得ているように、公家社会では中流貴族に位置していたのである。

この頃、在京御家人の多くは後鳥羽院と主従関係を結んでおり、頼茂もその一人であった。鎌倉幕府に仕える御家人が、院と主従関係を結ぶなどあり得ないと思う人も多いだろうが、当時の武士にとって院や貴族に仕える一方で、幕府の御家人となっているのはごく普通のことであった。

後鳥羽院は、京都の内外で紛争が発生した際、院西面《さいめん》（西面の武士）・院下北面《げほくめん》（北面の武士）や検非違使《けびいし》などの武士、在京御家人たちを動員して、軍事・警察活動に従事させた。承久の乱後、京都の警固は鎌倉幕府の出先機関として設置される六波羅探題によって担われることになる。だが、この頃は、院が京中の個々の武士に指令を下し動員するという、白河《しらかわ》・鳥羽《とば》院政期以来のそれをふまえた方法が取られていた。

例えば、建暦三年（一二一三）八月、後鳥羽院は清水寺《きよみずでら》と清閑寺《せいかんじ》との紛争をきっかけに起こった清水寺と清閑寺の本寺延暦寺《えんりゃくじ》との武力衝突を鎮圧するため、源頼茂・大内惟信《おおうちこれのぶ》らの在京御家人や、「西面之輩」（西面の武士）らを延暦寺の衆徒《しゅと》らが籠もる長楽寺《ちょうらくじ》に派遣した（『明月記』『吾妻鏡』）。官軍と延暦寺衆徒は戦闘に及び、後日、頼茂は自らの戦功を語っている（『明月記』三日条）。

頼茂の京都での警察活動はこれ以外に所見がない。しかし、共に動員された大内惟信が父惟義《これよし》以来、後鳥羽院と密接な関係を築いていたように、頼茂も日常的に院の命令による軍事・警察活動に従事し、院との主従関係を強めていたとみられる。頼茂が国司の官途を得たり、院・内裏の昇殿を許されたりしたのも、父頼兼が公家社会で築いた立場を受け継いだのに加えて、後鳥羽院の引き立てがあったからである。

このように、京都で院の命令による軍事・警察活動に従事し、近江守などとして活動する頼茂は、同時期の大内惟義らと共に、院政期の京武者《きょうむしゃ》と同様の存在と捉えられている［木村二〇一六］。本来、京武者とは白河・鳥羽院政期の摂津源氏、伊勢・伊賀平氏など畿内近国に本拠地を置いて、小規模な武士団と狭小な所領を持ち、在京活動を担うような存在を指す。頼茂が頼兼から相続した所領の全容は不明だが、武士団については承久元年七月に頼茂が討たれた際、一緒に討ち死にした郎等の一人に渡辺党渡辺氏の「源貯《たくわう》」がみえることから（『吾妻鏡』）、頼兼以来の郎等たちを継承したことは疑いない。したがって、頼政・頼兼から継承した郎等と所領を基盤に、後鳥羽院の命令を受けて在京活動にあたる頼茂はまさに京武者と呼ぶにふさわしい。だがその一方で、頼茂は父頼兼と同じく、鎌倉で御家人としての活動も行っていたことに留意する必要がある。

●幕府御家人としての活動

頼茂の鎌倉での活動初見は、建暦三年（一二一三）五月に和田義盛《わだよしもり》とその一族が討たれた和田合戦においてである。開戦二日目の五月三日、北条泰時《ほうじょうやすとき》・時房《ときふさ》らの諸将は鎌倉市中へ攻め寄せる和田勢を防ぐべく、市中各地の防衛についており、頼茂は名越《なごえ》に布陣していた（『吾妻鏡』）。頼茂が合戦でどのようなはたらきをしたかは不明だが、この時点で足利義氏《あしかがよしうじ》や結城朝光《ゆうきともみつ》らの有力御家人と並ぶ存在であったことが知られる。

建保《けんぽう》四年（一二一六）四月以降、頼茂は幕府政所の家司に補され、翌五年八月まで五通の政所《まんどころ》下文《くだしぶみ》に名前を連ねている。さらに、同六年十二月には実朝の家司に任じられている（『吾妻鏡』二十日条）。また、父たちと同様に実朝の行列に供奉しており、建保二年七月二十七日の大慈寺《だいじじ》供養や、同七年正月二十五日の任右大将拝賀では殿上人としての立場であった（『吾妻鏡』）。すなわち、頼茂は、京都での活動によって得られた殿上人・諸大夫の身分と連動して、幕府内での地位も高まり、源氏一門であるという点に加えて、一般御家人をはるかに凌駕する存在になっていたのである。

ちなみに実朝は、建保七年正月二十五日の任右大将拝賀の際に、鶴岡八幡宮で甥の公暁《こうぎょう》に暗殺されるが、『吾妻鏡』には、その三日前に同宮に参籠した頼茂に関する逸話がある。

鶴岡の拝殿に参った頼茂は眠ってしまい、頼茂の目の前にいた一羽の鳩を、そばにいた小童が杖で打ち殺し、次に頼茂の狩衣の袖を打つという夢を見た。頼茂は不思議な気持ちで目覚めると、鳩の死骸が鶴岡の庭に有ったため、陰陽師らに占わせたところ、彼らは良くない気配の前兆であることを申したという（『吾妻鏡』二十七日条）。

この逸話がその後の実朝の暗殺と半年後の頼茂自身の死を暗示していることは明白である。頼茂が実際にこうした夢を見たかどうかは定かではない。だが、『吾妻鏡』の編纂者は、頼茂を実朝の近習の一人として、その死を予見するにふさわしい人物と認識していたことを示している。こうした逸話によって語られるほど、頼茂の幕府における立場は高かったわけである。

頼茂は、このように幕府御家人として発展していることから、前記した京武者とは異なる存在形態とみる意見もある［長村二〇一五］。確かに、頼茂の存在形態が、院政期の京武者と実態の面で異なるのは明らかである。しかし、京都での活動による身分の上昇が、幕府御家人としての立場を支えていたことを考慮するならば、頼茂は父祖以来の京武者としての立場を維持しながら、御家人としての地位を確立していったとみることも間違いではなかろう。むしろ、頼茂のように院政期以来の京武者の系譜を引きながら、御家人として発展するような存在は、ほぼ後鳥羽院との関係によって創出されたものであり、この時期特有の武士であったと位置づけてもよいだろう。

●頼茂の宿命

実朝が暗殺された半年後、頼茂が討たれたのは冒頭で述べた通りである。この時頼茂とともに、息子の頼氏《よりうじ》と、郎等の渡辺党渡辺氏の貯らも命を落としている。頼氏については他に所見がないが、この時点で下野守《しもつけ》であった。彼もまた父と同じく、後鳥羽院の引き立てにより、その地位を得たのであろう。

後鳥羽院との主従関係に包摂された御家人のほぼ全員が、承久の乱において官軍として組織され、幕府と対峙した。頼茂・頼氏父子は結果としてそうならなかったのだが、もし討たれることがなければ、父子共に官軍の一翼を担っていたかもしれない。

繰り返すように、それほど頼茂は後鳥羽院に近い位置にあったわけである。頼茂が討たれる原因となった藤原忠綱と、どのような契機で結び付いたのか、いかなる関係を築いていたのかはわからない。しかし、後鳥羽院に近づけば近づくほど、院を中心とする公家政権の複雑な人脈に絡み取られ、悲劇的な最期をむかえたのである。

頼茂の死後、大内守護が復活することはなかった。頼茂の後継者が不在のまま承久の乱に至ったこと、乱後の京中の守護は六波羅によって一手に担われるようになったこと、頼茂の誅殺後に再建が進められていた内裏が嘉禄《かろく》三年（一二二七）四月に火災で完全に焼失したことで、大内守護としての摂津源氏頼政流の存在意義は失われた。

その後、系図上で頼茂の子とされる保茂《やすしげ》が、文暦《ぶんりゃく》二年（一二三五）五月に石清水八幡宮と興福寺《こうふくじ》との相論に際し、「譜代」の家柄、すなわち大内守護を務めた家系の者という理由で、幕府から石清水社頭の警護のための「男山守護」に任じられている［熊谷二〇〇七］。実際保茂は、頼茂の実子ではなく、頼政流の一族から何らかの契機で頼政流を継ぐことになった存在と考えられるが［生駒二〇一七」、以後、頼政流が歴史の表舞台に立つことはなかった。
頼茂は北条氏の権力が確立する過程の鎌倉幕府にあって、幕府内部の政争に巻き込まれることもなく、源氏一門の御家人として破格の立場を確立した。それにもかかわらず、謀反人かつ内裏を焼いた人物として、不名誉な名を歴史に刻むことになった。それは、平家によって討たれた祖父頼政や、頼朝によって追放された一族の多田行綱と同じように、摂津源氏一門が背負った逃れられない宿命だったのかもしれない。

（生駒孝臣）

【参考文献】

青山幹哉「王朝官職からみる鎌倉幕府の秩序」（『年報中世史研究』一〇号、一九八五年）
生駒孝臣「源頼政と以仁王―摂津源氏一門の宿命」（野口実編『中世の人物　京・鎌倉の時代編　第二巻　治承～文治の内乱と鎌倉幕府の成立』清文堂出版、二〇一四年）
生駒孝臣「鎌倉期の東大寺領荘園と武士―山城国玉井荘の下司職相論から―」（稲葉伸道編『中世寺社と国家・地域・史料』法藏館、二〇一七年）
木村英一『鎌倉時代公武関係と六波羅探題』（清文堂出版、二〇一六年）
熊谷隆之「嘉禎の南都蜂起と鎌倉幕府―「大和国守護職」考―」（大和を歩く会編『シリーズ歩く大和Ｉ　古代中世史の探究』法藏館、二〇〇七年）
佐々木紀一「源頼茂謀反の政治的背景について」（『山形県立米沢女子短期大学付属生活文化研究所報告』三一

号、二〇〇四年）
長村祥知『中世公武関係と承久の乱』（吉川弘文館、二〇一五年）
野口実・長村祥知・坂口太郎『京都の中世史3　公武政権の競合と協調』（吉川弘文館、二〇二二年）

10　佐々木広綱―京都と鎌倉のはざまで葛藤した武士―

●鎌倉幕府と対峙した御家人

承久《じょうきゅう》三年（一二二一）七月二日、後鳥羽上皇《ごとばじょうこう》方の軍勢を破った鎌倉幕府軍が入京してから半月後のこの日、「西面衆《さいめんしゅう》」と呼ばれる上皇方の武士が斬罪に処された。後藤基清《ごとうもときよ》、五条有範《ごじょうありのり》、大江能範《おおえよしのり》、そして佐々木広綱《ささきひろつな》の四人である。

幕府の正史である『吾妻鏡《あづまかがみ》』は、彼らが鎌倉幕府の御家人《ごけにん》でありながら後鳥羽上皇の命令を優先し、鎌倉殿《かまくらどの》（幕府の首長、将軍）から受けた恩義をないがしろにした武士であると厳しく糾弾している。しかしながら、幕府軍に敵対することになった彼らの行動は、単なる反逆行為と割り切れない複雑な事情を持つものであった。上皇方の主力となった武士の一人である佐々木広綱に注目し、彼らがなぜ幕府軍に敵対するに至ったのか、その理由を探ってみよう。

●近江佐々木氏と源頼朝

佐々木広綱は、宇多《うだ》天皇の孫雅信《まさのぶ》にルーツを持つ源氏《げんじ》（宇多源氏）の一流で、近江国《おうみのくに》（現在の滋賀県）を拠点とした近江源氏佐々木氏に出自を持つ。生年は不明であるが、弟の信綱《のぶつな》が養和《ようわ》元年（一一八一）の生まれであるから、源頼朝《みなもとのよりとも》が東国で挙兵した時代が、広綱の幼少年期にあたると考えられる。

治承《じしょう》四年（一一八〇）八月、伊豆《いず》国（現在の静岡県伊豆半島）の流人であった頼朝は、伊豆国目代《もくだい》の山木兼隆《やまぎかねたか》を討つべく兵を挙げた。挙兵は当初八月十七日の朝を予定していたようだが、遅延を余儀なくされたという。頼朝が頼みとしていた佐々木兄弟が洪水に行く手をはばまれて遅参したためであり、この兄弟とは佐々木定綱《さだつな》・経高《つねたか》・盛綱《もりつな》・高綱《たかつな》の四人である。このうち長男の定綱が広綱の父親であった。

　四兄弟の父である佐々木秀義《ひでよし》は、もともと近江国佐々木荘《ささきのしょう》（現在の滋賀県近江八幡市安土町周辺）を拠点とした武士であり、かつて頼朝の父義朝《よしとも》に従っていたが、平治《へいじ》元年（一一五九）に勃発した平治の乱で没落して浪人の身となった。秀義は親類関係にあった奥州藤原氏《おうしゅうふじわらし》を頼ろうと東へ向かったが、途中立ち寄った相模《さがみ》国（現在の神奈川県）で渋谷重国《しぶやしげくに》に引き留められ、秀義とその子どもたちはしばらく渋谷氏の庇護を受けることとなった。

【佐々木広綱関係系図】

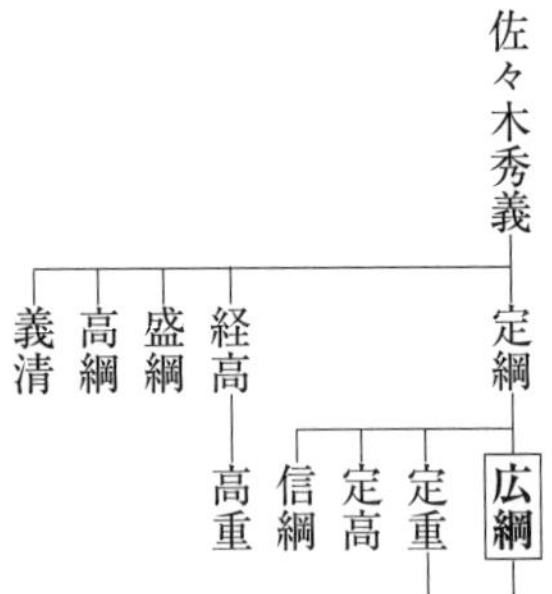

　相模国に長く住んだ結果、特に秀義の子どもたちは伊豆の頼朝のもとに出入りし、しばらく近侍したようである。頼朝の周辺には、伊勢《いせ》国を追われて伊豆の工藤《くどう》氏を頼った加藤《かとう》氏のように、佐々木氏と境遇の近い浪人もいた。東西の人的なネットワークを背景として東国に身を寄せることとなった武士たちが、挙兵時の頼朝を支える人材となったのである［野口一九八九］。頼朝の挙兵以後、佐々木氏は頼朝軍の有力な一員として西国へと転戦していくこととなる。

元暦《げんりゃく》元年（一一八四）、伊賀《いが》・伊勢両国において、平田家継《ひらたいえつぐ》を中心とした伊勢平氏《いせへいし》・平氏家人たちの大規模な蜂起が起こった。この時、反乱の鎮圧に動いた鎌倉軍の中には秀義がおり、近江国大原荘《おおはらのしょう》（現在の滋賀県甲賀市）で両軍が激突するなか、秀義は討死してしまう。秀義たちは、おそらく鎌倉軍の上洛に際して佐々木荘など近江国内の所領を回復・獲得していったのであろう。秀義の死後、近江源氏佐々木氏の嫡流としてその跡を継承したのは長男の定綱であった。

●御家人としての佐々木氏

定綱を中心とする佐々木氏は、鎌倉幕府の御家人として成長していく。御家人たちは内乱のなかで列島各地に所領を獲得していくが、御家人として鎌倉でも活動し、所領経営のためには荘園領主たちが集まる京都との関係も重要であった。そのため御家人たちは、本拠地となる所領と、京都、そして鎌倉それぞれに一族を配置し、分業体制をしくこととなる［秋山二〇〇六］。この点は佐々木氏も同様であった［長村二〇一五］。

まず佐々木氏の当主定綱の活動についてみておこう。文治《ぶんじ》元年（一一八五）、頼朝が父義朝を追善するために建立した勝長寿院《しょうちょうじゅいん》の落慶供養《らっけいくよう》を皮切りに、定綱は鎌倉で執り行われる様々な行事で将軍に供奉《ぐぶ》する役目を果たした。しかし、定綱は必ずしも鎌倉を拠点として活動したわけではない。

勝長寿院の落慶供養が行われたのと同じ年、京都では源義経《よしつね》・行家《ゆきいえ》が頼朝に反旗を翻し挙兵する事件が起こる。義経・行家はまもなく没落するが、この時定綱は行家の征伐を命じられている。同時に義経・行家与党の取り締まりが幕府軍によって開始されるが、朝廷は幕府に対して京都の治安維持への協力を強く要請するようになった。

文治四年五月、御家人八田知家《はったともいえ》の郎従であった庄司太郎《しょうじたろう》という人物が、大内《おおうち》（大内裏《だいだいり》）の夜行番の勤めを怠った際、定綱は庄司太郎の身柄を検非違使《けびいし》に引き渡すように命じられている。京都の緊張状態が継続するなかで、定綱は京都の治安維持の担い手の一人として抜擢されたようだ。また、『吾妻鏡』の中には、定綱が京都と鎌倉間の飛脚伝達を担っている記事も散見される。京都の隣近江国を拠点とし、近江守護《しゅご》をつとめた定綱は、京都に活動の軸足を置いていたと考えられる。

定綱の兄弟たちの内、経高ははじめ鎌倉での活動をメインとしていたが、次第に京都や西国に活動の主軸を移していく。高綱も京都での活動が確認できるが、早くに出家遁世《しゅっけとんせい》して高野山《こうやさん》に入った。対して、盛綱と、四兄弟の弟として誕生した義清《よしきよ》の二人は、鎌倉・東国を活動の拠点とし続けたようである。おおよそ兄弟で京都・西国、鎌倉・東国に拠点を分散し、各々連携しながら佐々木氏の所領経営や御家人としての活動を行ったものと推察される［長村二〇一五］。

それでは、広綱を含む定綱の子どもたちはどのような活動を行っていたのであろうか。建久《けんきゅう》二年（一一九一）、佐々木氏の本拠地である佐々木荘では、延暦寺《えんりゃくじ》が派遣した宮仕法師《みやじほうし》と佐々木氏が衝突する事件が起こる。佐々木荘は、延暦寺が千僧供養《せんぞうくよう》を行うための費用を捻出する料所であったが、供料《くりょう》が滞納されていたために宮仕法師が現地にやってきて刃傷沙汰に発展、延暦寺が佐々木一族の処分を求めて強訴《ごうそ》を起こすにいたった［平二〇〇二］。この時、現地において宮仕法師と対峙したのは、定綱の子息の一人である定重《さだしげ》であった。

また、建仁《けんにん》元年（一二〇一）、近江国の武士である柏原弥三郎《かしわばらやさぶろう》という人物が刃傷沙汰を起こして逃亡した際には、広綱の弟である信綱がこれを討ち取っている。定綱の子どもたちの活動を見ると、主に近江国内にあって京都の父定綱をサポートする立場にあったものと考えられるのである。

●定綱から広綱へ—在京御家人佐々木氏—

建久二年（一一九一）、延暦寺の強訴によって定重は死罪、定綱とその子どもである広綱・定高はそれぞれ薩摩《さつま》（鹿児島県北西部）・隠岐《おき》（島根県隠岐諸島）・土佐《とさ》（高知県）へ流罪《るざい》に処された。しかし二年後の建久四年には赦免され、定綱は近江守護に復任、京都での活動も再開していくが、広綱も次第に目立った活動を見せるようになる。

例えば正治《しょうじ》二年（一二〇〇）、鎌倉から追放された有力御家人梶原景時《かじわらかげとき》が誅殺された直後には、京都における景時与党の捜索がはじまるが、この時京都で幕府の命令をうけたのは大内惟義《おおうちこれよし》と広綱であった。広綱は、最有力の在京御家人であった惟義とともに京中の重要任務を任されているのである。

また、この頃から広綱は、京都で検非違使庁《けびいしちょう》から罪人の身柄を預かるという役割を担っている。検非違使庁とは、平安時代以来京都の治安維持を担った警察機構であるが、源平内乱の混乱のなかで機能を低下させていた。建久元年（一一九〇）、頼朝が上洛したことを契機に、幕府は京都の治安維持に深く関わっていくこととなるが、京中の罪人の身柄を請け取ることは在京御家人の重要任務の一つであった［森二〇〇五］。広綱は京都の治安維持の担い手として成長していくのである。

元久《げんきゅう》二年（一二〇五）四月九日、定綱は六十四歳で没する。佐々木氏の家督を継承したのは長男の広綱であった。定綱の死後、それまで広綱とともに京都・近江での定綱の活動をサポートしてきた弟信綱が、活動の拠点を鎌倉に移していくこととなる。世代交代にともなって、京都・近江を拠点とする広綱と、鎌倉を拠点とする信綱による新しい分業が開始されたと考えられるが［長村二〇一五］、このような活動形態は後の佐々木氏の運命を左右することとなる。

●京都の軍事動員と広綱

建仁三年（一二〇三）、延暦寺では大規模な内部紛争が勃発する。学生《がくしょう》（衆徒《しゅと》）と、彼らに仕えた下僧集団である堂衆《どうしゅ》が、湯屋を利用する順序をめぐる争いに端を発して軍事衝突に及んだのである。この時、後鳥羽上皇の命令に従って定綱や広綱と弟たち、さらには広綱の叔父にあたる経高や盛綱・高綱など佐々木一族が総出で動員された。京都の治安を守る武力の一角として佐々木氏が重要な存在であったことを象徴する事件であった。

定綱の死後も、広綱は寺社強訴や紛争から京都を守る役目を果たす。例えば、建暦《けんりゃく》元年（一二一一）には延暦寺と園城寺《おんじょうじ》が対立するなかで園城寺の警固を命じられており、建保《けんぽう》六年（一二一八）の延暦寺強訴に際してはこれを防ぐために動員されている。武装した僧侶を多く抱える寺社勢力の武力行使は、朝廷にとって大きな脅威であったが、広綱はこのような脅威から都を守る役割を担っていた。

寺社紛争に際しては、幕府が在京御家人たちに命令を出すこともあったようだが、必ずしも幕府からの命令だけで御家人たちが動いていたわけではなかった。広綱をはじめとする在京御家人たちの軍事活動は、多くの場合、後鳥羽上皇が直接命令する形で行われていたのである。そして上皇（院）の命令を受けて武力行使が行われるあり方は、平安時代に朝廷の武力となった都の武士たちの活動と共通性を持っていた［木村二〇一六］。

鎌倉幕府成立以前、京都の治安維持の主な担い手となったのは、「京武者《きょうむしゃ》」と呼ばれた都の武士たちである。主に「源《みなもと》」や「平《たいら》」姓を持つ特定の氏族集団に属した彼らは、朝廷、具体的にはそのトップである上皇などに軍事動員された。彼らの多くは検非違使に任じられたが、常に検非違使庁の指揮系統で動いていたわけではない。さらに、彼らの中には昇進して受領《ずりょう》（各国司《こくし》のトップ）に就任する者が多くいたが、受領であったとしても軍事動員の対象となった。平安時代末に活躍した京武者たちは、官職によって軍事活動が認められていたわけではなく、代々武芸を家業として継承する武士として軍事動員される存在だったのである［元木一九九四・髙橋一九九九］。

佐々木氏の場合、秀義の前半生までは京武者の下で活動する武士であったようだが、定綱や広綱は、鎌倉幕府の御家人となったことをきっかけに京都の治安維持の担い手に成長している。また、京武者たちが畿内《きない》近国の小規模な所領を基盤として各々独立的な活動を行っていたのに対し、定綱・広綱たち在京御家人は、列島の東西に所領を得て一族分業による所領経営を行い、幕府の指揮下にある存在であった。

在京御家人たちは、旧来の京武者と異なった性格を持つ京都の新興勢力といえる。しかしながら、そのような違いがあるにもかかわらず、ともに上皇の命令によって軍事活動を行うという共通性を有した。後鳥羽上皇による軍事動員の対象となった人々の中には、清和《せいわ》源氏源満政《みつまさ》の系統に属する美濃《みの》源氏のような旧来の京武者や、後鳥羽によって新たに育成された藤原秀康《ひでやす》・秀能《ひでよし》のような非御家人の武士、そして広綱の他、後藤基清や大内惟義・惟信《これのぶ》といった在京御家人たちが含まれていた。鎌倉幕府の御家人であるか否かは必ずしも軍事動員方法を区別する基準ではなかったのであり、根本的には平安時代の武士の動員のあり方が継続していたといえるのである［木村二〇一六］。

●広綱と後鳥羽上皇―都の武士の再生産―

広綱たち在京御家人と、平安時代の都の武士たちの共通項としてもう一つ注目すべき点は、院御所《いんごしょ》（上皇が居住する御所）に祗候《しこう》する武士として編成されていくという点である。平安時代の都の武士たちは、寺社強訴・紛争などの有事に動員されるだけでなく、院御所内の部屋を詰所とする「北面《ほくめん》（下北面《げほくめん》）」に編成され、上皇直属の武力となった。

後鳥羽上皇も下北面を編成していたが、さらに「西面《さいめん》」と呼ばれる武士を新たに組織する。広綱もこの西面に祗候することとなるが、西面の最大の特徴が、広綱や加藤光員《かとうみつかず》・後藤基清・五条有範・大江能範といった在京御家人を多く編成していたという点である［平岡一九八八］。

広綱たちは、御家人として幕府の指揮下にあるとともに、後鳥羽上皇の西面に祗候することで、二重の主従関係を築いていたことになる。そもそも中世社会において、いくつも主従関係を形成することは決して珍しいことではない。それどころか、当時の鎌倉殿であった将軍源実朝《さねとも》は、在京御家人たちが西面に祗候することを認めていたのである［平岡一九八八］。

承久の乱という結末を知っていると意外に感じてしまうかもしれないが、少なくとも将軍実朝存命中の京都において、御家人たちが幕府の指揮系統を介さずに上皇の命令に従い、さらに上皇に直接編成されていくという状況は、幕府も認めるところであった。幕府成立から三十年も経たないこの時代において、上皇の下に直接武士たちが集うあり方は、京都の人々に自然に受け入れられたであろう。そもそも鎌倉幕府とは、御家人たちが内裏《だいり》を守る京都大番役《きょうとおおばんやく》に象徴されるように、朝廷や京都を守る役割を担うことで社会に認められ、定着した権力であった。朝廷と幕府の協調体制の下で、かつての都の武士のあり方が再生産されていったのである。

さて、都の武士たちの軍事活動が、官職によって左右されるものでなかったことは紹介した通りであるが、一方で官職は武士にとって重要なものであり続けた。定綱は死去する前年の元久元年（一二〇四）四月に検非違使に任命されるが、これは建仁寺《けんにんじ》の僧堂壇《そうどうだん》建立時の功績による人事であったという。定綱はすでに左衛門尉《さえもんのじょう》という官職を得ていたが、衛門尉と検非違使の兼帯は、平安時代の京武者たちの典型的な昇進コースの一つである。京都の治安維持活動に尽力してきた定綱にとって、検非違使任官は最後の念願であったのかもしれない。

広綱も建保四年（一二一六）、東寺《とうじ》宝蔵に侵入した盗賊を関東に送致した功によって検非違使に任命されている。定綱と同じ左衛門尉との兼帯であった。さらに広綱は建保六年（一二一八）従五位下《じゅごいのげ》の官位を得ている。順徳《じゅんとく》天皇（後鳥羽の子）の日吉社《ひえしゃ》行幸に随行した際に、刃傷沙汰をおこした山門の童を射止めた勲功による昇進であった。検非違使のまま官位を六位から五位に上昇させた者を、「大夫尉《たいふのじょう》」「大夫判官《たいふほうがん》」と呼ぶが、これも都の武士の順調な昇進のあり方である。

さらに承久三年（一二二一）四月、広綱は山城守《やましろのかみ》に任命される。衛門尉から検非違使を兼帯して五位に昇進し、最終的に受領ポストを得るのは、まさに平安時代の武士を彷彿とさせる経歴である。名実ともに平安時代以来の都の武士の一員として成長した広綱であったが、時代はすでに承久の乱を目前に控えていた。

●承久の乱

承久元年（一二一九）一月、将軍源実朝が鶴岡八幡宮《つるがおかはちまんぐう》で暗殺された。実朝の死を契機として、北条《ほうじょう》氏と後鳥羽上皇の関係は次第に悪化し、承久三年五月には北条義時《よしとき》追討の院宣《いんぜん》・官宣旨《かんせんじ》が発給されることとなる。御家人でありながら後鳥羽上皇の指揮下にあった広綱は、朝廷と幕府の協調体制が崩れた時に大きな矛盾に直面せざるを得なかった。

日常的に京都で活動していた広綱にとって、後鳥羽上皇の命令に従うことはごく自然なことであった。実際、広綱の叔父である経高をはじめ、京都にいた御家人たちのほとんどが上皇方に与することとなる。唯一上皇の命令に従わなかったのは、北条義時に近しかった京都守護《きょうとしゅご》の伊賀光季《いがみつすえ》であった。承久三年五月十五日、広綱と高重《たかしげ》（広綱の叔父経高の子）の他、大内惟信や三浦胤義《みうらたねよし》といった在京御家人たちが高辻京極《たかつじきょうごく》の宿所（高辻小路の北、西京極大路の西の角）を襲撃し、光季は自害した。光季の邸宅は、その後佐々木一族に継承され、佐々木京極氏の由来となったようである。

五月二十二日、北条泰時《やすとき》を中心とする幕府軍が京都に向けて進発する。対する後鳥羽上皇方の軍勢は、美濃国《みののくに》（現在の岐阜県）の木曽川《きそがわ》沿いにあった各所の渡しに布陣して幕府軍を迎え撃った。広綱や高重は、藤原秀康や三浦胤義らとともに摩免戸《まめど》（現在の岐阜県各務原市）に配置される。六月五日、東海道を進む幕府の主力軍は、尾張国《おわり》一宮《いちのみや》（真清田神社《ますみだじんじゃ》）に到着、この日の夜には木曽川上流の大井戸渡《おおいどのわたし》で両軍が衝突した。大井戸渡には上皇方として最有力の御家人であった大内惟信らが布陣していたが、幕府軍に押し切られ敗走する。摩免戸に布陣していた広綱らの軍勢も西へ退却することとなった。官軍が敗走する中、広綱の甥であった鏡《かがみ》（佐々木）久綱《ひさつな》は幕府軍と交戦し自害する。

六月十三日から十四日にかけて、京都を守る最後の防衛ラインであった宇治《うじ》・勢多《せた》方面で両軍が再び衝突する。広綱は宇治に布陣したが、この時宇治に攻め寄せる幕府軍の中には弟の信綱がいた。広綱と信綱による東西の分業体制は、承久の乱に際して一族を敵対させる要因となったようである。信綱はこの宇治川での合戦で、先陣を争う活躍をみせた。幕府軍の猛攻により上皇方の軍勢は敗走し、広綱とともに戦った一族の高重はここで戦死している。承久の乱は瞬く間に幕府軍の勝利で決した。

●広綱から信綱へ―公武権力の変容と佐々木氏―

承久三年（一二二一）六月十五日、北条泰時・時房《ときふさ》率いる幕府軍が京都に入る。広綱は上皇方の中心人物として捕縛、西面としてともに上皇に近侍した後藤基清、五条有範、大江能範らとともに七月二日、京都で斬首された。広綱には、勢多伽丸《せいたかまる》という子どもがいたが、彼も梟首《きょうしゅ》されることとなった。広綱の弟である信綱の要請による処分であったという。広綱と勢多伽丸亡き後、佐々木氏の家督を継承することになったのはこの信綱であった。

信綱は、かつての定綱・広綱のように、京都に活動の拠点を移すことはなかった。広綱生前から継続して、鎌倉を主な活動拠点としたようであり、文暦《ぶんりゃく》元年（一二三四）には関東評定衆《ひょうじょうしゅう》として、幕府中枢の意思決定メンバーに組み入れられることとなる。

在京御家人のあり方は大きく変化した。御家人たちが直接上皇の命令を受けることはなくなり、京都の占領軍から発展した六波羅探題《ろくはらたんだい》が朝廷の武力として整備されていくこととなる。武士たちが独自に上皇の下に集う平安時代以来のあり方は、ここに否定されたといえよう［木村二〇一六］。

一方で信綱には、定綱や広綱が有した在京武士としてのアイデンティティを継承する側面もあった。承久の乱直前、信綱は右衛門尉《うえもんのじょう》に任じられていたが、乱の翌年貞応《じょうおう》元年（一二二二）には左衛門尉に転じ、さらに安貞《あんてい》元年（一二二七）には検非違使に任命されている。御家人の場合、検非違使を兼帯する衛門尉は「左」衛門尉に限られていたようであるから［秋元一九七三］、乱直後の左衛門尉転任は、将来の検非違使任官を見据えた人事だったのかもしれない。承久の乱で一時途絶えた幕府御家人の検非違使は、信綱以降再登場するようになる。さらに信綱は安貞二年に従五位下に昇進し、寛喜《かんぎ》三年（一二三一）には近江守《おうみのかみ》に任じられる。まさに広綱の経歴をなぞるように昇進していったのであり、貞永《じょうえい》元年（一二三二）には近江守を辞して官位を従五位上まで上昇させた。

鎌倉を拠点とした信綱は、検非違使に任命されたからといって日常的に京都の治安維持に従事したわけではないが、摂関家《せっかんけ》の九条道家《くじょうみちいえ》が宇治に出向く際の行列に供奉するなど、京都でのつとめも果たしている。さらに信綱やその子泰綱《やすつな》は、摂家《せっけ》将軍九条頼経《よりつね》の近臣となり、九条家とも関係を深めたようだ。佐々木氏と京都とのつながりは新しい形をとりながら維持されていたのである。

寛喜二年（一二三〇）、近江の園城寺で内部紛争が起こった際、信綱は紛争解決のために鎌倉から派遣されている。寺社の紛争をおさめることは、本来上皇を中心とする朝廷の責務であったが、この頃には朝廷が独自に紛争を処理することが難しくなり、しばしば幕府が関与することとなる。そして、寺社紛争解決のために幕府と朝廷、寺社勢力との間を奔走したのが信綱であった。

承久の乱後、上皇独自の武士編成が否定された一方で、幕府はより一層京都の問題に深く関わっていくこととなる。御家人でありながら上皇に直属する武士として京都で活躍した広綱と、鎌倉を拠点としながら京都と深く関わりつづけた信綱。朝廷と幕府の関係が新しく再構築されるなかで、佐々木氏のあり方も変化を余儀なくされるのであった。

（田村　亨）

【参考文献】

秋元信英「関東御家人の検非違使補任をめぐって」（『日本歴史』三〇六、一九七三年）
秋山哲雄『北条氏権力と都市鎌倉』（吉川弘文館、二〇〇六年）
川合康『源平の内乱と公武政権』（吉川弘文館、二〇〇九年）
川合康『源頼朝―すでに朝の大将軍たるなり―』（ミネルヴァ書房、二〇二一年）
木村英一『鎌倉時代公武関係と六波羅探題』（清文堂出版、二〇一六年）
佐々木紀一「『平家物語』「宇治川合戦」の成立について」（『山形県立米沢女子短期大学附属生活文化研究所報告』三三、二〇〇六年）

平雅行「鎌倉幕府と延暦寺」（『鎌倉時代の幕府と仏教』塙書房、二〇二四年、初出二〇〇二年）
髙橋昌明「平安末・鎌倉時代の佐々木氏」（『八日市市史』第二巻、一九八三年）
髙橋昌明『増補　湖の国の中世史』（中央公論新社、二〇〇八年、初出一九八七年）
髙橋昌明『武士の成長　武士像の創出』（東京大学出版会、一九九九年）
長村祥知『中世公武関係と承久の乱』（吉川弘文館、二〇一五年）
野口実「流人の周辺―源頼朝挙兵再考―」（同『中世東国武士団の研究』高科書店、一九九四年、初出一九八九年）
平岡豊「後鳥羽院西面について」（『日本史研究』三一六号、一九八八年）
元木泰雄『武士の成立』（吉川弘文館、一九九四年）
森幸夫『六波羅探題の研究』（続群書類従完成会、二〇〇五年）

11　武藤資頼―九州に新たな秩序をもたらした武士―

●武藤氏の出自―九州下向以前

鎌倉・室町時代の九州において、大友氏・島津氏と並んで権勢を誇った名門に少弐氏《しょうにし》がある。少弐氏は、大宰府の現地責任者として鎌倉期以来、「少弐」の官職を代々輩出した武藤氏の一族を指し、武藤資頼《むとうすけより》に始まる。

「武藤」の名は、武蔵国に拠点を持つ藤原《ふじわら》氏の一流という出自に由来するとされるが、確証はない。『吾妻鏡《あづまかがみ》』によれば、資頼は源平の内乱では平家方についたが、三浦義澄《みうらよしずみ》に囚人として預けられていたところ、故実に詳しい者として頼朝から厚免されたという（文治《ぶんじ》五年〈一一八九〉一月十九日条）。これより前、文治元年十月二四日条には勝長寿院《しょうちょうじゅいん》（神奈川県鎌倉市）の供養に際し、「西方随兵《ずいひょう》」として「武藤小次郎」がみえるが、これも資頼であろう。

資頼が九州に赴任したのは、建久《けんきゅう》六年（一一九五）に源頼朝《みなもとのよりとも》の上洛に随ったことが知られることから（『吾妻鏡』同年三月十日条）、それより後である。石井進は、この度の上洛で頼朝が公家政権と交渉し、大宰府の現地責任者として幕府御家人を赴任させることを認めさせたと推測するが［石井一九七〇］、時期的にみて首肯しうる見解である。

●天野遠景と武藤資頼

平家滅亡後、源頼朝の命を受け、最初に九州を占領統治したのは平家追討軍を率いた源範頼《のりより》であった。次いで「鎌倉殿御使」と呼ばれた中原久経《なかはらひさつね》・近藤国平《こんどうくにひら》が派遣され、文治元年末までには天野遠景《あまのとおかげ》が九州に到った。かくして幕府の九州統治が本格的に始まる。

「鎮西奉行《ちんぜいぶぎょう》」と呼ばれた遠景の権限については、様々に議論がなされてきたが、頼朝の九州地頭成敗権（九州特有の国地頭制）に由来し、現地勢力の御家人化とその統制を担ったとする大山喬平の理解を、まずは前提にすべきであろう［大山一九七八］。その上で遠景の実効支配が及ぶ範囲の偏り（北西部に厚い）については、内乱の過程で進められた没官＝占領行為の地域的偏差に規定されたとの、清水亮の所説に従いたい［清水二〇〇七］。

遠景の統治を評価する上では、遠景が大宰府府官と連署して文書を発給したことも見逃せないポイントである。これは遠景が大宰府で政務を執り、その業務を府官が補佐したことを意味するが、これについては、藤田俊雄の所説が的を射ていよう。すなわち、遠景の使命は九州における御家人統制と治安維持だが、それを遂行する上で必要となる限りにおいて、大宰府・国衙《こくが》の機能掌握が認められていたという理解である［藤田一九八一］。

しかし、遠景の九州支配は性急なところがあったらしく、現地の反発もあり、やがて解任されてしまう。その時期は定かではないが、建久四年（一一九三）から同六年にかけてであろう。『吾妻鏡』同六年三月十二日条には、東大寺供養の随兵として遠景がみえる。

天野遠景が九州一帯に及ぼした権限は、中原親能《なかはらちかよし》と武藤資頼の両名にいったん引き継がれ、やがて建久八年（一一九七）末に各国単位で設置された守護へ継承されたようである［本多一九九〇］。とすれば、資頼は親能とともに各国守護にとどまらない権限を有したことになるが、そのことを示すのが、建久八年になされた諸国図田帳《ずでんちょう》の作成プロセスである。「桑幡家文書《くわばたけもんじょ》」建久八年六月日大隅国《おおすみのくに》図田帳写（『鎌倉遺文《かまくらいぶん》』二―九二四）によれば、この図田帳は、同年四月十五日付「鎌倉殿御教書《みぎょうしょ》」を施行する五月二二日付「守護所牒《しゅごしょちょう》」が発給され、それが六月二日に大隅国に到ったことをうけ、作成されたものらしい。ここで問題になるのは「守護所」の解釈だが、この段階で大隅国には守護が未設置であるから、石井進がいう通り、九州各国守護に分化する以前の全九州を統括する守護所と解釈するのがよい。また「守護所牒」という語に着目すれば、これは後に武藤氏が発給した独自の文書様式である「大宰府守護所牒」に必ずや通じるものであろう［石井一九七〇］。

●大宰府守護所と大宰府機構

では、各国守護が設置された後、資頼の「守護所」はどうなったのだろうか。結論から言えば、資頼は豊前《ぶぜん》・筑前《ちくぜん》・肥前《ひぜん》三国の守護を兼帯したから、それらを統治する拠点となった。そして、大宰府に置かれたことから、「宰府《ざいふ》守護所」とか「大宰府守護所」と呼ばれた。その所在地は、山村信榮によれば、観音寺《かんのんじ》（福岡県大宰府市）の東側にある「御所ノ内《ごしょのうち》」の字名《あざな》を残すエリアが有力な候補とされる。このエリアは、後の武藤氏傍流の家名と一致する地名に囲まれ、遺構や出土遺物の質・量からしても守護所の故地にふさわしいと評価されている［山村二〇〇八］。

そして資頼は、御家人の訴訟処理などに際し、大宰府守護所下文・大宰守護所牒という前例にない様式の文書を発給したが、これらには通常、大宰府の府官が連署した上で、袖《そで》（文書右端の余白）に守護資頼が加判している。袖判《そではん》は尊大な署名方法であり、遠景段階では見られないものである。ここからは、石井が指摘するように、資頼が遠景よりも深く府官の掌握を実現していたことがうかがえるわけである［石井一九七〇］。

武藤資頼は大宰府守護所下文・同牒には袖判を加えたが、大宰府政所牒《だざいふまんどころ》においては府官の首位に立つ「執行《しゅぎょう》」の肩書で府官と連署している［石井一九七〇］。資頼が守護所と大宰府政所とで自らの立場を使い分けていた証左である。

では、使い分けの基準は何か。「益永《ますなが》家文書」正治《しょうじ》二年（一二〇〇）十二月二十日の大宰府政所帖《ちょう》（牒）（『鎌倉遺文』二―一一七六）をみてみよう。この文書は、宇佐宮領の香丸名《こうまるみょう》をめぐる宇佐宮神官言輔《のぶすけ》と僧永尊《えいそん》・明円《みょうえん》等との紛争につき、前者を正当とし、後者の濫妨狼藉《らんぼうろうぜき》を停止するよう命じたものである。注目すべきは、言輔の訴えが府政所ではなく「宰府守護所」に提出されたこと、そしてそれにもかかわらず、資頼はこの訴えに守護所系統の文書では応えず、「執行」の立場で政所帖（牒）を発給したことである。本多美穂によれば、政所系統の文書が朝廷系統の命令を施行するものが多いのに対し、守護所系統の文書は幕府系統の施行が中心となるという［本多一九九〇］。実際、このときの政所帖も「大府《だいふ》御教書」（在京の大宰府長官の指示）をうけて発給された格好になっている。

資頼の判断は、御家人が関与していない所務沙汰《しょむざた》（土地所有権をめぐる訴訟）については、幕府はこれを取り上げないとの原則に拠っていよう。他方、言輔は香丸名の所有権が自らに属するのは自明との立場で、本件を検断《けんだん》沙汰（治安維持に関する訴訟）とみなし、幕府＝守護の管轄としたのだろう。守護所系統と政所系統とではその管轄（紛争内容・対象者・対象地域）が異なるものとして、資頼は意識的に自身の立場を使い分けていた。

以上を念頭におくと、資頼の大宰府守護所に対する姿勢とは区別される、大宰府機構との向き合い方の評価が問題となろう。これにつき、藤田俊雄は、資頼の大宰府掌握が不完全ゆえに、守護所と府政所が別々に機能し、同一事案をめぐり対立することさえあったと指摘する［藤田一九八二］。それに対して本多は、政所に拠る府官と守護所のスタッフとの間に重複があることに注目して反論した。すなわち、重複した人員のなかに「宗《むね》たる府官」と呼ばれた有力府官・惟宗為賢《これむねためかた》が含まれ、さらに為賢が守護所において資頼の監督下で訴訟処理に従事し、「執行代」として資頼に近しい存在であったことを論拠とし、大宰府政所の府官たちが守護・武藤氏から独立して権限を行使できたとは考えにくいとしたのである［本多一九九〇］。

では、どちらに分があるのか。藤田説の主たる根拠の一つは、元久《げんきゅう》二年（一二〇五）の肥前国《ひぜんのくに》武雄社大宮司職《たけおしゃだいぐうじしき》をめぐり「府宣《ふせん》」を持つ者と「守護所牒」を持つ者とが対立したことだが、これが両機関の対立を意味しないことは、詳細は割愛するが、本多が述べるとおりである。しかしながら、守護資頼―「宗たる府官」為賢の結びつき自体は藤田自身も認識しており、資頼と為賢がタッグを組んだことの意義は、いま少し検討の余地があると思う。

●武藤資頼と惟宗為賢

藤田俊雄によれば、武藤資頼は大宰府機構の掌握が十分でないがゆえに、有力府官の惟宗為賢の補佐が不可欠で、そしてときに守護所においてさえ、資頼の統制を超えた府官の活動がみられたという。その根拠とされるのが、先に言及した武雄社大宮司職をめぐる相論と、肥前国の小値賀島《おぢかじま》（長崎県北松浦郡小値賀町）地頭職をめぐる相論の裁許《さいきょ》（判決）を言い渡した「青方《あおかた》文書」安貞《あんてい》二年（一二二八）三月十三日関東下《げ》知《ち》状《じょう》案（『鎌倉遺文』六―三七三二）である。

後者の相論では、元久二年（一二〇五）に為賢が単独で発給した「宰府勘状《かんじょう》」（大宰府での審理記録）等によって発給された「将軍家政所下文」の証拠能力の有無が主な論点となり、幕府から資頼に対し、大宰府守護所の審理の実態につき、照会がなされた。次に掲げたのは、これに対する資頼の返答であり、資頼の下での訴訟制度の実態、そして資頼と為賢の関係性が窺えて興味深い。

嘉禄《かろく》三年十月十日の資頼申状《もうしじょう》に偁《いわ》く、（A）三十余年の間、各自筆を以て勘中《かんちゅう》の故、不審無きに依り判形《はんぎょう》を加えず。然《しか》りと雖《いえど》も、勘状道理に叶うの日、成敗の下文を成し与うの時、守護人加判の上、直人《なおびと》皆以て署判を加う。（B）私の成敗に及び難き事は、問注記許《もんちゅうきばかり》を関東に進上せしむる所なり。（C）資頼の書状を相副えず、直人一人の勘状許を以て、御下文を引き載せらるる事、若しくは久しく罷《まか》り成る事の中、自然と相い交る事か候らん。当時の如《ごと》くんば、一切覚悟せず。（D）又資頼の書状を相副えざるの直人の勘状においては、証文に足らざるかと云々。

順に解釈していくと、（A）資頼が在職した三十余年の間、「勘状」（審理記録）の作成にあたっては府官が自筆で勘申したので、府官は署判を加えなかった。しかし、審理内容が道理にかない、「成敗の下文」（裁許状）を発給する際には、守護人が（袖に）判を加え、「直人」（府官）全員が連署した。（B）裁許に到らない場合、「問注記」（審理記録）のみを幕府に報告した。（C）府官（ここでは為賢が念頭におかれている）単独の勘状で、将軍家政所下文が発給されることは、長期に及ぶ自らの在職期間中にあったかもしれないが、今となっては記憶にない。（D）資頼の書状を伴わない府官単独の勘状には証拠能力はない。――以上が幕府に対する資頼の申し開きである。

さて、藤田は、（C）（D）の記述に段階差を読み取り、（C）資頼が就任して程ない元久年間には府官単独の勘状発給を統御できなかったが、（D）安貞年間に至り、ようやくこれを不適切とし、守護の主導権を主張しえたと評価する。

しかし、資頼の主意は、幕府からの照会に対し、「不適切な事案があったかもしれないが、記憶にない」と弁明することで、それ以上の深読みには慎重であるべきだと私は思う。すなわち、府官単独で勘状が発給された事実からは、資頼が為賢に実務を委ねていたこと自体はわかるが、これが資頼の大宰府機構に対する指導力の限界を示したり、まして意図に反する行為であったとは言い切れないのである。くわえて注目されるのが、惟宗氏が平家滅亡後、原田《はるた》氏にかわって新たに台頭した府官であるとの石井進の所論［石井一九七〇］や、為賢が京都で外記《げき》（文筆官僚）のキャリアを務めた後、大宰府に赴任した人物であることを明らかにした釈迦堂光浩の研究［釈迦堂一九九二］である。これに従えば、為賢が現地に精通しているかは相当微妙である。実際、本多もいうように、為賢が元久二年の武雄社大宮司職をめぐる相論では、現地の状況を把握しきれないまま安易な判断を下している［本多一九九〇］。今度の単独での「宰府勘状」の発給も同様の事態とみてよいのではないか。

このように資頼―為賢の関係は、幕府の権勢を背景に新たに台頭した〈新参者〉同士の協力関係であって、藤田説に反し、為賢の影響力は資頼がいてこそ発揮できたし、本多説とは異なり、為賢を従えることは資頼にとって大宰府掌握の達成ではなく、むしろ起点であったと考える。こうした立場から、資頼の大宰府掌握の未熟さを説く藤田説と、資頼と為賢の上下関係を説いた本多説とを継承してみたいと思う。

●武藤資頼の少弐任官

武藤資頼と大宰府機構の関係を論じたついでに、資頼の少弐任官時期にも言及しておこう。資頼の呼称と「少弐」の関わりを検討すると、建永《けんえい》元年（一二〇六）及び承元《しょうげん》四年（一二一〇）の文書に「少弐従五位下藤原朝臣《あそん》」「大宰少弐藤原朝臣」とあるが、これらは明らかに偽文書である（『鎌倉遺文』三―一六四五、同補遺一―五七二）。より確実な所見は、建暦二年（一二一二）四月六日関東御教書案（『鎌倉遺文』四―一九二四）の宛所である「大宰少弐殿」が資頼に比定できれば、これになる。

その後、建保《けんぽう》五年（一二一七）七月二四日付文書の宛所に「大宰少弐殿」（『鎌倉遺文』四―二三二五）、承久《じょうきゅう》三年（一二二一）十二月十一日付文書の宛所に「前《さきの》大宰少弐殿」とみえ（『鎌倉遺文』五―二八九四）、以上を資頼とみなせば、この間に解任されたことになる。しかしその後、『民経記《みんけいき》』及び『明月記《めいげつき》』によれば、嘉禄二（一二二六）年十月三日の小除目で資頼が大宰少弐に還補（再任）

されたことが知られる（ただし川添昭二は、これ以前の「少弐」が資頼との確証がないことから、ここで初めて任官したとみる［川添一九八三］）。すると、翌年の複数の史料にみえる「大宰少弐殿」「少弐藤原朝臣」は資頼に違いなく、晩年（安貞《あんてい》二年〈一二二八〉九月カ）まで、その地位にあったと推測される。

なお還補の要因については、後述する倭寇対策との関係で論じる高銀美の指摘もあるが［高二〇一二］、第一義的には、嘉禄元年（一二二五）に正殿還御を見越していた宇佐宮の造営事業が停滞するなか、幕府の支援が期待されたことにあるだろう。資頼は少弐就任と時を同じくして、中原師員とともに宇佐宮の造営に携わっている（『鎌倉遺文』六―三六九一）。

しかし近年、伊藤邦彦により、嘉禄二年の小除目《しょうじもく》で少弐となったのは資頼の子・資能《すけよし》だとの見解が示された［伊藤二〇一〇］。後述の対高麗《コリヨ》交渉とも関わるので考察したい。伊藤説の主な根拠は二つである。一つは、『宇佐記』収載の嘉禄三年二月十三日関東御教書案（『鎌倉遺文』六―三五七七）が、「大宰少弐殿」に宛てて「資頼朝臣・師員《もろかず》法師相共《あいとも》に」宇佐宮の造営への協力を命じていることで、いま一つは、「青方文書」安貞二年（一二二八）三月十三日関東下知状案（前掲）に「太宰少弐資能」との記載があることだ。

まずは前者の指摘から。たしかに幕府が甲・乙二名に遵行《じゅんぎょう》を命じる場合、甲に対して「甲・乙相共に」（甲・乙が一緒に）ではなく、「乙相共に」（乙と一緒に）と指示するのが普通だから（ただし、この命令の形式が定着するのは早くとも十三世紀後半であり、本文書よりだいぶ後である）、「大宰少弐殿」と「資頼朝臣」を別人とする気持ちはわからなくはない。しかし、この解釈だと嘉禄の宇佐宮造営奉行は三人（資頼・資能・師員）となるはずだが、他の関連史料による限り、奉行は二名であり（『鎌倉遺文』六―三六九一等）、「大宰少弐殿」と「資頼朝臣」をともに資頼とした方がすわりがよい。

次に後者だが、「青方文書」にみえる「大宰少弐資能」を「資頼」の誤記としない場合、『民経記』等に写された小除目が誤記となる（編纂史料だが、『百練抄《ひゃくれんしょう》』安貞元年七月二一日条にも「大宰少弐資頼」とある）。どちらかを選ばねばならないが、当該の小除目の「資頼」の記載に尻付《しづけ》（注記）された「兼《けん》」は同年の除目における資頼の筑後守任官をふまえた表現と考えられ、正文ではない「青方文書」を誤記とした方がよいと思う。以上より、今のところは伊藤説はとらず、従来通りの見解に従っておきたい。

●対馬との関係

武藤資頼が大宰府を掌握した影響は、対外関係にも及んだはずである。概して十一～十三世紀中頃は日宋貿易の安定期であり、日本側の窓口としては博多が圧倒的な存在感を誇っていた。そして貿易の主たる担い手であった中国人海商が多く滞在した都市・博多を管理していたとみられるのが、大宰府であった。しかしながら、資頼を通じて鎌倉幕府が大宰府―博多を統制し、貿易管理に乗り出したかといえば、当該期の幕府が日宋貿易に強い関心を懐いていたようにはみえず、すくなくともそれを裏付ける史料を欠いている。幕府に限らず、資頼自身についても同様である。

他方、朝鮮半島との関係に目を向けると、資頼がこれに積極的に関わろうとした徴証がいくらかある。具体的には、対馬島衙《つしまとうが》（対馬島の地方行政を担う役所）への統制を強めたことと、「倭寇《わこう》」問題をめぐる高麗政府との交渉が、これである。まずは、資頼の対馬への姿勢・施策からみていこう。

『勘仲記《かんちゅうき》』弘安《こうあん》十年（一二八七）七月十三日条によれば、ときの対馬守（源光経《みつつね》）は次の申請（解状《げじょう》）を朝廷を提出したという。ただし、このときの解状は、詳細は割愛するが、網野善彦が指摘するように、朝廷での行事に際して儀礼的に作成された吉書《きっしょ》で、その内容は弘安年間ではなく、建仁年間頃の実態に即したものと考えられている［網野一九八五］。以上をふまえ、解状の第三条をみると、「府使」（大宰府使）が朝廷への進上物（済物《さいもつ》）を徴収するためと称して対馬に乱入したり、「守護人」が対馬島衙と折半するはずの入港税（前分《さきぶん》）を押領することの禁止が要請されている。

ここでいう「守護人」は、対馬が守護未設置であることから、「大宰府守護」（資頼）と考えられる。「府使」もまた、資頼の影響下にあろう。であれば、ここで問題になっているのは、守護＝大宰府＝資頼による対馬島衙への圧力ということになり、守護による在庁得分の圧迫と、それによる在庁官人組織の動揺という後の西国国衙の状況［小原二〇〇六］と通じる。この頃の対馬島衙は在庁官人阿比留《あびる》氏を中心に構成されており、やがて武藤氏が惟宗氏（宗氏《そう》）を地頭代とし、対馬の統治機構の掌握に乗り出すわけだが［松尾二〇二〇］、武藤氏の対馬支配の先蹤をここに見いだすことは可能だろう［荒木二〇一七］。

●高麗との「進奉」関係

武藤資頼が対馬の掌握を進めていた頃、対馬は高麗との「進奉《しんぽう》」関係を結んでいた。当初、この関係をどの程度、大宰府が把握していたかは不明である。ただし、少なくとも高麗側は建前上、対馬からの「進奉」の使者を〈日本国〉からの使者とみなした一方、これを大宰府には公にしていないようにみえる［中村二〇二〇］。しかし、嘉禄・安貞年間の日麗交渉を経て、大宰府＝武藤資頼は「進奉」関係の当事者となり、「進奉」の内実も大きく変化する。資頼の高麗への姿勢をよく示す出来事といえるが、この時の日麗交渉の過程は、近藤剛によって既知史料の再評価と新出史料の紹介がなされ、研究が進んだ［近藤二〇一九］。以下、近藤の優れた研究に導かれつつ、交渉の意義を考察したい。

嘉禄・安貞の日麗交渉は、嘉禄三年（一二二七）、高麗政府が大宰府に対し、直近三年間に激化した「倭寇」の禁圧を要請したことに始まる。通常ならば、対馬に禁圧を命じるのであろうが、対馬の実行力に疑心が懐かれたためであろう。承存《スンジョン》ら二十人の高麗使が大宰府に到ったのは三月二十八日で、同年二月付けの「全羅州道按察使牒状《チョルラあんさつし》」（朝鮮半島南西部を管轄する地方官名義の文書）をもたらし、資頼は牒状の正文を幕府に、案文を朝廷に送付した。この牒状には「上項《じょうこう》の賊人を断治し、対馬島依《よ》り船一隻来往して売買せんことを乞う（以上の賊を処罰し、対馬島から船一隻を往来させて交易をすることを求める）」とある。ここからは、資頼が高麗使節の面前で対馬島の「悪徒」九〇人を斬首し、「修交互市《ごし》」を乞う「返牒」を高麗に送った行為は、牒状の要求に従ったものとわかる。また、「返牒」が高麗に届いたのは五月十七日、幕府・朝廷に正文・案文が到ったのはそれぞれ五月十四日、同一日だから、「返牒」の送付が資頼の主体的な判断であることも明らかだ。

高麗にとって、資頼の「返牒」送付は予想外の成果であったに違いない。さらに高麗政府は同年内には「講和」のため、牒状をもたせて朴寅《パクイン》を日本に派遣している。到来時期は不明だが、高麗から再度の牒状が送られたとの巷説を、京都にいた藤原定家《さだいえ》が八月十二日に記録しており（『明月記』）、その頃が有力な候補となる。その後、朴寅は日本にしばらく滞在した後、翌安貞二年（一二二八）十一月に「和親状」を高麗へ持ち帰っている。一年近い時間を要したのは、資頼が幕府に報告し、対応を協議したからに違いない。近藤は『異国牒状記』の「武将の命を受けて少弐が状などをや遣はさるべき、それは度々の例ある上、嘉禄・天福《てんぷく》の儀も子細なし（将軍の命令をうけて少弐氏が返事を出す例は何度かあり、嘉禄・天福年間のときにも問題はなかった）」との記述に注目し、幕府の命をうけて資頼が「和親状」を送付したとみて、これを「嘉禄」の例にあてている［近藤二〇一九］。

このときの「和親状」の内容は、弘長《こうちょう》三年（一二六三）にもたらされた高麗牒状がいう「両国の交通せるより以来、歳ごとに常に進奉すること一度、船は二艘を過ぎず。設《も》し他船の枉《ま》げて他事を憑《たの》み、濫りに我が沿海の村里を擾《みだ》すこと有らば、厳しく徴禁を加え、以て定約《ていやく》と為す（高麗と日本が通交して以来、進奉は毎年一度、船は二艘までである。もしこれに違犯し、勝手に高麗の沿海地域の治安を乱すことがあれば、厳しく処罰することをもって定約とする）」という文言（『高麗史』巻二五・元宗世家四年〈一二六三〉四月甲寅条）が、これに対応するであろう。なお、これに関しては、近藤も指摘するように、朝廷がこの「定約」の存在を把握していないことも重要である［近藤二〇一九］。

以上より、幕府―資頼が高麗にもたらした「和親状」をうけ、日麗間で結ばれた「定約」は、「進奉」を年一度・二艘に限定し、しかも対馬島衙を介さずに大宰府がその主体となるものであったと見通せよう。旧稿では、これを資頼の積極性の表れと評価したが［中村二〇二〇］、同じく交渉の場にいた幕府の姿勢を議論に組み込めていないないし（あまり大きく評価しない方がよいと思うが）、かなり厳しい通交制限が設定されていることからすれば、大宰府にとって、どの程度の「成功」であったかは俄《にわか》に判断できないところである。なにより、この交渉における高麗政府の主導性をふまえた考察が求められよう（現状、交渉の結果はわかるが、過程は不明である）。しかし、これにより資頼が、元来、対馬が独自に構築・維持していた高麗との「進奉」関係を上書きしたこと自体は間違いない。その限りにおいて資頼は、日麗間の外交関係を新たな段階に移す役割を果たしたのである。

（中村　翼）

【参考文献】

網野善彦「中世民衆生活の様相」（『網野善彦著作集』十三、岩波書店、二〇〇七年。初出、『千葉史学』七、一九八五年）
荒木和憲「中世前期の対馬と貿易陶磁」（『貿易陶磁研究』三七、二〇一七年）
石井進「大宰府機構の変質と鎮西奉行の成立」『日本中世国家史の研究』（岩波書店、一九七〇年）
伊藤邦彦「鎌倉幕府守護の職務（権限）」（『鎌倉幕府守護の基礎的研究〈論考編〉』岩田書店、二〇一〇年）
大山喬平「鎮西地頭の成敗権」（『史林』六一―一、一九七八年）
川添昭二「鎌倉時代の筑前守護」（『九州中世史の研究』吉川弘文館、一九八三年）
高銀美「大宰府守護所と外交―大宰府守護所牒を手がかりに―」（『古文書研究』七三、二〇一二年）

小原嘉記「西国国衙における在庁官人制の解体―安芸国衙関係史料の再検討―」（『史林』八九―二、二〇〇六年）
近藤剛『日本高麗関係史』（八木書店、二〇一七年）
清水亮「初期鎌倉幕府の九州支配における没官領地頭の意義―九州における天野氏の地頭職獲得過程―」（『鎌倉幕府御家人制の政治史的研究』校倉書房、二〇〇七）
釈迦堂光浩「鎌倉初期大宰府府官について―惟宗為賢を通じて―」（地方史研究協議会編『異国と九州―歴史における国際交流と地域形成―』、雄山閣、一九九二年）
中村翼「書評：近藤剛『日本高麗関係史』」（『日本史研究』七〇一、二〇二〇年）
藤田俊雄「鎌倉初期の大宰府機構について」（『熊本史学』五五・五六、一九八一年）
本多美穂「鎌倉時代の大宰府と武藤氏」（九州大学国史学研究室編『古代中世史論集』吉川弘文館、一九九〇年）
松尾大輝「鎌倉期少弐氏による対馬支配と代官宗氏」（『九州史学』一八五、二〇二〇年）
山村信榮「大宰府」（大庭康時・佐伯弘次他編『中世都市・博多を掘る』海鳥社、二〇〇八年）

12　栄西――日本仏法の中興を目指した僧――

●栄西が生まれた時代

栄西《えいさい》（一一四一―一二一五）は永治《えいじ》元年（一一四一）の生まれで、備中国吉備津《びっちゅうのくにきびつ》神社（岡山県岡山市）の神官賀陽《かや》氏の出身と伝えられる。事情は不明ながら十四歳で出家し、やがて比叡山延暦寺《ひえいざんえんりゃくじ》（滋賀県大津市）で顕教《けんきょう》（自らを救い、他を利するための教え）を学んだ。その後、伯耆国《ほうき》の大山《だいせん》（鳥取県西伯郡大山町）で基好《きこう》から顕教より深い教えとされる密教《みっきょう》（仏の境地にいたるための教え）を学び、仁安《にんあん》二年（一一六七）には両部《りょうぶ》（金剛界《こんごうかい》・胎蔵界《たいぞうかい》）の灌頂《かんじょう》（密教の指導ができる「阿闍梨《あじゃり》」の位を授ける儀式）を受けたとされる。基好は、摂関家出身の高僧慈円《じえん》と深く関わった密教の第一人者だが、その学識を支えたのが、中央と地方とをつなぎ、地方間を結ぶ聖《ひじり》たちのネットワークであった。

平雅行によれば、当時の仏教界には大別して二種類の僧がいた。一つは官僧《かんそう》で、僧位僧官《そういそうかん》を持ち、国家的法会《ほうえ》に従事した。国家的法会は南都北嶺《なんとほくれい》の顕密仏教《けんみつ》（顕教・密教の併称だが、ここでは朝廷から保護・認定をうけた南都六宗《なんとりくしゅう》と天台・真言をあわせた八宗をいう）の僧が専ら担ったので、官僧とは顕密僧である。いまひとつが、遁世僧《とんせいそう》・聖である。中世には仏教が社会に深く広く浸透したため、仏僧・仏事のニーズが増え、国家的法会以外の仏事に専従したり、都鄙《とひ》間・地方間を修行・巡礼しつつ山林修行や教学の研鑽にはげむ生き方が可能となった。ただし、遁世僧・聖の大部分は、顕密仏教を否定していない。むしろ彼らは、南都北嶺を中心とする顕密仏教を列島各地、そして民衆に広める役割を果たしていた［平二〇一七］。

基好が拠った伯耆大山は、比叡山に連なる聖たちのネットワークの地方におけるハブであった。基好は、延暦寺の末寺である多武峰《とうのみね》（奈良県桜井市）の聖たちと深い関わりを持っていた。多武峰には、十一世紀末に中国の天台山（浙江省天台県）に巡礼し、その地で没した日本僧成尋《じょうじん》の後継者を中心に、宋代仏教（同時代の中国仏教）に高い関心を持つ遁世僧・聖の集団があった［横内二〇一一、榎本渉二〇一六］。栄西は、密教教学に深い関心を寄せる一方、中国への巡礼を試みるが、こうした指向性は、基好の存在を念頭に置くと理解しやすい。

もっとも、当時の顕密僧や遁世僧・聖が一般に宋代仏教に対し、高い関心を抱いていたわけではない。むしろ栄西のような僧は少数派であった。院政期の日本では顕密仏教がかつてない隆盛を遂げ、「天竺《てんじく》・唐土《とうど》は仏法すでに滅す。我が国《日本》のみ独《ひと》り盛んなり」（『興禅護国論《こうぜんごころん》』第九門）という自尊的な自国意識や仏教観が強まっていた。栄西自身、中国巡礼の志を告げたところ周囲から馬鹿にされたという体験を語るが（同上）、十一世紀末以降、一一六七年まで日本僧の中国渡航事例がみえなくなるのは、中国に赴き、そこで学ぶ意義を大部分の日本僧がみいだせなかったためだろう（実際には渡航した僧やそれを目指した者がいたであろうが、国内で注目されないので史料には残らない）。

しかしながら、栄西が生まれた時代に、日本と中国（南宋《なんそう》）との関係が途絶えていたわけではない。それどころか海商（貿易商人）を通じた貿易は、これまでにない程に盛んになっていた。そして院や中央の顕密寺院は、海商を通じて最新の仏典・注釈書・図像等の各種書籍（仏典以外も含む）を大陸から競って獲得していた。しかし、これらは入手した者や組織によって秘蔵されることも多く、獲得の主な動機は、最新の知識が所有者あるいはそれが帰属する集団（寺院内の院家《いんげ》や房《ぼう》など）の栄達をもたらすとみなされたためであったと考えられる［西谷二〇一六］。したがって、これら大陸の仏書は、国家的法会の充実や密教儀礼の多様化を支えるアイテムとしては積極的に利用されたものの、皮肉なことに、大陸仏教に対するプラスの価値観を高めるというより、むしろ日本の独善的な仏教観を支える役割を果たしたのである。

●九州での活動：密教学僧としての成熟

比叡山と大山を往還しながら研鑽を積んだ栄西は、仁安三年（一一六八）、ついに中国渡航（入宋《にっそう》）を遂げる。この時はわずか半年の滞在ながら四明山《しめいざん》（浙江省寧波市）や天台山、阿育王山《あいくおうざん》（浙江省寧波市）などを訪れており、天台宗の故地巡礼という性格が強い。栄西といえば一般的には禅僧のイメージが強いと思うが、この度の入宋では禅を本格的に学んだ形跡がないことに注意をしておきたい。事実、帰国後の栄西は、文治《ぶんじ》三年（一一八七）に再度の入宋を遂げるまでの十二年間、主に今津（福岡県福岡市）の誓願寺《せいがんじ》を拠点に、筥崎（福岡市）や背振山（福岡市と佐賀県神埼市の県境）をはじめ九州地方北部で活動し、精力的に著作を制作したが、それらはほとんどすべて密教関係のものであった。

そしてこの二十数年来、阿部泰郎・末木文美士らを中心とする真福寺《しんぷくじ》（愛知県名古屋市）の大須《おおず》文庫での調査などを通じ、これらの著作が新たに複数発見、再評価されたことで、栄西研究は飛躍的に進展した［末木二〇一三］。このうち安元元年（一一七五）に著された『改偏教主決《かいへんきょうしゅけつ》』は、大宰府原山《はらやま》（福岡県太宰府市）の学僧である尊賀《そんが》からの批判への反論である。続編として『重修教主決《ちょうしゅうきょうしゅけつ》』も寿永《じゅえい》二年（一一八三）より執筆されており、北部九州において密教理論をめぐる教学の水準の高さと、論争の盛んなことが知られる［末木二〇一三］。また、安元三年の『無名集《むみょうしゅう》』奥書に「栄西の一門に非ざるは努々披見《ゆめゆめひけん》すべからず」とあるように、栄西が論争の傍ら弟子の育成を行っていたこともわかってきた［米田二〇一九］。

●南宋への再渡と虚庵懐敞との出会い

栄西は、寿永二年以来執筆を続けていた『重修教主決』の奥書として、文治三年一月四日に「予、若《も》し書き置かずんば、誰か本朝《（日本）》の智光を挑《かか》げんや」と記している。自らの教学的達成への自負が窺えるが、文治三年は、栄西の第二次入宋の年でもある。再渡の目的は判然としないが、最終的にはインドを目指していたらしく、それに信を置くならこれも初渡の巡礼の延長線上に考えてよい。しかし、インドへの巡礼は果たせず、帰国を試みるも暴風のために吹き戻され、やむなく天台山万年寺に赴いたという。そこで栄西が出会ったのが、臨済宗黄龍派《りんざいしゅうおうりょう》に連なる禅僧虚庵懐敞《きあんえしょう》（生没年不詳）であった。

天台山、ついで阿育王山における虚庵の下での学びは、栄西の思想形成にとって重要な転換をもたらしたようである。鎌倉末期成立の『元亨釈書《げんこうしゃくしょ》』の栄西伝によれば、虚庵は栄西に日本で盛んだという密教の趣旨を問うた上で、密教と自らの説く禅宗の教えが相通じると述べ、これが転機となって栄西は禅を本格的に学んだという。他方、栄西の著作『菩提心論口決《ぼだいしんろんくけつ》』に付された文応《ぶんおう》元年（一二六〇）の序文（作者不明）によれば、虚庵は栄西に密教の義理を問い、さらに栄西に灌頂を請うたとある。いずれも後世の逸話ながら、栄西が自ら拠って立つ密教を土台に禅宗を学び、虚庵がそうした栄西の立場を尊重したとの筋書は、帰国後の栄西の動向にも整合的かつ自然である。

栄西が虚庵から学んだものは、禅宗の教理にとどまらない。むしろ栄西は、南宋の寺院で起床から就寝までの修行生活が「清規《しんぎ》」と呼ばれる規則に準じて行われていたことに大きな衝撃を受けた可能性が高い。詳しくは後述するが、このことは帰国後の栄西の活動を評価する上で重要なポイントになる。

●朝廷による弾圧

建久《けんきゅう》二年（一一九一）七月に帰国した栄西は、さっそく九州の地で菩薩戒《ぼさつかい》（出家者・在俗者が共通して持つべき戒律）の布薩《ふさつ》を行った。布薩とは教団粛正を目的とした戒律の読誦説示であり、大塚紀弘がいうように、南宋寺院での生活を念頭においたものに違いない［大塚二〇一〇］。その傍ら栄西は引き続き論争にも励んでいる。この時期の論争が中国再渡以前のそれと違って注目されるのは、栄西と対立した筥崎の良弁なる僧がついに比叡山の「講徒《こうと》」（仏僧）を誘い、朝廷への訴えを企てようとまでしていることである。論争の内容は不明ながら、上の経緯からは栄西の主張が比叡山にとって許容できない要素を帯びていたことが窺えるし、事実、朝廷も比叡山の訴えを容れたようである。『百練抄《ひゃくれんしょう》』によれば、朝廷は建久五年七月五日付で、「在京上人《しょうにん》」能忍《のうにん》と「入唐上人《にっとう》」栄西（この時は南宋代なので「入宋」というべきだが、当時はよく「入唐」の語が用いられた）に対し、「達磨宗《だるましゅう》を建立」することの禁止を命じている。

　能忍については、今世紀になってその実像に迫る研究が相継いでいるが、ここでは栄西と同時期、あるいは先立って「達磨宗」を掲げた僧であり、社会的には栄西より有名だったらしいことが確認できればよいだろう。この他、栄西に先駆けて南宋に渡って禅宗を学んだ日本僧には覚阿《かくあ》がいる。栄西自身、能忍や覚阿をライバルとして強く意識していたことは、朝廷による排斥後の建久九年（一一九八）に著した『興禅護国論』未来記に「好人《こうじん》は海を越えず、愚人は到れどもなんぞ要《よう》せん」として、名指しこそせずとも、入宋しなかった「好人」能忍と広く布教を行わなかった「愚人」覚阿とを露骨に批判していることから明瞭である［中尾二〇二〇］。

　能忍に対する栄西の批判は、両者が抱き合わせで朝廷から「達磨宗」の「建立」を禁止されたため、差別化を徹底する必要があったからでもあろう。栄西は、「或人が妄《みだ》りに禅宗を称して名づけて達磨宗と曰《い》う」とし、「事戒《じかい》を用いず、事行《じぎょう》を用いず、ただまさに偃臥《えんが》を用うべし」として、能忍が持戒や実践行を軽視し、惰眠をむさぼっていると非難している（『興禅護国論』第三門の余）。これがそのまま能忍らの実態とはいえないにしても、栄西が持戒と厳格な修行生活を重んじたことは、同じく『興禅護国論』（令法久住《りょうぼうくじゅう》門）に「この宗は戒を以て初と為し、禅を以て究となす」とある通りだ。道元もまた、栄西が営んだ建仁寺では持戒持律の修行生活が行われていたことを伝えている（『正法眼蔵《しょうぼうげんぞう》随聞記《ずいもんき》』巻四）。

●入唐・持戒・禅宗

実は、栄西が掲げた「入唐」と「持戒」は、十二世紀末ににわかにプラス価値を与えられはじめた新たなトレンドだった。院政期の仏教界で入宋経験が重視されなかったことは冒頭で述べたが、この頃は「持戒」の評価も低かった。理由は様々あるが、仏教界と世俗社会の距離が縮まるなか、実働労働を卑しいものとする貴族社会の価値観が浸透し、貴族出身の学侶の多くが持戒や実践行を軽んじたことが大きいであろう。もちろんかかる見方には当時から批判もあったが、潮目が変わる大きな契機は、なんといっても、重源《ちょうげん》による東大寺（奈良県奈良市）大仏の再建事業である。いわゆる源平の内乱の最中、平家によって消失した東大寺大仏は日本仏教の象徴とイメージされ、その再建は〈平和〉政策として熱望されたが［久野二〇一〇］、それを実現したのが、「入唐三度」というキャリアを誇り、「不淫の戒力」を発揮した重源であった。

重源自身は南宋の技術・文物の将来にとどまり、禅宗の導入を目指したわけではない。しかし、栄西は重源に強く共感していたが、少なくとも彼が勝ち得た社会的な評価を我が物として利用しようとした節がある。弾圧の経緯や『興禅護国論』での主張からして、栄西が比叡山の現状を批判するなかで、「禅宗」の立宗を目指したことは間違いない（朝廷の禁令で「達磨宗」とされているのは、能忍の方がよく知られていたからであろう）。「宗《しゅう》」とは仏教の究極目標に到る理論・実践の体系のことで、新たな「宗」を立てることは既存の諸「宗」を否定することではなく、比叡山の僧の多くは「天台宗」のみならず、諸宗を兼学していた。したがって、栄西による「禅宗」「建立」の企ても、末木文美士をはじめとする近年の論者がいうように、国家的な保護を受けた既存の「八宗《はっしゅう》」の枠組みに「禅宗」を新たに追加し、もって比叡山を中心とする「仏法」の「中興」を目指したものと見なすべきであろう［末木二〇一三］。元久《げんきゅう》元年（一二〇四）に著した『日本仏法中興願文《にほんぶっぽうちゅうこうがんもん》』にみる「中興の叡慮を廻らし、仏法・王法を修復せば、もっとも望むところなり」というメッセージも、「興禅」の主張をふまえて上のように受けとめておきたい。栄西は、重源の活躍に刺激を受けつつ、当時の「仏法」の弱点として「戒力」の不足を見いだし、課題を克服する具体的な方途として、「入唐」経験を持つ自身による南宋寺院をモデルにした改革を押し出した。それが「戒を以て初と為し、禅を以て究となす」「禅宗」の立宗であったわけだ。

●鎌倉幕府との関係

しかしながら、禅宗の立宗勅許による「日本仏法中興」の試みは、『興禅護国論』の執筆も空しく、奏功しなかったらしい。そうしたなか、栄西は正治《しょうじ》元年（一一九九）九月頃より鎌倉での活動を開始したようである。下向の契機は不明だが、朝廷の禁令が覆らないことで京都での布教を断念し、新天地を求めたものと考えられる。ただし、栄西の鎌倉での活動は顕密僧としてのものが目立つ［葉貫一九九三］。朝廷とは異なり、鎌倉幕府の下にはいまだ有力な顕密僧が揃っておらず、その方面での人材確保が急務であったからであろう。早くも正治二年一月十三日には源頼朝の一周忌法要の導師を務めており（『吾妻鏡《あづまかがみ》』）、幕府からの期待の程が窺える。

とはいえ、鎌倉幕府の宗教体制のなかで栄西はやや特殊な地位にある。葉貫磨哉によれば、幕府に仕える顕密僧は鶴岡八幡宮《つるがおかはちまんぐう》、勝長寿院《しょうちょうじゅいん》、永福寺《ようふくじ》（いずれも神奈川県鎌倉市）を主な拠点としたが、栄西はそれらに組み込まれず、北条政子《ほうじょうまさこ》から与えられた寿福寺《じゅふくじ》（神奈川県鎌倉市）で独自に門弟を育成した［葉貫一九九三］。寿福寺は、御家人の岡崎義実《おかざきよしざね》・義清《よしきよ》父子が頼朝の父・源　義朝《みなもとのよしとも》の菩提寺を営んでいた地（義朝の鎌倉館の跡地であった）を政子が点定し、新たに建立した伽藍であった。元久元年（一二〇四）には政子の主催で、寿福寺にて北条時家夫妻を供養する法要が実施されており、中尾良信によれば、政子の寿福寺建立には頼朝の家系と北条氏との結びつきを強める意図があったという［中尾二〇二〇］。この指摘は重要で、鎌倉における栄西の特殊な位置付けは、その後の鎌倉以外での活動を含め、政子の帰依という要素なしには理解しがたいものである。

幕府―政子の後ろ盾を得た栄西は、再び京都を訪れ、建仁《けんにん》二年（一二〇二）には六波羅で伽藍を建立した。これが後の建仁寺《けんにんじ》（京都府京都市）であり、（元久二年に「建仁」の元号を冠する「官寺」となった。とはいえ、「禅宗」の立宗は依然として朝廷から禁止されていたし、比叡山からの圧力も考慮したのであろう。建仁三年六月には寺内に真言院《しんごんいん》・止観院《しかんいん》が併置されている（『元亨釈書』）。これを根拠に栄西の密教僧としての指向性の強さを見いだすのも一案だろう。実際、栄西が寿福寺や聖福寺《しょうふくじ》（福岡県福岡市）において門徒への密教授法に努めたことも知られている［菊地二〇二一、米田二〇一九］。しかしながら、建仁寺における両院の役割は副次的で、同寺の中心はやはり禅宗にあったとみる舘隆志の指摘も、なお傾聴に値しよう［舘二〇一九］。栄西門流の持つ多様性とそれに対する評価は、今後の大きな研究課題である。

この他、聖福寺（建久六年の建立とされる）には、建仁四／元久元年に後鳥羽天皇により、「扶桑《ふそう》最初禅窟《さいしょぜんくつ》」（「扶桑」は日本のこと）の勅額が与えられているが、これも当時の朝幕関係を背景に、幕府の後ろ盾によって実現したものであろう。

●栄西と「日本仏法中興」

結果論でいえば、幕府―政子の支持を得てなお、栄西はついに「禅宗」立宗の勅許を勝ち得なかった。しかしながら、栄西は勅許に基づく「興禅」による仏法「中興」を目指し、戦略的に運動を展開したといえる。その意味で注目されるのは、東大寺や法勝寺九重塔の再建事業への関与である。

東大寺再建を主導した重源が建永《けんえい》元年（一二〇六）に没すると、「東大寺大勧進《とうだいじだいかんじん》」の地位は栄西に引き継がれた。しかし、上横手雅敬が指摘したように、この地位は元来、重源一代限りでかつ制度化もされておらず、まして栄西への継承は既定路線ではなかった［上横手二〇〇九］。では、なぜ栄西がこれを担えたのか。確証は得られないが、少なくとも、栄西はいぜんより東大寺再建事業に関わっていたこと、そしてなにより再建事業における幕府の協力の重要性が重源の時代からも明らかであったがゆえに、〈幕府に重用される栄西〉というイメージが考慮されたことは、まず間違いない。そしてさらに踏み込むなら、そこに栄西自身のイメージ戦略を読み込めないであろうか。これに関わって注目されるのが、『入唐縁起《にっとうえんぎ》』（伝栄西自撰）である。

『入唐縁起』は栄西一代の伝記であるが、その史料的価値は長らく定まってこなかった。ところが榎本渉の分析によって、これが栄西もしくはそれに極めて近い関係者が記したものであることがほぼ確実となった［榎本二〇〇五］。近年ではその内容を史実とみる論者も増え、私自身も撰述者については榎本説に従うべきと考える。しかしながら、大塚紀弘が指摘するように、『入唐縁起』が栄西の事績を網羅せず、東大寺・重源と栄西との関わりを際立たせるごとく撰述されていること［大塚二〇一七］には、なお注意を要するのではなかろうか。穿ち過ぎかも知れないが、『入唐縁起』は「東大寺大勧進」の行方がなお流動的な状況下、「不淫の戒力」を持つ「入唐三度上人」重源の後継者として、栄西自身がその地位にいかに相応しいか、その喧伝に腐心したことの遺産だと私は考えている。

では、栄西が「東大寺大勧進」の地位にこだわったのは何故だろうか。まず考慮すべきは経済面での旨味だが、これは限定的だろう。小原嘉記がいうように、重源の時とは違い、この頃の東大寺には造営料国（周防国）が付与されておらず、栄西が差配できる収益や物資は限定的であった［小原二〇一四］。

であれば、内乱後の「日本仏法」の再興の象徴という、東大寺再建事業が有するイメージがやはり大事なのだろう。王権による仏法興隆の象徴をなす法勝寺《ほっしょうじ》（京都府京都市）九重塔（承元《しょうげん》二年（一二〇八）に焼失）の再建を、焼失の翌年に栄西が請け負ったのも、同様の思惑からであろう（ただし、こちらには経済面でのメリットがあった［小原二〇一四］）。法勝寺九重塔の再建完了をうけ、栄西は大師号《だいしごう》と紫衣《しえ》を朝廷に求めたが、これも最澄《さいちょう》（伝教大師《でんぎょうだいし》）の意志を継ぎ、「日本仏法中興」を担う者としての自負と、その公認を求める姿勢ゆえとみたい。最澄に菩薩戒を授けた唐僧道邃《どうすい》法師が天台山に植えたという菩提樹《ぼだいじゅ》の枝を栄西が筑前国の香椎宮《かしいぐう》（福岡県福岡市）に移植し、さらにそれを建久六年に東大寺に移すというデモンストレーションも、いわばその先鞭である。
以上のように、栄西は、比叡山延暦寺に連なる身として密教の研鑽を積み、その学識への自負を強く持った。その後、二度目の入宋を経て南宋寺院の実態を目の当たりにし、「日本仏法中興」の課題を「持戒」に見いだすようになった。そこで彼が新たに目指したのが、「戒を以て初と為し、禅を以て究となす」「禅宗」の立宗であった。それにあたり、彼は「入唐」の重要性を弟子に説いたに違いない。実際、一二一〇年代以降、栄西の門流からは多くの入宋僧が輩出される。それが十三世紀後半以降の禅宗興隆に即座につながるわけではない。しかしながら、栄西が帯びた「入唐」と「持戒」は、やがて顕密仏教に対するカウンターとして確かな求心力を勝ち得るようになる。

（中村　翼）

【参考文献】

上横手雅敬「東大寺復興と政治的背景」（『権力と仏教の中世史―文化と政治的状況―』法蔵館、二〇〇九年）
榎本渉『『栄西入唐縁起』からみた博多」（『〈中世都市研究十一〉交流・物流・越境』、新人物往来社、二〇〇五年）
榎本渉「平安末期天台宗における宋代仏教へのまなざし―栄西入宋の前提として―」『佛教史學研究』（五九―一、二〇一六年）
大塚紀弘「東アジアのなかの鎌倉新仏教運動」（荒野泰典他編『〈日本の対外関係四〉倭寇と「日本国王」』吉川弘文館、二〇一〇年）

大塚紀弘「重源の「入宋」と博多綱首」（『日宋貿易と仏教文化』吉川弘文館、二〇一七年）
菊地大樹「円爾系の印信から見る禅と密」（末木文美士監修・榎本渉他編『中世禅の知』臨川書店、二〇二一年）
小原嘉記「鎌倉初期の東大寺再建と栄西」（『〈ザ・グレイトブッダ・シンポジウム論集十二〉論集中世東大寺の華厳世界―戒律・禅・浄土―』東大寺、二〇一四年）
末木文美士「『栄西集』総説」（『〈中世禅籍叢刊一〉栄西集』臨川書店、二〇一三年）
平雅行「鎌倉仏教の成立と展開」（『鎌倉仏教と専修念仏』法蔵館、二〇一七年）
舘隆志「『元亨釈書』の栄西伝について」（『国際禅研究』四、二〇一九年）
中尾良信『栄西―大いなる哉、心や―』（ミネルヴァ書房、二〇二〇年）
西谷功「〈規則〉からみた南宋仏教請来の意義―本書の研究視座と問題の所在―」（『南宋・鎌倉仏教文化史論』勉誠出版、二〇一六年）
葉貫磨哉『中世禅林成立史の研究』（吉川弘文館、一九九三年）
久野修義『〈日本史リブレット・人〉重源と栄西』（山川出版社、二〇一〇年）
横内裕人「大和多武峰と宋仏教―達磨宗の受容をめぐって―」（『アジア遊学』一四二、二〇一一年）
米田真理子「九州における栄西門流の形成と展開―禅宗形成史再考―」（阿部泰郎・末木文美士編『〈『中世禅籍叢刊』別巻〉中世禅への新視角―『中世禅籍叢刊』が開く世界―』臨川書店、二〇一九年）

あとがき

私にとって初めての編集作業の任が終わろうとしている。田辺旬さんから本書にお誘いいただいたのは、二〇二三年の夏だった。二〇二〇年代に入り、八〇〇年の区切りを迎えた承久の乱や大河ドラマ「鎌倉殿の13人」に関する企画や書籍によって鎌倉前期に注目が集まる中で、近年の研究成果を一般読者向けに紹介する本をつくろうというお声がけであった。田辺さんとの打ち合わせを重ねる中で、「京都からみた」というテーマを設定して、あまり脚光を浴びることのない（いわばマニアックな）人物まで含めた二十名を取りあげて最新の鎌倉時代像を提示する方針を固め、その人物やその人物に関わる研究に最前線で取り組まれている方々に執筆を依頼した。お忙しい中、執筆をご快諾くださった皆さまにこの場を借りて御礼を申し上げたい。

原稿については、様式はこれまでの小径選書を踏襲するが、内容は各執筆者に一任して書きたいことを書いてもらう方針をとった。各稿の論述や体裁が多様であるのは、そのような事情ゆえである。また、王家や貴族社会、京都・鎌倉の武士社会、仏教界など多彩な立場の人物たちを描くことで、様々な角度から鎌倉時代の解像度が上がるように企画したつもりである。本書の意図が十分に読者に伝わっていれば、それは魅力的な原稿を寄せてくださった執筆者の成果であり、不十分な点があったとすれば、それは編集の責任として予め反省の意を示しておきたい。

最後になるが、タイトなスケジュールにもかかわらず最新の知見を盛り込んで寄稿してくださった執筆者の皆さまに改めて感謝を申し上げる。また、不慣れなため、ご迷惑をおかけしてしまった田辺さん、迅速かつ丁寧な編集作業を進めてくださった小径社の稲葉義之氏にも御礼を申し述べたい。本書が多くの読者の方々の手にわたり、本書を一つのきっかけとして中世前期への関心が高まることを祈って、稿を閉じたい。

二〇二四年十月

前田英之

【編著者略歴】

田辺旬（たなべ　じゅん）
一九八一年生まれ。大阪大学大学院文学研究科博士後期課程修了。博士（文学）。現在、東京都立稔ヶ丘高等学校教諭。
▼『中世史講義【戦乱篇】』（共著、筑摩書房）、『図説鎌倉北条氏』（共著、戎光祥出版）、『史料が語るエピソード　日本史100話』（共著、小径社）ほか。

前田英之（まえだ　ひでゆき）
一九八四年生まれ。大阪大学大学院文学研究科博士後期課程修了。博士（文学）。現在、奈良女子大学研究院人文科学系准教授。
▼『平家政権と荘園制』（吉川弘文館）、『増補改訂新版　日本中世史入門』（共著、勉誠出版）、『東海の中世史1　中世東海の黎明と鎌倉幕府』（共著、吉川弘文館）ほか。

【執筆者略歴】

赤澤春彦（あかざわ　はるひこ）
一九七六年生まれ。中央大学大学院文学研究科日本史学専攻博士後期課程修了。博士（史学）。摂南大学国際学部教授。
▼『鎌倉期官人陰陽師の研究』（単著、吉川弘文館）、『新陰陽道叢書　第二巻中世』（共著、名著出版）ほか。

生駒孝臣（いこま　たかおみ）
一九七五年生まれ。関西学院大学大学院文学研究科博士課程後期課程単位取得退学。博士（歴史学）。現在、花園大学文学部准教授。
▼『中世の畿内武士団と公武政権』（戎光祥出版）、『楠木正成・正行・正儀』（星海社）、『東海の中世史1　中世東海の黎明と鎌倉幕府』（共著、吉川弘文館）ほか。

井上幸治（いのうえ　こうじ）
一九七一年生まれ。立命館大学大学院文学研究科博士課程後期課程修了。博士（文学）。現在、佛教大学非常勤講師・京都市歴史資料館員。
▼『古代中世の文書管理と官人』（八木書店）、『平安貴族の仕事と昇進』（吉川弘文館）、『外記補任』（続群書類従完成会）ほか。

海上貴彦（うなかみ　たかひこ）
一九九二生まれ。東京大学大学院人文社会系研究科博士課程単位取得退学。修士（文学）。現在、東京大学史料編纂所助教。
▼『摂関・院政期研究を読みなおす』（共著、思文閣出版）、『平安時代天皇列伝』（共著、吉川弘文館）ほか。

長田郁子（おさだ　いくこ）
一九六九年生まれ。明治大学大学院文学研究科博士後期課程満期退学。現在、東京大学史料編纂所学術専門職員。
▼『新訂中世史料採訪記』（共著、ぺりかん社）、『鎌倉北条氏の女性ネットワーク』（共著、小径社）ほか。

金谷蕗（かなたに　ふき）
一九八六年生まれ。大阪大学大学院文学研究科博士前期課程修了。修士（文学）。現在、兵庫県立御影高等学校教諭。

木村英一（きむら　えいいち）
一九七三年生まれ。大阪大学大学院文学研究科博士後期課程修了。博士（文学）。現在、龍谷大学等非常勤講師。
▼『鎌倉時代公武関係と六波羅探題』（清文堂出版）、『生活と文化の歴史学5　戦争と平和』（共著、竹林舎）ほか。

栗山圭子（くりやま　けいこ）
一九七一年生まれ。神戸大学大学院文化学研究科（博士課程）

修了。博士（文学）。現在、神戸女学院大学文学部准教授。
▼『中世王家の成立と院政』（吉川弘文館）、『平安時代天皇列伝』（共著、戎光祥出版）、『紫式部を創った王朝人たち』（共著、明石書店）ほか。

曽我部愛（そがべ　めぐみ）
一九七九年生まれ。関西学院大学大学院文学研究科博士課程後期課程単位取得退学。博士（歴史学）。現在、相愛大学人文学部特任准教授。
▼『中世王家の政治と構造』（同成社）、『承久の乱の構造と展開』（共著、戎光祥出版）、『日本の歴史を突き詰める　おおさかの歴史』（共著、文学通信）ほか。

田村亨（たむら　とおる）
一九九三年生まれ。大阪大学大学院文学研究科博士前期課程修了。修士（文学）。現在、島根県立古代出雲歴史博物館主任学芸員。
▼「鎌倉前中期の造営遷宮と幕府」（『伊勢と出雲』、島根県古代文化センター）、『鎌倉北条氏の女性ネットワーク』（共著、小径社）ほか。

勅使河原拓也（てしがはら　たくや）
一九八八年生まれ。京都大学大学院文学研究科博士後期課程修了。博士（文学）。現在、京都大学等非常勤講師。
▼『図説鎌倉北条氏』（共著、戎光祥出版）、『東海の中世史1　中世東海の黎明と鎌倉幕府』（共著、吉川弘文館）、『東海道中世史研究2　領主層の共生と競合』（共著、高志書院）ほか。

中村翼（なかむら　つばさ）
一九八四年生まれ。大阪大学大学院文学研究科博士後期課程修了。博士（文学）。現在、京都教育大学教育学部准教授。
▼『東アジアのなかの建長寺』（共著、勉誠出版）、『アニメで読む世界史2』（共著、山川出版社）、『グローバルヒストリーから考える新しい大学歴史教育』（共著、大阪大学出版会）ほか。

樋口健太郎（ひぐち　けんたろう）
一九七四年生まれ。神戸大学大学院文化学研究科博士課程修了。博士（文学）。現在、龍谷大学文学部准教授。
▼『摂関家の中世』（吉川弘文館）、『藤原頼長・師長』（ミネルヴァ書房）、『平安時代天皇列伝』（共著、戎光祥出版）ほか。

三輪眞嗣（みわ　しんじ）
一九九〇年生まれ。京都府立大学大学院文学研究科博士後期課程修了。博士（歴史学）。現在、神奈川県立金沢文庫学芸員。

【編集協力】

中村俊之（なかむら　としゆき）
一九五九年生まれ。東京都出身。明治大学文学部卒業。現在、駒込学園講師。
▼『史料が語るエピソード　日本史100話』（共著、小径社）、『新説日本史』（共著、日本文芸社）、『東京都謎解き散歩』（共著、新人物往来社）ほか。

小径選書 ❾

京都からみた鎌倉幕府の成立

2024年12月3日　第1刷発行

編著者　田辺旬・前田英之
発行者　稲葉義之
印刷所　株式会社シナノパブリッシングプレス

発行所　株式会社 小径社 Shokeisha Inc.
〒391-0100　長野県諏訪郡原村 17217-1068
TEL 0266-78-7172　URL http://www.shokeisha.com

ISBN　978-4-905350-19-4

小径選書①

再検証 史料が語る新事実

書き換えられる日本史

村岡　薫　戸川　点
樋口州男　野口華世／編著
武井弘一　藤木正史

ISBN978-4-905350-00-2　四六判／二五六頁／定価一、六〇〇円（税別）

歴史が変わる?!　歴史研究の最前線は今……

「『歴史』の裏付けとなっている様々な史料も、視点を変えて読み解くと新たな側面がみえてくる。近年の研究により従来の『歴史』の記述が塗り換えられた、あるいは塗り換えられつつある事例をやさしく解説することにより、史料を研究することのおもしろさと歴史研究のダイナミズムを提示する」

本書はこの趣旨のもと、近年の新たな史料研究によってみえてきた、従来の常識をくつがえす日本史の真相に迫る。

小径選書②

「平家物語」の時代を生きた女性たち

服藤早苗／編著

ISBN978-4-905350-02-6　四六判／二四八頁／定価一、六〇〇円（税別）

『平家物語』に登場する女性たちの実像とは!!

建礼門院は、『平家物語』像をもとに、頭の悪い、思考力のない女性とされることが多かった。『平家物語』のみならず、実際の歴史研究でも、いまだに女性の出てくる史料や生活に関する史料をあまり重視しない傾向が強い。

平家政権をとりまく政治勢力構造や推移を考察するとき、姻戚関係はきわめて重要な要素だが、婚姻儀礼や居住形態研究も、女性たちの朝廷内での女房役割や人間関係の研究も、まだまだ始まったばかりである。（はしがきより）

本書は最新の研究成果から女性たちの実像を描き出す。

小径選書③

歴史と文学

―文学作品はどこまで史料たりうるか―

樋口州男　村岡　薫
戸川　点　野口華世／編著
田中暁龍

ISBN978-4-905350-04-0　四六判／二五六頁／定価一、六〇〇円（税別）

文学作品を歴史研究に利用することは可能なのか?!

文学作品を歴史研究の史料として利用するさいのアプローチの方法は、たとえば「文学作品と歴史史料を対比させて展開する」「文学作品そのものの歴史史料性を追求する」「文学作品に描かれた内容から時代性を浮かび上がらせる」などさまざまである。そこから創作と史実の境界線を探ることもできるのではないかと考えたのが本書である。

文学作品を読む楽しさと歴史を考える面白さを同時に味わっていただけると誠に幸いである。（はしがきより）

小径選書④

歴史の中の人物像

―二人の日本史―

樋口州男　小林　風
戸川　点　中村俊之／編著
野口華世

ISBN978-4-905350-10-1　四六判／二九六頁／定価二、〇〇〇円（税別）

二人の人生が歴史の中で交錯する!!

「古代から近代にいたる歴史上の人物を二人ずつ取り上げ、その関係を解説することで日本史をたどる」（「あとがき」より）。

過去、二人の関係性で読ませる本はいくつも存在するが、本書では今までにない意外な組み合わせや、組み合わせ自体はオーソドックスでもその関係性があまり知られていない、などの点において新鮮な話題を集めた。それらの人物の対比や関係性から、新たな歴史の視点と歴史を学ぶことの楽しさが見えてくるに違いない。

小径選書⑤

武士道と男色物語 ―『賤《しず》のおだまき』のすべて―

伊牟田經久／著

ISBN978-4-905350-12-5　四六判／二八〇頁／定価二、〇〇〇円（税別）

『賤（しず）のおだまき』のすべてを解明!!

江戸時代の末期に鹿児島で作られた美少年をめぐる物語『賤《しず》のおだまき』が、明治初期の東京で若者たちにもてはやされた。戦国時代、島津義久・義弘治世のころを舞台とする男色の物語である。

新旧の思想や文化の相克する明治初期の世相の中で、この物語は、西欧化の新しい風潮を軟弱として反発し、戦国武士の義と愛に生きる男どうしの関係を純で美しいものとして憧れる若者たちに受け入れられていった。それはなぜか。その物語の全容をここに解き明かす。

小径選書⑥

『吾妻鏡』でたどる 北条義時の生涯

樋口州男・田辺　旬
錦　昭江・野口華世　／編著

ISBN978-4-905350-15-6　四六判／二七二頁／定価二、〇〇〇円（税別）

北条義時の光と影の生涯をたどる!!

武士の都・鎌倉を舞台として生きた北条義時とその時代を知る上で、もっとも基本的な史料の一つとしてあげられるのは、鎌倉幕府の記録『吾妻鏡』である。しかし同書はまた、見方をかえると、幕府・北条氏サイドの視点から編纂されているという厄介な代物であることも確かである。

本書はまさにこの虚実ないまぜの『吾妻鏡』を手がかり（窓口）に、「義時の世界」へと入っていく道案内人としての役割を果たしたいとの思いから生まれた企画にほかならない。（はしがきより）

小径選書⑦

鎌倉北条氏の女性ネットワーク

田辺旬・野口華世／編著

ISBN978-4-905350-16-3　四六判／二四八頁／定価二、〇〇〇円（税別）

鎌倉北条氏の権力基盤を築いた女性たちの生涯!!

北条氏の歴史は鎌倉幕府とともにあった。本書では、北条政子とその妹たち、歴代得宗の妻たち、政子の孫娘竹御所《たけのごしょ》といった人物に焦点を当てる。御台所《みだいどころ》・後家尼《ごけあま》・乳母《めのと》といった政治的立場、婚姻関係によるネットワーク、鎌倉と京都の関係、伝承や伝説といった様々な視点から分析することにより、それぞれの人物像を明らかにするとともに、女性たちを通して鎌倉時代を捉《とら》えようと試みた。これまであまりよくわかっていなかった女性たちの生き様を最新の研究成果に基づき描いていく。

小径選書⑧

平安時代はどんな時代か

―摂関政治の実像―

戸川　点／編著

ISBN978-4-905350-18-7　四六判／三一二頁／定価二、二〇〇円（税別）

平安時代の摂関政治最盛期はどんな時代だったのか!!

本書は平安時代とくに摂関政治期の魅力、面白さを伝えるために作られました。平安時代は実は江戸時代よりも長い時代です。本書では平安文化が花開いた中期の摂関政治までを主に取り上げ、華やかな宮廷文化とそれを支えた財政構造や支配構造、政治のあり方や戦乱、外交など、平安時代全般のテーマを取り上げ、それぞれ各ジャンルの第一線で活躍中の専門家が明らかにします。

平安時代がどんな時代だったか、本書でその全貌と最新の研究成果を理解することができます。

史料が語るエピソード　日本史100話

樋口州男／編著

ISBN978-4-905350-01-9　四六判／二九六頁／定価一、七〇〇円（税別）

そんなこと知らなかった―
古代から近代まで、日本史の100の「?」を考察する!!

教科書の日本史はつまらないけれど、先生が語る歴史の裏話はとても面白い。誰もがそんな経験あるのではないでしょうか。本書はそんな日本史の一〇〇のエピソードを選び出し、解説しています。すべて史料の裏付けのあるものばかりです。最新の研究成果に基づき、根拠をしっかり示した、少々「骨太」のエピソード集です。日本史の研究は日進月歩。目からウロコの日本史を楽しむことができる、日本史ファン待望の書です。

解説と鑑賞　書で味わう万葉百歌

針原孝之／解説
福島一浩／書

ISBN978-4-905350-08-8　A5判／二二六頁／定価二、三〇〇円（税別）

万葉集から百首を書家が作品化―

万葉集研究第一人者の針原孝之（元二松学舎大学名誉教授）が万葉集から百首を選定し、丁寧な解説を施しました。万葉集の入門書として最適な内容となっています。

さらに、その百首を気鋭の仮名書家、福島一浩（全日本書道教育協会理事長）が作品化しました。創作のポイントも解説しているので、書の構成や鑑賞する際の視点も身につくよう配慮しています。

「読んで楽しみ、見て楽しむ」まったく新しい万葉秀歌集です。